Lisa Miller

Das erwachte Gehirn

arkana

Lisa Miller

Das erwachte Gehirn

Warum Spiritualität
in uns allen angelegt ist

Der neurowissenschaftliche Beweis

Aus dem Amerikanischen
von Andrea Panster

arkana

Die amerikanische Originalausgabe erschien 2021 unter dem Titel
»The Awakened Brain« bei Random House, USA.

MIX
Papier aus verantwortungsvollen Quellen
FSC® C014496

Penguin Random House Verlagsgruppe FSC® N001967

1. Auflage
Deutsche Erstausgabe

Originally published in 2021 by Random House Inc. US
Lektorat: Ralf Lay
Umschlaggestaltung: ki 36 Editorial Design, München, Daniela Hofner
Umschlagmotiv: Boris SV/getty images
Satz: Buch-Werkstatt GmbH, Bad Aibling
Druck und Bindung: GGP Media GmbH, Pößneck
Printed in Germany
ISBN 978-3-442-34265-5

www.arkana-verlag.de
Besuchen Sie den Arkana Verlag im Netz

Für Phil, in Liebe

Hört niemals auf,
wie Kinder vor dem großen Rätsel zu stehen,
in das wir mitten hineingesetzt sind.

Nach Albert Einstein

Inhalt

Hinweis der Autorin

Dieses Buch soll hilfreiche Informationen zu den behandelten Themen bereitstellen. Es dient weder der Diagnose noch der Behandlung spezieller Erkrankungen. Bitte halten Sie vor allen Entscheidungen, die Auswirkungen auf Ihre Gesundheit haben könnten, Rücksprache mit Ihrem Arzt oder Therapeuten.

In einigen Fällen wurden die Namen und Angaben geändert, um Rückschlüsse auf die Identität der im Buch genannten Personen zu verhindern.

EINFÜHRUNG

Alles, was wahr ist, lässt sich zeigen

Es war Sommer 2012. Ich eilte den schmalen, von Neonlicht erleuchteten Gang des Instituts für Psychiatrie an der medizinischen Fakultät der Columbia University entlang, in einer Hand balancierte ich den Kaffee und in meinem Kopf überschlugen sich die Gedanken. Heute sollte unser MRT-Team endlich die Ergebnisse monatelanger Forschungsarbeit zu Gesicht bekommen. Im Flur holte mich unser Statistiker Ravi ein. Er machte große Augen, und auf seinem normalerweise gelassenen Gesicht lag ein erstaunter Ausdruck. In seinen zitternden Händen hielt er einen Stapel Papier.

»Ich habe die Daten mehrmals analysiert«, sagte er. »Das Ganze ist sehr überraschend.«

Unser Team hatte seit fast einem Jahr viele Stunden intensiv an der Entwicklung und Umsetzung einer innovativen Studie gearbeitet, um einen Blick ins Gehirn zu werfen und mehr darüber in Erfahrung zu bringen, wie sich Depressionen verhindern lassen. Ravi hatte am meisten mit den Maschinen und der Statistik zu tun, drückte ununterbrochen irgendwelche Knöpfe, sammelte Daten, modellierte die Ergebnisse und stellte Berechnungen an. Heute würde er uns einen ersten Blick auf die Resultate gewähren, der uns verraten würde, ob die Spiritualität eine Rolle bei der Depressionsprophylaxe spielt. Ich liebe die Wissenschaft und alles, was dazugehört – das Drängen und Locken einer Frage, die Herausforderung und das strenge Vorgehen auf der Suche nach der besten Möglichkeit zu testen, was wahr ist. Aber *diesen* Aspekt der Wissenschaft, die erste Auswertung der Daten, mag ich ganz besonders. Sie würde uns einen ersten spannenden Eindruck davon vermitteln, in welche Richtung die Zahlen weisen. Wir hofften, er würde uns eine neue Möglichkeit erschließen, psychisches Leiden zu lindern.

Wir leben in einer Zeit nie dagewesenen psychischen Leids. Angst, Depression und Suchtmittelmissbrauch haben weltweit epidemische Ausmaße erreicht. Im Jahr 2017 gaben 66,6 Millionen US-Amerikaner – über die Hälfte der Befragten beim National Survey on Drug Use and Health (etwa »Nationale Erhebung zu Drogenkonsum und Gesundheit«) – an, innerhalb des letzten Monats bis zum Rausch getrunken zu haben, und 20 Millionen erfüllten die Kriterien einer Drogenabhängigkeit.[1] 31 Prozent der erwachsenen Amerikaner werden irgendwann im Laufe ihres Lebens, 19 Prozent im jeweiligen Jahr eine Angststörung entwickeln.[2] Laut Weltgesundheitsorganisation (WHO) leiden 264 Millionen Menschen auf diesem Planeten unter Depressionen.[3] Bei den durch Arbeitsunfähigkeit verursachten Kosten steht die Depression an dritter Stelle,[4] und jedes Jahr leiden 17 Millionen Amerikaner darunter. Aktuell haben über 16 Prozent der spätpubertären Jugendlichen eine Depression,[5] und depressionsbedingte Suizide sind die *zweithäufigste Todesursache* bei Jugendlichen.[6] Nur die Todesfälle aufgrund von Autounfällen kommen dem gleich.

An der Columbia University, an der ich unterrichte, nahmen sich in den Jahren 2016 und 2017 acht Studierende das Leben. Bei einer im Jahr 2019 veröffentlichten Studie mit über 67 000 Studierenden an 108 Studieneinrichtungen in den USA gaben *20 Prozent* an, sich selbst verletzt, etwa geritzt zu haben, *24 Prozent* berichteten von Suizidgedanken, und *neun Prozent* hatten versucht, sich das Leben zu nehmen.[7]

Bei dieser Krise im Bereich der psychischen Gesundheit geht es wirklich um Leben und Tod. Doch viele Menschen leiden auch unter weniger zerstörerischen, aber nicht weniger schmerzhaften Erkrankungen: unter Burn-out und chronischem Stress, Konzentrations- und Kontaktschwierigkeiten, Einsamkeit und Isolation oder einem in vielerlei Hinsicht reichen Leben, das sich trotzdem irgendwie eng, leer und isoliert anfühlt. Selbst wenn wir Erfolg und Befriedigung erleben, haben wir möglicherweise das Gefühl, dass noch mehr zum Glücklichsein gehört, dass das Leben freudvoller, bereichernder und bedeutungsvoller sein könnte.

Es scheint, als hätten alle Menschen, die mir begegnen, Mütter oder Väter, Kinder, Geschwister, Partner oder gute Freunde, die von Angst, Depression, Suchtmittelmissbrauch oder chronischem Stress betroffen sind. Zudem gibt es kaum Hilfsangebote für diejenigen unter uns, die sich um einen geliebten Menschen sorgen oder selbst Probleme haben. Die tragenden Säulen unserer Behandlung von Depressionen sind Psychotherapie und Antidepressiva wie selektive Serotonin-Wiederaufnahmehemmer. Dies ist einigen Menschen zwar eine gewisse Hilfe, liefert bei anderen aber enttäuschende Ergebnisse. Bei lediglich der *Hälfte* der Behandelten verschwinden die Symptome innerhalb eines Jahres nach Behandlungsbeginn, bei weiteren 20 Prozent gehen sie nur teilweise zurück.[8] Darüber hinaus ist die medikamentös erzielte Wirkung nicht von Dauer: Wenn wir die Medikamente absetzen, stellen sich häufig auch die Angst oder die Depression wieder ein.

Ich hoffte, das für diesen Tag angesetzte Meeting aller Beteiligten würde wenigstens die leise Andeutung einer nachhaltigen Lösung für die verheerende Krise im Bereich des Wohlbefindens und der psychischen Gesundheit aufzeigen. Ravi folgte mir in einen Raum voller Menschen, und wir quetschten uns in die letzte freie Lücke an dem langen Konferenztisch. Er trommelte mit den Fingern auf den Papierstapel.

Für gewöhnlich war Ravi bei der Arbeit kühl, abgeklärt und skeptisch. »Wir können die Daten der MRT-Untersuchungen schon auswerten«, hatte er gesagt. »Aber ich zweifle ernsthaft daran, dass wir irgendetwas finden werden.« Myrna, die dienstälteste Kollegin im MRT-Team, die auch die Gelder für diese Studie beschaffte, hatte ihm zugestimmt und gesagt: »Ich wäre schon *sehr* überrascht, wenn wir irgendeinen Zusammenhang zwischen Spiritualität und Depression fänden. Aber wir werden sehen.«

Zur damaligen Zeit neigte die Psychotherapie dazu, Spiritualität und Religion als Krücke oder Abwehrmechanismus zu betrachten, als eine Reihe von beruhigenden Überzeugungen, auf die man sich in schweren Zeiten stützen konnte. Die Spiritualität war in unserer Fachrichtung eine kaum studierte und so gut wie unsichtbare Größe. Im Laufe meiner letzten zwanzig Berufsjahre war ich auf überraschende klinische und epidemiologische Beweise gestoßen, dass die Spiritualität eine psychische Schutzwirkung haben könnte. Aber würde es uns gelingen, eine handfeste physiologische Funktion der Spiritualität bezüglich Gesundheit und Entwicklung festzustellen? War die Spiritualität im Gehirn bislang unsichtbar geblieben, weil sie keinerlei Bedeutung für die psychische Gesundheit hatte oder nicht zu messen war? Oder war sie unsichtbar, weil noch niemand danach gesucht hatte?

Myrna räusperte sich und eröffnete die Besprechung.

»Dann nehmen wir uns einmal ein wenig Zeit, um uns die ersten Ergebnisse der MRT-Untersuchungen anzusehen«, sagte sie. »Ich glaube, Ravi hat ein Handout mit den neuen Ergebnissen zusammengestellt.«

Unser Team hatte mit Myrnas mehrere Generationen umfassenden Stichprobe von klinisch depressiven und nichtdepressiven Frauen, ihren Kindern und Enkelkindern gearbeitet. Wir hatten MRT-Aufnahmen von Menschen mit einem hohen und einem geringen genetischen Depressionsrisiko gemacht, um zu sehen, ob es bezüglich der Hirnstrukturen der depressiven und nichtdepressiven Teilnehmerinnen irgendwelche Muster gab, die uns die Entwicklung von gezielteren und wirksameren Behandlungen ermöglichen würden.

Außerdem hatten wir unsere Studie um eine – umstrittene – neue Frage erweitert. Wir hatten alle Teilnehmenden gebeten, eine wichtige Frage zu beantworten, die in der klinischen Forschung dazu dient, das »Innenleben« zu quantifizieren: »Wie wichtig sind Religion oder Spiritualität für Sie persönlich?« Wir wollten nicht nur die Hirnstrukturen der depressiven und nichtdepressiven Probanden vergleichen, sondern auch sehen, wie Spiritualität und Hirnstruktur sowie Spiritualität und Depressionsrisiko zusammenhängen.

Als Ravi seinen Papierstapel herumreichte, wirkte er immer noch erstaunt, und seine Hände zitterten. Ich nahm einen der zweiseitigen Farbausdrucke, das Papier war noch warm vom Drucker. Mein Blick huschte über die Seite und nahm die Ergebnisse auf. Ich suchte nach dem, was Ravi offenbar so sehr erschütterte, und brauchte nur eine Sekunde, um es zu finden.

Auf der oberen Hälfte der Seite befand sich ein schwarzes Rechteck mit der Abbildung zweier Gehirne. Die linke setzte sich aus den Aufnahmen der Teilnehmenden zusammen, die nicht sonderlich spirituell waren – denjenigen, die angegeben hatten, dass Religion oder Spiritualität für sie von mittlerer, geringer oder unwesentlicher Bedeutung sei. Die rechte setzte sich aus den Aufnahmen der Teilnehmenden mit anhaltend starker Spiritualität zusammen – denjenigen, die angegeben hatten, dass Religion oder Spiritualität für sie eine große persönliche Bedeutung habe.

Der Unterschied zwischen den beiden Aufnahmen ließ mein Herz höher schlagen und jagte mir Schauer über den Rücken.

Das linke – wenig spirituelle – Gehirn war mit unregelmäßigen kleinen roten Flecken gesprenkelt. Aber das rechte Gehirn – das die neuronale Struktur von Menschen mit starker und stabiler Spiritualität darstellte – zeigte breite rote Streifen, die mindestens fünfmal so groß waren wie die kleinen Sprenkel auf der anderen Aufnahme. Dieser Befund war so klar und so überwältigend, dass es mir den Atem verschlug.

Das hochspirituelle Gehirn war gesünder und widerstandsfähiger als das wenig spirituelle Gehirn.[9] Es war auch *in genau den Bereichen* dicker und stärker, die bei depressiven Menschen schwinden und verkümmern.

Es war totenstill im Raum.

»Das widerspricht allen unseren Erwartungen«, sagte Ravi.

Rasselnd schaltete sich die Klimaanlage ein, ein lautes Dröhnen in der Stille. Dann kam ein leises Lachen vom hinteren Ende des Zimmers.

Jemand sagte: »Da sieh mal einer an, Lisa.«

Die Kollegen, mit denen ich am engsten zusammenarbeitete und die ich am meisten schätzte, waren skeptisch gewesen. Aber die Daten waren überzeugend. Es hatte den Anschein, als schütze Spiritualität vor psychischen Leiden.

Die Ergebnisse der MRT-Untersuchungen waren ein entscheidender Schritt auf dem Weg zu meiner bahnbrechenden Entdeckung, dass alle Menschen ein *erwachtes Gehirn* haben. Jeder von uns besitzt die angeborene Fähigkeit, eine größere Wirklichkeit wahrzunehmen und sich bewusst mit der Lebenskraft zu verbinden, die in uns steckt, durch uns hindurchströmt und uns umgibt. Unabhängig davon, ob wir eine spirituelle Praxis haben oder in einer Glaubenstradition stehen, ob wir uns als religiös oder spirituell betrachten, verfügt unser Gehirn über die natürliche Anlage zu spirituellem Bewusstsein und eine Andockstation dafür. Das erwachte Gehirn ist der neuronale Schaltkreis, mit dessen Hilfe wir die Welt ganzheitlicher betrachten und damit das individuelle, gesellschaftliche und globale Wohlbefinden steigern können.

Wenn wir erwachen, sind wir erfüllter und mehr in der Welt zu Hause. Darüber hinaus dient uns eine umfassendere Sicht als Beziehungs- und Entscheidungsgrundlage. Wir bewegen uns von Einsamkeit und Isolation zu Verbundenheit, von Konkurrenz und Spaltung zu Mitgefühl und Selbstlosigkeit, vom gewohnheitsmäßigen Fokus auf die eigenen Verletzungen, Probleme und Verluste zur Faszination für die Reise des Lebens. Wir gehen nach und nach über ein aus »Einzelteilen« bestehendes Identitätsmodell und eine fragmentierte, zersplitterte Sicht unserer Bedeutung füreinander hinaus und entwickeln eine Einstellung, die auf einem Kernbewusstsein der Liebe, der gegenseitigen Verbundenheit, der Führung und Überraschung durch das Leben beruht.

Ich hatte nicht vorgehabt, das Thema »Spiritualität« zu erforschen. Die Entdeckung des erwachten Gehirns folgte aus meinem Wunsch, psychische Widerstandskraft (Resilienz) zu verstehen und Menschen zu helfen, die Probleme hatten. Nach und nach verhalfen mir verblüffende Daten sowie die Geschichten meiner Patientinnen und Patienten von Verletzung und Heilung zu der Erkenntnis, dass die spirituelle Erfahrung ein wesentlicher, aber unbeachteter Bestandteil der Heilung ist.

Was also ist Spiritualität? Viele von uns hatten schon Erfahrungen, die wir als »spirituell« bezeichnen würden: einen Augenblick tiefer Verbundenheit mit einem anderen Lebewesen oder mit der Natur, ein Gefühl von Ehrfurcht oder Transzendenz, eine Erfahrung überraschender Synchronizität – scheinbar »zufälliger« Ereignisse, die ohne erkennbaren ursächlichen Zusammenhang sinnvoll aufeinander bezogen sind – oder eine Situation, in der ein fremder Mensch in unser Leben trat und es mit seinem Handeln veränderte, einen Moment, in dem wir uns von irgendetwas beschützt, inspiriert oder getragen fühlten, was größer war als wir selbst, von einer höheren Macht, aber auch von der Natur oder dem Universum oder gar von einer Welle der Verbundenheit bei einem Konzert oder einer Sportveranstaltung.

Ich bin Wissenschaftlerin, keine Theologin. Glaubenstraditionen haben viel zu Fragen des Seins zu sagen – zur Beschaffenheit der Realität, zum Grund unseres Daseins, zur Existenz und Führung Gottes oder zu einer höheren Macht. Als Wissenschaftlerin beschäftige ich mich nicht mit diesen Themen. Ich sehe mir an, wie der Mensch gemacht ist und wie wir uns im Laufe des Lebens entwickeln.

Dabei entdeckte ich, dass das erwachte Gehirn physiologisch angelegt und von unschätzbarem Wert für unsere Gesundheit und Funktionsfähigkeit ist. Ein erwachtes Gehirn geht mit einer Reihe angeborener Wahrnehmungsfähigkeiten einher, die jeder Mensch besitzt und die es uns ermöglichen, Liebe, Verbundenheit, Einheit und das Gefühl zu erleben, vom Leben geführt zu werden und im Dialog mit ihm zu stehen. Wenn wir diese Wahrnehmungsfähigkeiten aktivieren, also wenn wir unsere Anlagen in vollem Umfang nutzen, verbessern wir die strukturelle Gesundheit und die Vernetzung unseres Gehirns und sichern uns einzigartige psychische Vorteile: Angst, Depression und Suchtmittelmissbrauch lassen nach; positive psychische Eigenschaften wie Charakterstärke, Resilienz, Optimismus, Zähigkeit und Kreativität nehmen zu.

Das erwachte Gehirn ist mehr als nur ein Modell psychischer Gesundheit. Es bietet ein neues Paradigma des Seins, der Führung und des Umgangs miteinander, das uns angesichts der bislang größten Herausforderungen für die Menschheit zu einem klareren und kompetenteren Handeln verhelfen kann. Wir können eine stärker sinnerfüllte Arbeits- und Bildungskultur entwickeln. Wir können unsere Regierungen, Gesundheits- und Sozialeinrichtungen so verändern, dass sie allen Menschen besser dienen und helfen. Wir können unsere Entscheidungen und die Konsequenzen unseres Handelns aus der Perspektive der gegenseitigen Verbundenheit und geteilten Verantwortung sehen. Und wir können lernen, uns in ein größeres Bewusstseinsfeld einzuklinken, was uns den Zugang zu unseren inneren Ressourcen, zueinander und zur Struktur allen Lebens erleichtert.

Dank unserer neuronalen Schaltkreise ist das erwachte Gehirn jedem Menschen zugänglich. Wir müssen lediglich den Entschluss fassen, es zu aktivieren. Es ist wie ein Muskel, und wir können lernen, was ihn kräftigt und was ihn verkümmern lässt. Unsere Probleme in den Bereichen Führung, Bildung, soziale Gerechtigkeit, Umwelt und psychische Gesundheit betrachte ich inzwischen als unterschiedliche Ausprägungen des gleichen Problems: eines *un*erwachten Bewusstseins. Als eine universelle heilende Kraft, die man weder aktiviert noch fördert, sondern einfach verkümmern lässt. Das Problem liegt in uns selbst. Genau wie die Lösung.

Jeder Mensch kann die angeborene Fähigkeit, im Bewusstsein von Liebe, gegenseitiger Verbundenheit und Wertschätzung für die Entfaltung des Lebens zu leben, vollständig entwickeln. Jenseits des Glaubens, jenseits der Geschichte, die der Verstand uns erzählt, ist das erwachte Gehirn der innere Filter, über den wir Zugang zur wahrsten und allumfassendsten Wirklichkeit erhalten: dass alles Leben heilig ist und wir nicht allein sind. Unser Gehirn ist darauf programmiert, zu erkennen und zu empfangen, was uns erhebt, erhellt und heilt.

Mein jahrzehntelanger klinischer, epidemiologischer, neurowissenschaftlicher und persönlicher Weg hat mich durch unterschiedliches Terrain geführt: von der Psychiatriestation, auf der ein aufgewühlter Patient eine ungewöhnliche Bitte an mich herantrug, bis hin zu den Eltern mittleren Alters, die am Stadtrand lebten und sich mit Untreue und Scheidung herumschlugen; von den Jugendlichen auf dem Land, die im Jugendstrafsystem gefangen waren, bis hin zu den höchsten Führungskräften und Entscheidungsträgern im Pentagon; von breit angelegten statistischen Studien bis hin zu genauesten Untersuchungen des Gehirns mittels bildgebender Verfahren in Echtzeit und der Analyse unserer DNS; vom Wachstum und der Heilung im Leben meiner Patienten und Studierenden bis hin zum verblüffenden Wandel in meinem eigenen.

Dieses Buch erzählt davon, wie ich das erwachte Gehirn entdeckte, warum es von Bedeutung ist und wie wir es Tag für Tag weiterentwickeln können.

Es ist auch die Geschichte menschlicher Möglichkeiten – der vielen verschiedenen Dinge im Leben, die uns zurückstutzen und ausbremsen, sowie der Wege, wie wir wieder heil werden.

KAPITEL 1

Man hätte nichts tun können

Ein leises, langgezogenes Heulen durchbrach die Stille der frühen Morgenstunden auf der Station, gefolgt von einem Schrei. Ich eilte aus dem beengten Büro, in dem wir Praktikanten und die Assistenzärzte Krankenakten ausfüllten, um diesem Menschen in seiner Not zu helfen. Bevor ich den Ursprung des Schreis lokalisieren konnte, huschte eine Schwester um die Ecke. Sie balancierte ein Tablett mit Flaschen und sterilen Spritzen in den Händen und verschwand im Zimmer eines Patienten. Bald darauf war alles wieder still. Die hellbraunen Wände und grauen Linoleumböden warfen gleißend das Neonlicht zurück.

Wir schrieben den Herbst des Jahres 1994. Ich hatte vor Kurzem das Promotionsprogramm an der University of Pennsylvania abgeschlossen und mich für ein psychologisches Praktikum auf einer Psychiatriestation in Manhattan entschieden, die zu einem Netzwerk erstklassiger Universitätskliniken gehörte und sich im Epizentrum der klinischen Fortschritte im Bereich der Psychotherapie und der psychischen Gesundheit befand. Klinischer Ansatz und Behandlungsstandard dürften mit denen in allen anderen großen städtischen Krankenhäusern in den USA vergleichbar gewesen sein, weshalb ich diese Station »Unit 6« nennen werde. (Alle Namen und Angaben, die Rückschlüsse auf die Identität der Patientinnen und Patienten ermöglichen würden, wurden geändert.) Die Patientinnen und Patienten von Unit 6 unterschieden sich sehr im Hinblick auf ihre ethnische Zugehörigkeit und ihr Alter. Viele waren arm, viele hatten ein hartes Leben und erkrankten immer wieder, viele hatten Probleme mit Suchtmittelmissbrauch. Manche wurden gegen ihren Willen von der Polizei in die Notaufnahme des Krankenhauses gebracht, damit sie weder sich noch andere töteten.

Dieses Krankenhaus war zwar nicht die allererste Wahl, und gut versicherte Patientinnen und Patienten gingen oft in andere Kliniken, aber es war auch nicht die Endstation. Wenn man hierherkam, war das keineswegs das Gleiche, wie »aufs Land geschickt« zu werden – die vornehme Umschreibung des medizinischen Personals für die langfristige Unterbringung in einer psychiatrischen Einrichtung im Norden des US-Bundesstaats New York. Dennoch waren alle Patienten, die mir hier begegneten, schon mehrfach hier gewesen, und ihre Akten waren acht bis zehn Zentimeter dick. Ich war eine von vier Psychologinnen und Psychologen im Praktikum. Jeder von uns unterstützte zwei Assistenzärzte und betreute acht Fälle in unserer ambulanten Klinik. Wir begannen jeden Tag um Punkt acht Uhr mit einer Teambesprechung, bei der sich das Personal, bestehend aus Psychiatern, Psychologen, Sozialarbeitern, Krankenschwestern und Pflegehelfern, um einen Tisch versammelte, um die Berichte der vergangenen Nacht zu hören – was die Patienten gegessen, wie ihre Körperpflege ausgesehen, wie sie geschlafen und ob sie sich auffällig verhalten hatten. »Mr Jones roch streng«, berichtete ein Helfer. »Ms Margaret verweigerte das Abendessen.« Die grundlegenden Gewohnheiten bezüglich Gesundheit und Körperpflege lassen sich mit Aspekten der psychischen Gesundheit verknüpfen. Doch ich fand es immer seltsam, dass wir auf einer Station, auf der es um die Heilung innerer Probleme ging, so ausführlich über den physischen Körper sprachen. Die meisten Patientinnen und Patienten trugen keine Straßenkleidung, sondern Flügelhemden, als seien sie wegen einer Operation oder zur Behandlung einer körperlichen Erkrankung hier und müssten deshalb das Bett hüten.

Ich hatte dieses Phänomen schon einmal beobachtet, als ich Mitte der Siebzigerjahre mit ungefähr acht Jahren zum ersten Mal eine psychiatrische Station besuchte. Meine heißgeliebte Oma Eleanor, die den weiten Weg zwischen Iowa und der University of Chicago gependelt war, um Psychologie zu studieren, nahm mich mit zu einer guten Freundin, die in dieses Krankenhaus eingeliefert worden war – jemand, mit dem sie aufgewachsen und über die Jahrzehnte in engem Kontakt geblieben war. Obwohl wir nicht verwandt waren, nannte ich diese Freundin immer »Tante Celia«. Im Krankenhaus stellte ich verwirrt fest, dass sie gar nicht krank wirkte. Soweit ich sehen konnte, trug sie keinen Verband. Sie hing auch nicht an irgendwelchen Maschinen. Sie hatte ein strahlendes Lächeln und einen spitzbübischen Humor. Trotzdem lag sie in einem kleinen Zimmer in einem schmalen Bett, genau wie die anderen Patientinnen und Patienten auf ihrem Stockwerk, denen der Schmerz ins Gesicht geschrieben stand oder deren Blick leer war. Ich war erschüttert von dem Leiden, das ich bei vielen der Patienten spürte, und davon, wie isoliert Tante Celia und die anderen wirkten. Später sollte ich von Oma Eleanors aktivistischem Vermächtnis und ihrer konstruktiven Zusammenarbeit mit den Landeskrankenhäusern erfahren, um den Menschen in Einrichtungen, in denen sie lediglich Spritzen oder Schocktherapie bekamen oder in Zwangsjacken gesteckt wurden, Zugang zur Psychotherapie zu verschaffen. Sie setzte sich auch dafür ein, dass Patienten wie Tante Celia in Seniorenheime verlegt wurden, wo sie eine fortlaufende medizinische Betreuung bekamen und gleichzeitig ein stärkeres Gefühl von Gemeinschaft und Unterstützung erleben konnten.

In den zwanzig Jahren, die seit meinem Besuch bei Tante Celia vergangen waren, hatten sich die Behandlungsstandards im Bereich der psychischen Gesundheit in vielerlei Hinsicht erheblich verbessert. Die 35 Patienten von Unit 6 wurden weder in Zwangsjacken gesteckt noch weggesperrt und vergessen. Wir bildeten eine therapeutische Gemeinschaft, und die Patienten nahmen jede Woche an großen und kleinen psychotherapeutischen Gruppensitzungen sowie jeden Tag an kurzen Besprechungen mit den ihnen zugewiesenen Ärzten teil. Sie konnten sich frei auf der Station bewegen und an Gesprächen oder Aktivitäten im Gemeinschaftsraum beteiligen. Die Beschäftigten waren erstklassig ausgebildet, und die Patienten lagen ihnen sehr am Herzen.

Wir arbeiteten in erster Linie mit einem psychodynamischen Behandlungsmodell. Wir waren darauf geschult, den Patienten dabei zu helfen, ihre Vergangenheit nach Einsichten und Erkenntnissen zu durchforsten, die sie von ihrem gegenwärtigen Leiden befreien konnten. Wenn die Patienten ihre Wut oder die Wunden ihrer Kindheit verstanden, so die Theorie, konnten sie sich davon lösen und wurden nicht mehr davon beherrscht. Der Weg aus dem Leiden bestand darin, sich ihm zu stellen und Einsicht zu gewinnen, schmerzliche Erinnerungen auszugraben und sich unbehaglich zu fühlen, um Bewusstsein zu entwickeln.

Auf der psychiatrischen Ebene wurde auf Station ein pharmakologischer Ansatz gewählt, und man verwendete Arzneimittel, um Symptome zu lindern oder zu beseitigen. Ich war dankbar für die Medikamente, die Patienten in Akutsituationen Erleichterung verschafften. Doch während der ersten Wochen dort fragte ich mich allmählich, ob wir nicht mehr für die langfristige Heilung der Menschen tun konnten, um das ständige Hin und Her zwischen stationärer und ambulanter Behandlung zu durchbrechen (»Drehtüreffekt«).

Nach der morgendlichen Teambesprechung suchten die Praktikanten üblicherweise die von ihnen betreuten Patienten auf. Wir schauten bei ihnen im Zimmer vorbei oder machten sie auf Station ausfindig, um zu überprüfen, wie es ihnen ging. Ich fragte mich, wie es für die Patienten wohl war, die in ihren Vierzigern, Fünfzigern, Sechzigern oder älter und zum sechsten oder siebten Mal hier waren, wenn eine 26-jährige Praktikantin, die seit gerade mal drei Wochen praktizierte, unangekündigt zu einem zwanzigminütigen Gespräch erschien. Die junge Praktikantin trug Berufskleidung, der erfahrene Patient ein am Rücken offenes Fähnchen und wusste, dass alles in sechs Monaten wieder von vorn losgehen würde, wenn der aktuelle Praktikantentrupp zur nächsten Rotation weiterzog. Wussten wir wirklich mehr über das Leiden unserer Patienten als sie selbst? Gab es vielleicht einen anderen Weg? Eine Möglichkeit, weniger zu analysieren und zu pathologisieren – und mehr zu erfahren?

Je mehr sich der Sommer dem Herbst zuneigte, desto mehr frustrierte mich der Ansatz, der bestenfalls nutzlos und schlimmstenfalls eine tragische Sackgasse zu sein schien. Wir konnten unseren Patienten mit Medikamenten eine vorübergehende Atempause von den schmerzhaften Symptomen oder ein geringfügig besseres Verständnis dafür bieten, warum eine Traumatisierung im Kindesalter sie so sehr aus der Bahn geworfen hatte. Doch keines dieser Behandlungsergebnisse versprach echte Heilung. Und wenn sich ein Patient öffnete und einen authentischen Ausdruck zuließ, der nicht so recht in unser psychotherapeutisches Schema passte, schlugen wir die Tür zuweilen wieder zu.

Ich leitete eine wöchentliche Gruppensitzung zusammen mit einem anderen Praktikanten, der eine feste, fast schon starre theoretische Sichtweise hatte. Seiner Ansicht nach bestand das

Ziel der Gruppenanalyse darin, die eigenen Projektionen zu deuten und loszulassen. Die Patienten sollten interpretieren, wie sie einander sahen, und verstehen, dass die Art und Weise, wie sie einander verkannten, eine Projektion ihrer verletzten Psyche war. Einmal wich eine als schizophren diagnostizierte Frau von dieser Choreografie ab. »Ich bete gern«, sagte sie. »Aber wenn ich zu beten versuche, während ich Symptome habe, höre ich meine Gebete anders.« Ich wandte mich ihr zu. »Wow«, sagte ich, beugte mich vor und ermutigte sie weiterzusprechen. Aber mein Kollege schnitt ihr das Wort ab. Sie setzte noch einmal an, doch er machte eine ungeduldige, wegwerfende Handbewegung. Im Raum wurde es still. »Das heißt, Sie halten mich wofür?«, fragte er. »Für einen Tyrannen? Haben Sie den Eindruck, ich würde die Kontrolle an mich reißen?« Irgendwie sollte die Patientin dahinterkommen, dass sie ihre Sicht auf ihn als Projektion eines lange zurückliegenden Gefühls oder einer Erfahrung deuten sollte. Bis heute bedaure ich, dass ich mich nicht gegen ihn gestellt und der Patientin Raum gegeben habe; dass ich nicht gefragt habe: »Was wollten Sie über Ihre Gebete erzählen?« Ich beschloss, nie wieder zuzulassen, dass einem Patienten die Tür vor der Nase zugeschlagen wurde – dass ich, wenn jemand eine Tür öffnete, diese Tür offenhalten würde.

Manchmal hatte es den Anschein, als würden wir dafür sorgen, dass es unseren Patienten nicht besser, sondern schlechter ging. Dass wir die Last verstärkten, ihnen eine deterministische Perspektive boten. Dass wir sie lehrten, am Ende würde ihr Leben niemals mehr sein als die Folgen jener furchtbaren und unentrinnbaren Sache, die früher einmal geschehen war, und dass sie bestenfalls darauf hoffen konnten, ein klareres Verständnis davon zu bekommen, wie sie gelitten hatten und wie ihr Leiden den Rest ihres Lebens bestimmte. Der Großteil unserer Patienten kehrte im Laufe der Jahrzehnte mehrmals auf die Station zurück, und eine lange Reihe psychoanalytischer Therapeuten half ihnen dabei, sich immer stärker einzuprägen, dass sie zerbrochen waren an dem, was ihnen als junge Menschen zugestoßen war.

Einer meiner ersten Patienten auf Station hieß Mr Danner, ein Mittfünfziger, dessen Garderobe aus Schlaghosen, Lederjacken und Federhüten bestand, die geradewegs aus der Harlemer Nachtclubszene der Siebzigerjahren stammten, wo er als junger Mann mit Heroin gedealt und selbst abhängig geworden war. Fast alle seine damaligen Freunde waren tot. Er nahm immer noch Drogen. Beine, Arme und Hals waren von oben bis unten mit Narben vom Fixen übersät. In den letzten zwanzig Jahren war er schon so oft wegen aggressiven Verhaltens und psychotischer Anfälle mit Wahnvorstellungen eingewiesen worden, dass seine Akte aus zwei jeweils zwölf Zentimeter dicken Ordnern bestand.

Er war zwar erst 56 Jahre alt, sah aber aus wie 86. Sein Körper war abgezehrt und krumm, seine ausgemergelten Schulterblätter stachen spitz durch sein Hemd. Er benutzte einen Gehstock, und eines seiner Beine war so steif, dass er es kaum bewegen konnte. Sein zotteliges Haar, seine tiefen Augenringe und seine ungewaschene Kleidung verstärkten den Eindruck seines Verfalls noch mehr. Aber sein kantiges Kinn und seine ausdrucksvollen hellbraunen Augen erlaubten mir einen flüchtigen Blick auf den Mann, der er einmal gewesen war, auf sein gutes Aussehen und sein großspuriges Auftreten.

In unserer ersten Sitzung kam er sogleich auf sein Kindheitstrauma zu sprechen. »Es war ein kalter Winter in North Carolina«, begann er. »Ich war vier Jahre alt und starrte in den Sarg meiner Mutter.«

Ich war ergriffen von der Geschichte seines herzzerreißenden Verlusts, davon, wie er nach dem Tod seiner Mutter von einem

Verwandten zum nächsten weitergereicht wurde, in seiner frühen Jugend in New York gelandet und Partys und Drogen hinterhergejagt war, als versuchte er noch immer, die Kälte jenes unauslöschlichen Wintertags zu vertreiben.

Bei unserer zweiten Sitzung begann er das Gespräch auf die gleiche Weise. »Ich war vier Jahre alt und starrte in den Sarg meiner Mutter.« Auch bei unserer dritten Sitzung erzählte er die gleiche Geschichte so traurig und ergreifend wie gewohnt, doch es hatte immer mehr den Anschein, als leiere er sie herunter, als erfülle er eine Verpflichtung. Ich sah mir die ersten Einträge in seiner Akte an und entdeckte, dass sämtliche Seiten der klinischen Dokumentation auf die gleiche Erinnerung aus seiner frühen Kindheit verwiesen. Im Laufe seiner jahrzehntelangen Behandlung hatte er diesen Moment der Kälte und des Verlusts immer wieder durchlebt. Es schien, als habe seine Therapie auf der Station in mancher Hinsicht dazu beigetragen, dass er auch weiterhin in dieser Erinnerung lebte. Und bei jeder Runde durch die Drehtür aus Einweisungen und Entlassungen und erneuten Einweisungen hatten ihm alle neuen Praktikanten immer wieder die gleichen Fragen gestellt: wie er jenen Augenblick empfand und welche Einsichten er darüber gewonnen habe. Man hatte ihn darauf trainiert, sich auf diese Erinnerung zu fixieren, doch wenn er darüber sprach, schien sie nicht von seiner aktuellen psychischen Energie erfüllt zu sein.

Ich begann, Fragen zu stellen, die nicht dem psychoanalytischen Schema entsprachen. Ich fragte: »Wie geht es Ihnen *im Augenblick*?« Oder: »Was ist in dieser Woche passiert? Was gibt es Neues?« Fragen, die ihn in die Gegenwart zurückholten. Dann schaltete er um, richtete sich auf, griff nach dem Gehstock zwischen seinen Beinen, beugte sich vor und sah mir in die Augen.

»Vor ein paar Jahren saß ich in der U-Bahn neben einer Frau

mit Pelzmantel«, sagte er in einer Sitzung. »Wir haben uns ein wenig unterhalten, und die ganze Zeit über ahnte sie nichts von der Pistole unter meinem Mantel und davon, dass ich etwas Schlimmes vorhatte.«

Psychoanalytiker lernen, derartige Bemerkungen als Provokation zu betrachten, sich die Kontrolle zurückzuholen und zu sagen: »Versuchen Sie, mich zu provozieren?« Doch jedes Mal, wenn er mir erzählte, er habe etwas Schlimmes getan – und er war grausam, hatte bewaffnete Raubüberfälle verübt und mit seiner Frau geschlafen, ohne ihr zu sagen, dass er HIV-positiv war –, hatte ich den Eindruck, dass er eigentlich fragte: »Kann ich auf Sie zählen? Liegt Ihnen wirklich etwas an mir, oder finden Sie mich verachtenswert?«

Die Psychoanalyse kann zuweilen etwas Amoralisches haben. Eine emotionale Distanz. Es kann vorkommen, dass der Patient Gefühle von Wut oder Hass offenbart und der Analytiker ihn ausdruckslos ansieht und nickt. Oft fehlt jedes Beziehungs- oder lebensbejahende Element. Das Therapiemodell kann zu einer besseren Impulskontrolle beitragen, aber es bringt nicht immer das bestmögliche authentische Selbst eines Patienten zum Vorschein. Ich war jung und unerfahren und sehr darauf bedacht, mich keinesfalls unprofessionell zu verhalten. Aber ich spürte, dass Heilung nicht aus der Distanz geschehen konnte, dass persönliche Fürsorge und Verbundenheit Teil der Gleichung sein mussten. Deshalb wich ich von einem streng psychoanalytischen Ansatz ab. Ich hörte zu, diente als Zeugin und betrachtete es nicht als meine vorrangige Aufgabe, Mr Danners Wunden freizulegen oder ihn zu drängen, dass er die Verantwortung für seine Verfehlungen übernähme, sondern begegnete ihm mit tiefem Respekt und mit Wertschätzung. Heute würde ich sogar noch weiter gehen. Ich würde sagen, dass ich ihm mit Liebe begegnete.

Nach und nach stellte ich Veränderungen fest. Mr Danner fing an, sich regelmäßig zu waschen und ließ sich die Haare schneiden. Er sagte, dass er nach seiner Entlassung aus dem Krankenhaus clean bleiben wolle, und in den ersten Wochen der ambulanten Behandlung gelang es ihm auch, die Finger vom Heroin zu lassen. Eines Tages kam er in die Klinik, und sein sonst so schwerfälliger Gang wirkte beinah schwungvoll. »Ich muss Ihnen etwas erzählen«, sagte er. Zum ersten Mal, seit er denken konnte, hatte er seine Invalidenrente abgeholt und war in ein Restaurant gegangen. »Ich habe mich hingesetzt. Der Kellner kam und fragte, was ich gern hätte. Ich habe Steak bestellt. Der Kellner brachte mir das Essen. Ich habe Messer und Gabel genommen. Ich habe mein Steak gegessen. Ich habe die Rechnung bezahlt.« Er richtete sich auf, lächelte breit, und seine Augen strahlten vor Zufriedenheit.

Oberflächlich betrachtet war dies eine simple Angelegenheit gewesen. Mr Danner hatte sich etwas zu essen bestellt und das Essen bezahlt. Aber er erzählte mit so großer Begeisterung und Würde von dieser Erfahrung. Dies war nicht das immer gleiche routinemäßige Abspulen eines alten Traumas. Dies war eine neue Erfahrung, die neuen Selbstrespekt und eine neue Anteilnahme am Leben offenbarte. Er war nach wie vor obdachlos und musste kämpfen. *Und* er hielt sich gleichzeitig für wertvoll genug, um in einem Restaurant zu essen, um das zu bitten, was er wollte, und sich bedienen zu lassen.

Am Ende der Sitzung stand er hocherhobenen Hauptes auf.

Später sollte ich erfahren, dass er länger clean geblieben war als je zuvor, seit er in seiner späten Jugend oder mit Anfang zwanzig angefangen hatte, Drogen zu konsumieren. Die gute Phase hielt nicht an. Achtzehn Monate nach dem Ende seiner Behandlung bei mir sollte er erneut Drogen nehmen und ein weiteres Mal eingewiesen werden. Zehn Jahre später las ich im Polizeibericht, dass er wegen bewaffneten Raubüberfalls verhaftet worden war. Selbst als idealistische Praktikantin hatte ich mir keine Illusionen darüber gemacht, wie hart sein Leben war und wie schwer es für ihn sein würde, von einer jahrzehntelangen Abhängigkeit und den Begleitproblemen wie Armut und Isolation zu genesen, um nur ein paar davon zu nennen. Doch die positiven klinischen Veränderungen, deren Zeugin ich geworden war, genügten mir als Bestätigung dafür, dass Bindung eine Rolle bei der Heilung spielt, dass der psychoanalytische Rahmen von Projektion, Übertragung, Gegenübertragung, Ego und Wut ein A-priori-Konzept ist, das zwar bis zu einem gewissen Grad hilfreich, aber nicht immer offen für Anregungen zu Wachstum und Genesung ist.

Ich wusste nicht, dass ich mit der Behandlung von Mr Danner den ersten Schritt zur Definition eines neuen Behandlungsmodells gemacht hatte. Aber ich verstand allmählich, dass die von uns angebotene Versorgung ihre Grenzen hatte, und hielt Augen und Ohren nach weiteren Möglichkeiten offen.

An jenem Septembermorgen kehrte nach der Medikamentenausgabe wieder Ruhe auf der Station ein, und mehrere Patienten schlurften in den Flur, um sich auf den Weg zum Gemeinschaftsraum zu machen, wo die täglichen Treffen stattfanden, die für alle Patienten und ihre Ärzte verpflichtend waren. In fast drei Monaten auf Station hatte ich gelernt, dass man sich dabei am besten unter die Patienten mischte. In diesen unstrukturierten Übergangsphasen entschlossen sich normalerweise eher verschlossene oder stille Patienten oft dazu, etwas Wichtiges mitzuteilen. Am Ende des Flurs stand mein neuer Patient Lewis Danielson in seiner halb geöffneten Zimmertür.

Lewis war ein schlanker Mann Anfang vierzig. Er hatte dunkles Haar und eine helle Haut. Sein Blick war oft leer und seine Sprache ein wenig verwaschen von den Medikamenten, die er zur Linderung seines Leids verordnet bekommen hatte. An diesem Tag wirkte er ungewöhnlich wach und lebendig.

»Dr. Miller«, sagte er und winkte mich zu sich. »Kommen Sie mal.« Es war so, dass die wichtigsten Gespräche auf der Station in den hintersten Ecken, in den schmalen Winkeln hinter halbgeöffneten Türen stattfanden.

»Dr. Miller«, sagte er noch einmal. Es klang dringend.

Aber als ich bei ihm ankam, erreichte auch eine Schwester auf ihrer morgendlichen Medikamentenrunde sein Zimmer und gab ihm einen kleinen Becher mit einem großen Haufen Pillen darin.

»Ich warte solange, während Sie sie nehmen«, sagte sie.

Lewis warf mir einen schnellen, klaren Blick zu und schaute dann zu Boden, während er systematisch die Tabletten schluckte.

Ich begleitete ihn zum Morgenmeeting in der Hoffnung, dass er mir erzählen würde, was so dringend gewesen war, aber er hielt den Blick weiter gesenkt und schwieg. Wie viele Patientinnen und Patienten auf der Station bekam auch Lewis Medikamente, um Halluzinationen und Wahnvorstellungen zu unterdrücken. Bei den meisten Patienten von Unit 6 war – wie bei Lewis – eine schizoaffektive oder bipolare Störung beziehungsweise eine Depression diagnostiziert worden. Doch die Diagnose von Patienten war oft, als würde man mit Dartpfeilen auf eine Wand werfen – zu gleichen Teilen Spekulation und Zufall. In Ermangelung eines klaren oder wirksamen Behandlungsplans bekamen die Patienten routinemäßig Medikamente, um ihren Schmerz zu lindern und ihr unberechenbares und manchmal auch gewalttätiges Verhalten zu unterdrücken. Der Chef der Abteilung, ein kleiner Mann von Anfang fünfzig mit dunklen Haaren und italienisch-amerikanischer Abstammung, der auf Station für sein aufrichtiges Engagement und sein freundliches Lächeln bekannt war, hatte einmal zu mir gesagt: »Es ist ein Akt der Gnade, dass es Medikamente gibt.« Er hatte recht. Die Medikamente dämpften in der Tat die Beschwerden der Patienten und verhinderten Ausbrüche. Aber sie machten sie auch benommen und träge und beraubten sie manchmal der Kontrolle über die eigenen Muskeln. Oft lief ihnen der Speichel aus dem Mund oder durchzuckten unfreiwillige Spasmen ihre Glieder. Ich fragte mich allmählich, ob unsere Aufgabe eher darin bestand, die Symptome der Patienten zu dämpfen, als ihr inneres Leiden zu heilen.

Als Lewis und ich uns dem täglichen Meeting mit den anderen Patienten und Mitarbeitern im Gemeinschaftsraum anschlossen, war im Zimmer trotz der Herbstsonne, die durch die großen Fenster fiel, keine Wärme zu spüren. Obwohl es das Ziel dieser Treffen war, eine Gruppentherapie abzuhalten und eine Gemeinschaft aufzubauen, fühlte sich alles unpersönlich an. Weder die abgenutzten Möbel noch die minimale Ausstattung hatten etwas Behagliches an sich. Die furnierten Tische waren an den Rand geschoben und die Plastikstühle in einem riesigen Oval angeordnet. Der stechende Geruch von Putzmitteln und Kantinenessen lag in der Luft.

Lewis und die anderen Patienten saßen zusammengesunken da, die Arme verschränkt, die Körper steif. Sie starrten auf ihre Füße und sprachen nur, wenn sie dazu gezwungen waren. Sie wirkten schon vor Beginn des Treffens ängstlich, beschämt, machtlos und paranoid. Die Treffen wirkten oft eher wie Anhörungen zur Bemessung des Strafmaßes, und die Patienten hatten furchtbare Angst, dass sie eine weitere Woche auf der Station bleiben mussten, wenn sie etwas Falsches sagten. Ich war nicht sicher, ob die Mitarbeiter bewusst mit Angst arbeiteten, um Einsicht zu fördern. Aber offenbar trug dies nicht zur Heilung der Patienten bei.

Ich setzte mich auf meinen Platz im Stuhloval und begrüßte einige Patientinnen und Patienten in meiner Nähe: Rebecca Rabinowitz, eine Enddreißigerin mit dunklen Haaren und blauen Augen, hatte seit über fünfzehn Jahren schwere depressive Phasen und war zuletzt wegen Suizidversuchs durch Überdosis eingewiesen worden. Bill Manning, Anfang vierzig, wurde seit seinem Studium von einer bipolaren Störung so gut wie gänzlich außer Gefecht gesetzt. Jerry Petrofsky, Anfang sechzig und einer meiner Einzeltherapiepatienten, städtischer Bauingenieur und bekannt dafür, dass er mit dem Rad durch die West Side von Manhattan fuhr, war wegen Suizidversuchs während einer akuten depressiven Episode infolge einer Leukämiediagnose hier.

Ich sah mich um nach Esther Klein, einer Frau Anfang siebzig. Sie hatte mich immer an die Frauen in der Synagoge erinnert, die mein Mann Phil und ich manchmal besuchten. Sie wirkte gesund und robust, aber ich wusste aus den Teambesprechungen, dass sie eine Holocaustüberlebende war. Ihr Arzt glaubte, um gesund werden zu können, müsse sie sich ihrem Leiden stellen. Er drängte sie sowohl in der Gruppen- als auch in der Einzeltherapie dazu, sich immer wieder an ihre schlimmsten Erlebnisse zu erinnern. In den Morgenmeetings hatte sie ein paarmal widerstrebend davon gesprochen, wie sie den Vernichtungslagern entronnen war, indem sie sich versteckt hatte. Einmal berichtete sie auch davon, wie man sie gezwungen hatte, Erbrochenes vom Boden zu lecken. Trotz der besten Absichten ihres Arztes hatte es den Anschein, als würde es ihr nicht helfen, ihre schlimmsten Erinnerungen schildern zu müssen. In letzter Zeit war mir aufgefallen, dass ihre Mimik flacher und zurückhaltender wurde, dass sie die Arme enger um den Körper schlang. Sie wirkte sichtlich ängstlicher und zurückgezogener, als hole die schreckliche Vergangenheit sie ein. An jenem Tag konnte ich sie nicht im Kreis entdecken.

Der Psychiater, der das Meeting leitete, lehnte sich auf seinem Stuhl nach vorn und signalisierte mit einem Räuspern den Beginn der Sitzung.

»Ich möchte unseren Gast Mr Lawrence von der Krankenhausverwaltung vorstellen.« Er verwies auf einen Besucher, den ich noch nie gesehen hatte, einen autoritär wirkenden Herrn im dunklen Anzug.

»Ja. Guten Morgen«, sagte Mr Lawrence. »Ich habe eine bedauernswerte Mitteilung zu machen.« Er hielt eine dicke Patientenakte hoch. »Es tut mir leid, die Anwesenden über den Tod unserer Langzeitpatientin Esther Klein in Kenntnis setzen zu müssen.«

Mir wurde ganz schwer ums Herz.

Einer meiner Mitpraktikanten beugte sich zu mir und flüsterte mir ins Ohr: »Sie hat letzte Nacht Selbstmord begangen. Ist das zu glauben? So kurz vor den Hohen Feiertagen.«

»Esther hatte ein langes und qualvolles Leben«, fuhr Mr Lawrence fort. »Ich habe die Patientenakte gelesen. Es ist eine traurige Geschichte, aber man hätte nichts tun können.«

Ich sah mich um, und mit einem Mal erschienen mir die Dutzenden von Patienten im Raum mehr als Opfer ihrer Einweisung und weniger als Patienten, denen die benötigte Pflege zuteilwurde: Lewis, auf dessen vorherige Eindringlichkeit sich ein medikamentös bedingter Nebel gelegt hatte und der nun mit leerem Blick an die Wand starrte. Rebecca, die in entschuldigendem Tonfall sprach und oft Gefühle von Schuld und Unzulänglichkeit zum Ausdruck brachte. Bill, dessen unberechenbare Explosivität auf Station bekannt war und der versuchte, seine Entfremdung durch tyrannisches und störendes Verhalten zu überspielen – mit Wutausbrüchen, plumpen sexuellen Avancen, Schlagen gegen Wände. Der dauermürrische Jerry, der nur selten das Bett verließ. Es kam vor, dass sie die Station für eine Weile verließen, dann aber wieder zurückkehrten. Was konnten wir ihnen eigentlich bieten?

Mr Lawrence schloss die Akte über Esthers Leben, und das Meeting ging weiter. Doch die Anwesenden wirkten angespannt – die Gesichter ausdruckslos, die Körper starr, die Hände um die Plastikarmlehnen geklammert. Esther war tot. Eine von uns. Ein Mensch, der bei uns im Kreis gesessen hatte. Die Mitteilung war von einem Fremden gekommen, der diese Krise steril und minimalistisch abgehandelt hatte. Er gab uns weder die Zeit noch den Raum, das Geschehene zu verarbeiten oder den Verlust zu betrauern. Das Ziel unserer Zusammenkunft war die Therapie, aber Ton und Vorgehen waren alles andere als therapeutisch. Ich wusste, dass es später eine Teambesprechung zum Tod von Esther Klein geben würde, doch diese diente eher der juristischen Absicherung des Krankenhauses. Man würde uns nicht auffordern, persönlich auf Ms Kleins Tod zu reagieren oder über unsere klinischen Verfahren und den Umstand nachzudenken, dass die einzige Form der Behandlung, die ihr angeboten wurde, sie dazu zwang, ihr Trauma so lange immer wieder zu durchleben, bis die Qualen unerträglich geworden waren. Wir sollten weitermachen, als hätte sich, während wir die Verantwortung trugen, kein Todesfall ereignet, der zu verhindern gewesen wäre.

Genau in diesem Augenblick durchbrach Jerry die Stille. Sein Gesicht war rot, seine Stimme abgehackt. »Was ist für Jom Kippur geplant?«, wollte er wissen.

Viele der Patienten und Ärzte waren Juden, genau wie ich. Jom Kippur, der Versöhnungstag, ist der höchste jüdische Feiertag.

Es ist eine Zeit der Vergebung und der Erneuerung nach Rosch ha-Schana, dem jüdischen Neujahrstag. Bevor man Gott um Vergebung bittet, erbittet man sie von den Menschen, die man verletzt hat, und wird von seinen Sünden befreit. Aufgrund des Feiertags würde ein großer Teil des Personals nicht in der Klinik sein. Doch auf Station wurde so selten über Religion gesprochen, dass ich – obwohl Jerry mein Patient war – nicht gewusst hatte, dass er Jude war. Ich hatte auch nicht bedacht, dass es für die vielen jüdischen Patienten keinen Gottesdienst geben würde.

Der Psychiater, der das Meeting leitete, sagte, es sei nichts geplant.

Rebecca hob den Blick, als suchte sie nach jemandem. Dann senkte sie ihn wieder. Bill schlug sich mit den Fäusten auf die Oberschenkel.

»Es ist *nichts* geplant?«, fragte Jerry wütend. »*Nichts?*«

An jenem Abend wartete ich auf die U-Bahn – das »lebende Labor«, wie ich sie nannte. Auf dem Bahnsteig tummelten sich Rudel von Highschool-Kids, die herumgrölten und Witze rissen, erschöpft wirkende ältere Menschen mit Lebensmitteltüten, ein furchtbar dünner Mann mit einem Schild in der Hand: »HIV-positiv. Gerade aus dem Krankenhaus entlassen. Brauche Geld für eine Mahlzeit. Gott segne Sie.« Die Luft war schwül und roch nach alten Reifen und muffigem Keller. Die U-Bahn hielt mit einem Quietschen, und ich taumelte hinein. Ich fand ein freies Plätzchen zwischen den Müttern und Kindermädchen, die mit ihren Buggys ins Abteil drängten und kleine Kinder auf den Schoß hoben, und den gepflegten Herren in prächtigen Wildlederjacken, Nadelstreifensakkos und Seidenkrawatten, die sich einen Platz am Handlauf suchten, während sie nach ihren Zeitungen griffen und darin versunken schienen, aber auch irgendwie ausdruckslos dreinschauten. Aufmerksam betrachtete ich die Gesichter der Menschen um mich herum. Viele litten sichtlich. Die Frau mit den buschigen Augenbrauen und den knallorange gefärbten strohigen grauen Haaren, die schmutzigen Wangen zerfurcht von Falten, die vor sich hin schimpfte und murmelte. Die junge Frau mit der samtigen schokobraunen Haut, die in einem leisen Singsang ihre Bitte durch den Wagen rief: »Meine kleine Tochter und ich brauchen etwas Geld, damit wir heute Abend im Obdachlosenheim unterkommen.« Der Mann im langen, abgetragenen Wollmantel, der immer noch zitterte, weil es so anstrengend für ihn gewesen war, sich hinzusetzen.

Andere Passagiere zeigten keine äußeren Anzeichen von Leid. Sie hatten offenbar ein Zuhause, Geld und wirkten gesund. Sie trugen Aktentaschen oder Kaufhaustüten, aus denen raschelndes Seidenpapier lugte. Ihre Gesichter waren nicht eingesunken vor Anstrengung, Sorge oder Verzweiflung. Und dennoch wirkten sie verschlossen, runzelten die Stirn, vergruben den Blick tief in ihre Zeitungen oder ihren Schoß. Sie wirkten so unzufrieden, angespannt und abwesend, als trügen sie die Last der Welt auf ihren Schultern und als würde etwas Entscheidendes fehlen.

Der Fachbegriff dafür lautet »Dysthymie« – das unterschwellige Gefühl, dass das Leben unbefriedigend ist. Es fühlt sich an wie Leere. Hunger. Ernüchterung. Das Leben ist nicht, wie Sie es sich erhofft hatten. Dies ist eine nicht ganz so ausgeprägte Version dessen, was mir tagtäglich auf der psychiatrischen Station begegnete: Entfremdung, Isolation, Sinnlosigkeit, Dunkelheit.

Ich bemerkte es auch bei meinem Mann und vielen unserer Freunde. Wir waren jung, zwischen zwanzig und dreißig, voller Energie und beruflichem Ehrgeiz und fest entschlossen, mit unserem Leben und unserer Arbeit einen Beitrag zur Welt zu leisten. Doch manchmal empfanden wir die Aufregung und die Hektik unseres Alltags weniger als eine Berufung und mehr als eine Tretmühle. Vor allem die täglichen Fahrten im Aufzug zu der Kanzlei für Unternehmensrecht, in der Phil arbeitete, und die Art und Weise, wie die Zusteigenden die Hand zum Gruß erhoben und dann auf den Boden starrten, waren ihm verhasst. Es war, als befände man sich in der zweidimensionalen Nachbildung einer Bürokulisse. Aus der Ferne wirkte sie ganz passabel, aber aus der Nähe betrachtet war alles eine Attrappe – und furchtbar einsam. Mit unseren Freunden sprachen wir unaufhörlich über Beförderungen und größere Apartments. So gut wie jeder Satz begann mit den Worten: »Wenn ich dieses oder jenes geschafft habe …«, dann komme ich weiter, dann kann ich mich ausruhen, dann kann ich glücklich sein. Unsere Gespräche ließen darauf schließen, dass es auch im Kreis unserer erfolgreichen Freunde, welche die Ausbildung, die Chancen, die Arbeit, die Freunde und die Partner hatten, die sie sich immer gewünscht hatten, noch eine Leere gab. Ein beinah ständiges Verlangen. Das Gefühl, das Leben sei nicht so sinnerfüllt oder freudvoll, wie es sein könnte. Als befänden wir uns auf einer endlos langen Treppe zur Erfüllung und könnten das Glück doch nie ganz erreichen.

Das Leiden auf der Welt schien so allgegenwärtig und unerbittlich. Ich beschloss, dass ich zumindest versuchen würde, Jerry und Bill und den anderen Patienten von Unit 6 irgendwie zu helfen.

KAPITEL 2

Die leere Küche

»Wie? Dann wirst du jetzt also Rabbi?«, fragte Phil am selben Abend, als ich ihm von Jerrys Frage erzählte.

Wir standen Schulter an Schulter in unserer Küche, die gerade mal so groß war wie ein Sportwagen, und verteilten das Essen vom Chinesen auf bunt zusammengewürfelten Tellern. So klein unsere Wohnung auch war, sie war dennoch eine Verbesserung gegenüber dem Apartment, aus dem wir gerade ausgezogen waren. Unser altes Apartment war eine Zweizimmerwohnung im Erdgeschoss eines schmalen Gebäudes gewesen, mit einem einzigen Fenster, das auf die dunkle Gasse zwischen unserem Haus und dem fleckigen Backsteinbau nebenan hinausging. Manhattan unterschied sich gewaltig von den großzügigen Landschaften meiner Jugend – von der von Eichen gesäumten Straße in Iowa, wo ich geboren worden, und dem gepflegten Viertel in einem Vorort von St. Louis, in dem ich aufgewachsen war. Aber ich hatte dieses Apartment geliebt. Es war unsere erste gemeinsame Wohnung. Wir waren erst vor Kurzem in ein braunes Backsteinhaus an der Ecke West 76th Street und Columbus Avenue gezogen, nicht weit vom Naturkundemuseum und der Central Park West entfernt, wo ich zum Laufen ging. In diesem Viertel wimmelte es nur so von Floristen, und es gab mindestens ein Dutzend Brunch-Lokale, in denen wir uns regelmäßig mit Freunden trafen.

Wir trugen die dampfenden Teller an den Tisch, und ich öffnete ein Fenster. Von der Straße unter uns schwebten Stimmen, Hupgeräusche, die Hektik der letzten Pendler zu uns herauf, die vor Einbruch der Nacht nach Hause eilten.

»Es ist ein wichtiger Feiertag«, sagte ich. »Ich dachte, ich könnte den Menschen, die einen Gottesdienst feiern möchten, zumindest einen Raum zur Verfügung stellen.« Das Krankenhaus befand sich in einer der Gegenden mit dem weltweit höchsten jüdischen Bevölkerungsanteil. Dass kein Gottesdienst angeboten wurde, wirkte wie ein gewaltiges Versehen. Außerdem mochte ich die Gebete und Rituale sehr, obwohl ich mich nicht streng an die religiösen Vorschriften hielt. Vielleicht konnte eine zwanglose Feier für ein klein wenig Frieden auf der Station sorgen.

»Ist denn ein Krankenhausaufenthalt nicht die beste Ausrede, um *nicht* zum Gottesdienst gehen zu müssen?«, neckte mich Phil und nahm sich eine Frühlingsrolle von seinem Teller.

Wenn er Witze machte, erkannte ich den jungen Mann in ihm, der er bei unserer ersten Begegnung im Sommer 1985 gewesen war. Ich war neunzehn Jahre alt, und es war der erste Tag meines Sommerpraktikums in Washington, D. C., bei dem ich an der Reform der Wahlkampffinanzierung mitarbeiten sollte. Ich war wegen meiner Einweisung etwas früher dran – so früh, dass das Büro noch dunkel und die Tür noch verschlossen war. Ich saß auf einem der Stühle in der kleinen Empfangshalle, da ertönte das »Ping« des Aufzugs, und Phil trat heraus. Er war groß und schlaksig. Er hatte dunkle Locken und trug einen dunklen Anzug sowie eine knallig blau-grüne Krawatte.

»Ach, du bist das«, sagte er.

Offenbar war ihm an jenem Morgen auf seinem Weg zum Praktikantenbüro in dem beinah menschenleeren Viertel im Nordwesten von Washington eine junge Frau aufgefallen, die etwa einen Block vor ihm strammen Schrittes die K Street entlangmarschiert und deren blonder Pferdeschwanz dabei stetig auf und ab gehüpft war. Sie hatte den gleichen Weg wie er. Jedes Mal, wenn er irgendwo abbog, war auch sie wieder vor ihm.

»Du hast so zielstrebig ausgesehen«, sagte er. »Jetzt weiß ich auch, warum.« Er schmunzelte und deutete auf die verschlossene Bürotür.

Unsere Liebe erblühte schnell in jenem Sommer, und sieben Jahre später waren wir immer noch bis über beide Ohren ineinander verliebt. Mit Mitte zwanzig waren wir das einzige Ehepaar in unserem Freundeskreis. Doch in manch anderer Hinsicht schien es, als ginge es abwärts und als entfernten wir uns von unserer ursprünglichen Lebendigkeit. Phil hatte an der Duke University Englisch studiert und auf dem Höhepunkt der Crack-Epidemie eine Weile in Camden, New Jersey, in der Drogenberatung gearbeitet. Die Erfahrung hatte ihn dazu inspiriert, Jura zu studieren. Er wollte Staatsanwalt werden und mithelfen, die Drogenbosse Miamis hinter Gitter zu bringen. Doch mit meinen Warnungen hatte ich ihm ein – wie ich fürchtete – gefährliches Leben ausgeredet, und er hatte sofort im Anschluss an das Jurastudium seine aktuelle Arbeitsstelle im 56. Stock eines Hochhauses im Zentrum von Manhattan angetreten. Wir hatten ein sicheres und angenehmes Leben. Doch wenn ich inmitten des Alltagslärms und der kleineren Belastungen einen Gedanken verfolgen wollte, während ich mich ins U-Bahn-Gedränge stürzte oder einen Aufzug zu erwischen versuchte, hatte ich manchmal das Gefühl, dass wir Fülle gegen Leere, Weite gegen Enge eingetauscht hatten. Dass uns die Entscheidung, auf Nummer sicher zu gehen, von einem erfüllteren Leben abschnitt. »Ich werde noch sechs Monate weitermachen«, hatte Phil unlängst zu mir gesagt. Doch würde er dann wirklich aufhören? Oder käme er zu dem Entschluss, dass er noch ein Jahr dort weiterarbeiten würde, damit wir auf ein Baby oder das nächste Apartment sparen konnten, das kaum weniger winzig sein würde als das, in dem wir gerade wohnten?

Ich hatte noch keine wissenschaftliche Erklärung dafür, aber wir begannen, unter den Entscheidungen zu leiden, die wir mit unserem – wie ich später verstehen sollte – zielgerichteten Denken getroffen hatten. Wir strebten nach vernünftigen Zielen wie Aufstieg und Schutz, die uns keine Erfüllung brachten, sondern Angst und Stress und Trennung verursachten. Denn äußere Ziele sind kein Ersatz für einen höheren Sinn im Leben. Wir waren nicht ganz wach, aber ich wusste noch nicht, wie wichtig es ist zu erwachen – und erst recht nicht, wie man es macht.

Während Phil nach dem Essen die Küche sauber machte, wühlte ich in den Kisten mit meinen Psychologiebüchern aus dem Studium, bis ich es endlich fand: das alte Gebetbuch meiner Großmutter. Es gehörte ursprünglich ihrer Mutter – meiner Urgroßmutter –, die es auf dem Schiff aus Russland mitgebracht hatte. Meine Großmutter hatte ihren Namen und ihre Adresse auf die Innenseite des Buchdeckels geschrieben: *Harriet Aliber Friedman, 311 51st Street, Des Moines, Iowa.* Vielleicht waren die anderen Besucher des Temple B'nai Jeshurun manchmal mit dem falschen Gebetbuch nach Hause gegangen, und Oma hatte dafür gesorgt, dass ihr das ihre nicht abhandenkam. Mit dem gleichen Buch hatte sich meine liebe, gefühlvolle Mutter im Jahr ihres fünfzigsten Geburtstags auf ihre Bat Mitzwa vorbereitet. Irgendwie hatte die zweite Lebenshälfte sie dazu veranlasst, ihre Spiritualität immer weiter zu vertiefen. Der Einband des Buchs war zerschlissen, die Seiten vom jahrelangen Blättern mürbe. Ich hielt es vorsichtig und hatte beinah Angst, es könnte in meinen Händen zerfallen.

Als ich eine Woche später zu unserer Jom Kippur-Feier in der Küche von Unit 6 – einem fensterlosen antiseptischen Raum mit einem runden Plastiktisch auf einem abgetretenen beigeweißen Linoleumboden – eintraf, waren die vier jüdischen Teilnehmerinnen und Teilnehmer samt ihrer hilfsbereiten Pfleger schon da. Rebecca, Bill und Jerry waren ebenso gekommen wie der 38-jährige Sol Stein, der eingewiesen worden war, weil er sich in einem Hotelzimmer in der Stadtmitte verbarrikadiert und sich einen Kampf mit den Polizeibeamten geliefert hatte, die ihn schließlich herausholten. Er hatte so viel Angst vor anderen, dass soziale Begegnungen eine Psychose auslösen konnten. Seine soziale Phobie bewältigte er durch extreme Isolation und verließ nur selten sein Zimmer auf der Station.

Sie hatten die Stühle im Kreis angeordnet, saßen um den Küchentisch, als wären sie zu Hause, und erfüllten den tristen Raum mit einem Gefühl von Nähe und einer herzlichen Feierlichkeit. Es war das erste Mal, dass ich die Patienten so miteinander umgehen sah. Normalerweise rückten sie ihre Stühle im Gemeinschaftsraum an die Wand, oder die Explosiveren unter ihnen versuchten, einen Streit vom Zaun zu brechen. Im Gegensatz dazu waren Rebecca, Jerry, Bill und Sol ganz offensichtlich hier, um miteinander in Kontakt zu treten. Sie hatten sich herausgeputzt und trugen Hemden, Hosen und Pullover. Rebecca hatte altrosa Lippenstift aufgelegt.

Da die vier, vor allem Sol, sozial sehr zurückgezogen waren, wusste ich nicht recht, in welchem Umfang sie sich an den Gebeten beteiligen würden. Doch als ich mit dem Gottesdienst begann, stimmten sofort alle ins Gebet mit ein und verschmolzen zu einem kräftigen Chor. Obwohl Jerry mir gegenüber zuvor mit keinem Wort erwähnt hatte, dass er Jude war, konnte er ganze Textpassagen auswendig auf Hebräisch aufsagen. Bill klopfte beim Beten mit dem Fuß im Takt, und die normalerweise so vorsichtige und zurückhaltende Rebecca beugte sich vor, ihre Haltung offen. Wir sprachen gemeinsam über den Ablauf des Gottesdienstes, und alle waren freundlich und arbeiteten zusammen, lasen abwechselnd Abschnitte auf Englisch vor, interpretierten die Feiertagsgebete und ließen die anderen an ihren Einsichten teilhaben. Auch die Pfleger, die üblicherweise gerufen wurden, um Patienten zu bändigen oder für die Einhaltung der Regeln zu sorgen, schienen in den fließenden Rhythmus der Gebete versunken; obwohl sie nicht mit dem Gottesdienst vertraut waren, verstärkten sie mit ihrer einfühlsamen Gegenwart den Eindruck von Pietät.

Wir hielten den Gottesdienst, so wie ich es aus meiner Kindheit in Erinnerung hatte. Da ich weder eine Gelehrte noch eine Expertin war, verließ ich mich auf das, was meine Mutter über den Zweck von Jom Kippur gesagt hatte – dass es darum ginge, die eigenen Sünden zu gestehen und um Vergebung zu bitten, Dankbarkeit für das eigene Leben zum Ausdruck zu bringen, unsere Identität als Juden zu bekräftigen. Im Laufe des Gottesdienstes wurden die Patienten deutlich lebendiger, und während wir lasen und sangen, begannen ihre Augen zu leuchten. Rebecca richtete sich auf und sang aus voller Brust, nicht in ihrem üblichen gedämpften Ton. Jerry las laut und flüssig. Sol begann, die Zeremonie zu leiten und uns bezüglich des Ablaufs des Gottesdienstes zu korrigieren. Als wir auf eine schwierige hebräische Stelle stießen, lotste er uns durch die Aussprache. Bill war voller Energie, aber ohne in manische Symptome auszubrechen. Er hatte die Augen geschlossen und wippte beim Singen selbstsicher vor und zurück. Die Pfleger waren keine Juden, sangen aber trotzdem mit, und wir alle verschmolzen völlig unerwartet zu einer universellen Gemeinde.

Gegen Ende des offiziellen Gottesdienstes machten wir eine Pause, und jeder erzählte kurz, was Jom Kippur für ihn oder sie bedeutete. Jerry sagte: »Wenn man sich umsieht und die Schönheit des Universums erkennt, muss man doch an einen allmächtigen und gütigen Gott glauben!«

Dieses vertrauensvolle Glaubensbekenntnis meines Patienten, der meist nur im Bett lag, gefangen in einem Zustand der Verzweiflung und der Sinnlosigkeit, machte mich völlig sprachlos.

Rebecca war die Nächste: »Vielen Dank für den Gottesdienst. Ich habe nichts zu sagen.«

Dann war ich an der Reihe: »Jom Kippur ist sehr wichtig für mich, weil ich Fehler mache«, sagte ich. »Ich vermassle es. Zu dieser Zeit bitte ich zunächst die Menschen in meinem Leben und schließlich auch Gott um Vergebung.«

Sol wandte sich mir zu. »Gott wird Ihnen vergeben«, sagte er. »Gott vergibt immer allen.«

Wieder war ich sprachlos. Sol, der so viel Angst vor anderen hatte, dass er sich in einem Hotelzimmer verschanzte, erteilte mir einen Rat. Er ging aus sich heraus, um mir zu helfen.

Als Bill an der Reihe war, gestand er verschämt: »Ich möchte mich bei Gott entschuldigen, weil ich bei meiner Diabetesdiät schummle, aber das weiß er längst.« Wir lachten.

Der Raum fühlte sich gereinigt und frisch an, und wir, die wir am Tisch saßen, waren stärker miteinander und mit etwas viel Größerem verbunden. Aber ich hatte keinen Grund zu glauben, dass sich die veränderten Einstellungen oder die veränderte Atmosphäre auf den Stationsalltag übertragen würden.

Als ich etwas später am gleichen Tag im Praktikantenzimmer saß und Papierkram erledigte, klopfte es an der Tür. Sol stand auf der Schwelle, die Schultern gestrafft. Er reichte mir die Hand. »Ich möchte Ihnen noch einmal für den Gottesdienst danken«, sagte er. Dann unterstrich er erneut, was er schon zuvor zu mir gesagt hatte: »Gott wird Ihnen vergeben. Er vergibt immer.«

Als ich an jenem Abend mit der Arbeit fertig war und den Gang entlanglief, um nach Hause zu gehen, eilte Rebecca mir nach. »Bei unserem Gottesdienst ist mir etwas klargeworden«, sagte sie. »Ich wusste natürlich, dass man an Jom Kippur Buße tun kann für seine Sünden. Ich wusste, dass man zugeben kann, wenn man sich geirrt hat. Aber der Gottesdienst hat mir gezeigt, dass ich Vergebung bekommen kann. Das war mir bisher nicht klar gewesen.« In den langen Jahren ihrer schweren Depression hatte Rebecca ihr gesamtes Dasein auf eine Entschuldigung reduziert. Es schien, als fühle sie sich schuldig dafür, dass sie lebte. Doch nun teilte sie mir etwas mit, was in völligem Widerspruch zu ihrem Kernselbstverständnis stand.

Der Gottesdienst hatte Sol und Rebecca sowie den anderen Patienten ein klein wenig Freiheit geschenkt.[10] Das lag nicht nur daran, dass die Zeremonie sie offenbar aufgebaut hatte; es lag auch daran, dass sich die Verbundenheit und das Wohlbefinden jedes Einzelnen offenbar genau in dem Bereich verbessert hatten, in dem er normalerweise abgeschnitten oder isoliert war. Es hatte den Anschein, als habe die Zeremonie mit der Präzision eines Laserlichts die dunkelsten Winkel jedes Einzelnen erleuchtet. Rebecca brachte Gefühle von Selbstwert zum Ausdruck, Sol zeigte tiefe Verbundenheit und Fürsorge, Bill wirkte ruhiger und besser integriert, und Jerry sprach von Dankbarkeit und Wertschätzung für das Leben. Ich hatte keine Ahnung, wie oder warum es zu dieser Entwicklung gekommen war, und hatte keinen Grund, darauf zu vertrauen, dass sie von Dauer sein würde. Doch in der kleinen Küche war etwas geschehen, was bei den primären medizinischen Maßnahmen der medikamentösen Behandlung und der

Psychotherapie nicht passierte. Darüber hinaus setzte die Heilung – und sollte sie sich als noch so vorübergehend erweisen – genau an den Punkten an, wo die Not der einzelnen Patienten am größten war.

Als Klinikerin – und Wissenschaftlerin – wollte ich wissen: Was war an Jom Kippur wirklich geschehen? Hatten die vertrauten Sinneseindrücke, das kulturelle Heimatgefühl oder die Teilnahme an Ritualen, mit denen die Patienten aufgewachsen waren, sie aufgebaut? Oder hatte die Würde einer Begegnung, bei der sie nicht als Patienten mit Behandlungsakten, sondern als Gläubige zusammengekommen waren, ihre Stimmung aufgehellt, als wir uns in der kleinen Küche begegnet waren, wie wir in einem anderen Jahr vielleicht in der Nachbarschaftssynagoge zusammengekommen wären? Konnte diese plötzliche Aufhellung bei den Patienten den Ärzten und Therapeuten, die sich für ihre längerfristige Heilung einsetzten, einen wesentlichen Hinweis geben?

Bevor ich an jenem Tag nach Hause ging, erwähnte ich diese Frage auch gegenüber meiner Praktikumsbetreuerin. Sie hörte aufmerksam zu. Schließlich sagte sie: »Es war sehr nett von Ihnen, Lisa, dass Sie an Ihrem Feiertag in die Klinik gekommen sind. Ich kann auch heraushören, dass der Gottesdienst den Patienten ein Trost war. Aber letztlich werden sie ein Leben lang krank sein. Diese Menschen sind sehr krank, und das ist schließlich auch für uns das Entscheidende. Dies ist ein Krankenhaus.«

Die Bedeutung ihrer Worte war klar: Spiritualität war in unserem Beruf tabu. Ich hatte gegen ein ungeschriebenes Gesetz verstoßen und mich durch meinen Glauben an eine Weltanschauung diskreditiert, die sich nicht mit medizinischer Strenge vereinbaren ließ.

Das Gespräch war beendet.

An jenem Abend ging ich zum Laufen. Ich lief auf der Central Park West nach Norden zum Naturkundemuseum, kreuzte dort in den Park und folgte den Wegen, die sich durch North und East Meadow, um den Teich und durch den waldigen Ramble hinunter zum Bethesda-Brunnen schlängelten. Ich machte seit der Highschool Langstreckenläufe. Damals erhielt mein Vater, der an der Washington University in St. Louis unterrichtet hatte, eine wichtige Beförderung, und die Familie zog nach Osten, damit er seine neue Stelle an der Fakultät für Darstellende Kunst an der Boston University antreten konnte. Weil ich so viele Kilometer wie möglich schinden wollte, schloss ich mich dem Crosslaufteam der Jungen an, nahm an Straßenläufen teil und lief mit fünfzehn Jahren unangemeldet beim Boston Marathon mit, als es noch in Ordnung war, wenn man sich spontan entschied, an dem Rennen teilzunehmen. Man hatte mich am Start in Hopkinton interviewt, da ich zum damaligen Zeitpunkt offenbar die jüngste Athletin war, die je bei dem Wettkampf antrat. Im Ziel in Boston umarmten mich zwei Mädchen von meiner neuen Highschool, die ich bis dahin erst ein paarmal gesehen hatte, mit Tränen in den Augen, als würden wir uns schon ein Leben lang kennen. Da niemand aus meiner Familie es für möglich gehalten hatte, dass ich die 42,195 Kilometer bis ins Ziel schaffen würde, war auch niemand da, um mich zu begrüßen. Der freundliche Manager eines Wendy's Restaurants in der Nähe bat mich herein, und zur Feier des Tages durfte ich essen, was ich wollte. In der Woche darauf ging meine Mutter mit mir zum Arzt. Sie fragte sich besorgt, welche Auswirkungen das Langstreckenlaufen auf junge Mädchen hatte, weil es damals so selten war, dass man nichts darüber wusste. Der Arzt sagte, dass alles in Ordnung sei, und der Marathon lehrte mich, dass man einfach immer weiterlief, bis man im Ziel war. Ich lernte, die Gesellschaft von Läufern aus aller Welt und das herrlich bunte Spektrum von Menschen zu genießen, die an der Strecke standen, um die Teilnehmer anzufeuern, und so lange weiterzulaufen, bis mir die Ziellinie entgegenkam.

Ich genoss das Gefühl langer Läufe noch immer. Wenn die Füße auf den Boden trommelten, die Arme pumpten, die Gedanken in meinem Kopf herumschossen, Kilometer um Kilometer. Leichtigkeit stellte sich ein. Sorgen und Kämpfe lösten sich auf. Manchmal blitzte eine Einsicht oder eine Erkenntnis, die Antwort auf eine Frage oder die Lösung für ein Problem auf, oder ich wurde von plötzlicher Ruhe durchströmt. Diese Art des Erlebens unterschied sich von meiner üblichen ziel- und erfolgsorientierten Haltung. Das Gefühl ähnelte eher dem Staunen, das ich als Kind empfunden hatte, wenn ich eine Eiche betrachtet und von der Maserung der Rinde fasziniert gewesen war, dem beruhigenden Gefühl, Gesellschaft zu haben, während ich dem Rhythmus der summenden Zikaden lauschte oder mit meinem Hund Snoopy still auf der Veranda saß, sein Kopf in meinem Schoß, und die Wärme, der Frieden und die Verbundenheit zwischen uns ebenso echt waren wie das Gefühl seines Fells unter meiner Hand. Wie funktionierten diese flüchtigen Erfahrungen? Was geschah dabei im Kopf? Warum hatte es den Anschein, als würden sich in diesen Momenten die Sorgen auflösen und der Stress nachlassen? Machte jeder Mensch solche Erfahrungen? Ich fragte mich, ob man diese Momente bewusst herbeiführen konnte oder ob sie unbedingt und unkontrollierbar spontan waren.

An der Universität war Dr. Martin Seligman mein Mentor. Er ist der Vater der Positiven Psychologie und zeigte als einer der Ersten unseres Fachgebiets, dass wir entscheiden können, wie es in unserem Inneren aussehen soll, und wie wichtig diese Entscheidung für unser Wohlbefinden ist. Er fand heraus, dass unser Leiden zu einem großen Teil von unseren Denkgewohnheiten verursacht wird und unsere Verzweiflung am größten ist, wenn wir den Eindruck haben, den Ausgang einer Situation nicht kontrollieren zu können – wenn wir glauben, keine Kontrolle über die Beziehung zwischen unserem Handeln und den Ergebnissen zu haben. Möglicherweise entwickeln wir einen pessimistischen Erklärungsstil, also eine negative und letztlich schädliche Art und Weise, die eigene Geschichte zu erzählen.

Wenn ich durch eine Prüfung falle oder von meinem Geliebten verlassen werde, kann ich dieses Ereignis auf unterschiedliche Weise erklären. Wenn ich einen pessimistischen Erklärungsstil habe, reagiere ich auf die schlechte Note oder die Trennung, indem ich sage: »Ich bin ein Loser.« Ich erzähle die Geschichte vom Scheitern oder Verlust, als sei sie selbst verschuldet (»Ich bin unfähig«), permanent (»Ich werde in diesem Fach oder in Beziehungen nie Erfolg haben«) und universell (»Ich bin überall schlecht«).

Man kann das gleiche Ereignis aber auch als äußerlich bedingt, temporär und spezifisch darstellen. Ich könnte die Wirklichkeit in der Außenwelt beschreiben, statt mich als ungenügend oder unfähig zu bezeichnen: »Diese Prüfung war wirklich schwierig.« Oder: »Diese Beziehung war nicht zukunftsfähig.« Statt zu dem Schluss zu kommen, dass ich auch weiterhin in Prüfungen, der Liebe und allen anderen Bereichen scheitern werde, könnte ich sagen: »Ich muss in Zukunft mehr lernen.« Oder: »Ich vertraue darauf, dass eines Tages der oder die Richtige kommen wird.«

Marty Seligmans eindrucksvolle Forschungen zeigten, dass ein pessimistischer Erklärungsstil in die Depression führt, ein optimistischer dagegen resilient macht. Man könnte auch sagen, dass wir zum Teil deshalb unter Depressionen und anderen psychischen Erkrankungen leiden, weil wir gelernt haben, uns angesichts von Umständen hilflos zu fühlen, von denen wir irrtümlicherweise glauben, sie würden ewig anhalten, seien unsere eigene Schuld oder die Folge davon, dass wir beschädigt oder unzulänglich sind. In Wirklichkeit haben wir mehr Kontrolle, als wir glauben. Marty zeigte, welchen therapeutischen Nutzen es hat, wenn wir unsere falschen, negativen Überzeugungen ablegen und beschließen, die Welt und uns selbst anders zu sehen. Ich fragte mich, ob diese Entscheidung etwas mit dem beschwingten, offenen und friedlichen Gefühl zu tun hatte, das ich manchmal beim Laufen draußen in der Natur empfand.

Im Sommer – dem Abschnitt des akademischen Jahrs, in dem tatsächlich nachgedacht und geforscht wird – unternahmen Marty und ich lange Spaziergänge entlang der Walnut Street in West Philadelphia, und unser Bummel endete stets mit einer Zimtschnecke in seiner Lieblingsbäckerei. Wir sprachen oft darüber, dass wir die Wahl haben, wie wir denken wollen. Wenn sich jemand diese Kraft zunutze machte, bezeichneten wir dies als den »apollinischen Zustand« – nach Apollon, dem griechischen Gott der Sonne, des Lichts und der Wahrheit. In diesem Zustand war man in der Lage, mithilfe der Vernunft von verzweifelten Überzeugungen (»Es wird sich nie ändern«, »Es ist alles meine Schuld«, »Irgendetwas stimmt nicht mit mir« …) abzurücken und sich auf ein Denken zuzubewegen, das die eigene Handlungsfähigkeit unterstützte.

Ich konnte mich daran erinnern, dass ich bereits im Kindergarten gelernt hatte, wie man diesen Zustand herbeiführte, als ich am ersten Tag ins Klassenzimmer stürmte, mich an meinen Tisch setzte, die Hände auf der glatten, kühlen Oberfläche ausbreitete und meiner ersten *echten Unterrichtsstunde* harrte. Die Lehrerin begrüßte uns, dann ging sie systematisch durch die Reihen und legte einen Gegenstand auf den Tisch jedes Schülers. Es war ein dünnes Büchlein – ein spiralgebundener Terminplaner. Sie schritt an die Stirnseite des Klassenzimmers. »Wenn ihr Erfolg haben wollt«, sagte sie, jede Silbe klar und deutlich, »müsst ihr lernen, wie ihr mit eurer Zeit umgeht.« Ich beherzigte ihre Lektion. Auf der Highschool konzentrierte ich mich darauf, gute Noten zu schreiben, damit ich studieren konnte. An der Universität legte ich Nachtschichten ein. Wenn ich in den höheren Semestern überhaupt schlief, dann oft auf dem Boden, und ich drückte mir das Gesicht auf den Grafiken statistischer Analysen platt. Ich wollte ganz nah an der Arbeit, an den Zahlen sein. Ich war ehrgeizig, und wie beim Laufen leistete mir der Wunsch, etwas zu lernen und erfolgreich zu sein, gute Dienste.

»Aber Marty«, sagte ich eines Morgens, als wir die Straße überquerten, um auf der anderen Seite an einem Block mit schmalen, bunten viktorianischen Reihenhäusern entlang zurückzulaufen, »könnte es nicht vielleicht noch einen weiteren vorteilhaften inneren Zustand geben?« Meiner Ansicht nach war der apollinische Zustand zwar wichtig und konnte heilende Wirkung haben. Aber es ging immer noch um Kontrolle – darum, die Oberhand zu haben, Selbstbeherrschung zu besitzen, Teile des Lebens herumzuschieben.

Ich fragte mich, ob man die Realität auch anders sehen könnte, wie ich es nach vielen Kilometern eines langen Laufs erlebte, wenn plötzlich alles klar und eins wurde, als stünde man auf dem Gipfel eines Berges und sähe die Welt aus einer neuen Höhe und einer anderen Perspektive. Ich sagte Marty, dass ich diesen Bewusstseinszustand als »olympischen Zustand« betrachtete – als stünde man auf dem Olymp und hätte eine weite, ungehinderte, freie Sicht auf die Welt, die sich in alle Richtungen ausdehnte. Der Wert lag weniger in einem Gefühl der Kontrolle über die Umstände als vielmehr darin, dass man aus einer weiteren, ganzheitlicheren Perspektive einen Blick auf die Welt und das Leben und den Sinn erhaschte, der die Bedeutung und das Verhältnis der Dinge zueinander deutlich werden ließ. Wenn ich dieses Gefühl hatte, fielen die üblichen Geschichten – was ich erreicht, was ich verloren habe, was ich besitze – wie Mikadostäbchen auseinander, und eine neue Geschichte trat hervor. Ich fühlte mich von Grund auf wertvoll, war offen für Chancen und Abenteuer und vertraute darauf, dass die Welt mir offenbaren würde, was ich wissen musste.

War es möglich, dass die Patienten beim improvisierten Jom-Kippur-Gottesdienst von Unit 6 so etwas wie den olympischen Zustand erlebt hatten? Rebecca hatte ihre Ganzheit und Unschuld entdeckt, Sol seine extreme Isolation zu überbrücken vermocht, und die Veränderungen bei allen vier Patienten waren weder von einem Medikament noch von der Gesprächstherapie, sondern von der gemeinsamen Erfahrung am Küchentisch verursacht worden.

Allmählich wurde es Nacht, und die Bäume verdunkelten sich zu Umrissen. Da Phil es nicht mochte, wenn ich nach Einbruch der Dunkelheit noch allein beim Laufen war, verließ ich den Park am Columbus Circle und lief die Stufen zur U-Bahn hinunter, um mit der Linie B nach Hause zu fahren.

Ich reihte mich in den Strom der müden Fahrgäste ein. Die U-Bahn ruckelte und beschleunigte. Aus dem metallischen Quietschen des Zugs erhob sich ein Murmeln. Am anderen Ende des Wagens betete ein frommer Mann, ein Lubawitscher mit schwarzem Hut und Vollbart. Er hatte die Augen geschlossen, ein Ausdruck der Freude lag auf seinem Gesicht.

Welche inneren Mechanismen schürten seine Freude? Wieso

wirkte dieser Mann in einem Zug voller Menschen, die so angestrengt und gestresst aussahen, so friedvoll und frei? Um erste Antworten auf diese Fragen zutage zu fördern, sollten jahrelange Forschungen nötig sein. Doch sein Gesicht blieb mir im Gedächtnis. Ich war der Sache auf der Spur.

KAPITEL 3

Sterne am dunklen Himmel

Ende Dezember 1994, am letzten Tag meiner Rotation auf Unit 6, blamierte ich mich, als ich bei Mr Danners ambulantem Termin zum Abschied in Tränen ausbrach. »Ich werde Sie nie vergessen«, sagte ich, während mir die Tränen über die Wangen strömten. Es stimmte. Er hatte mich tief berührt. Es gefiel mir nicht, dass er mit Heroin gedealt, Menschen beraubt oder riskiert hatte, seine Frau mit HIV anzustecken. Aber ich liebte den Teil von ihm, der größer war als seine Verletzungen und das Unrecht, das er getan hatte. Es tat weh, in ein System eingebunden zu sein, das die Praktikanten regelmäßig durch die gleichen Türen hinausbeförderte, durch die die Patienten immer wieder zurückkehrten, und das alle daran hinderte, langfristige Beziehungen aufzubauen und die Heilung zu fördern. Als ich ihm gesagt hatte, dass ich Unit 6 verlassen würde, hatte er zunächst wütend ausgesehen. Aber als er meine Tränen sah, wich der Zorn aus seinen Augen, und er lächelte breit.

Er dankte mir, und als er ging, lächelte er noch immer.

Im Januar ging es weiter zur nächsten Rotation, einer psychosozialen Beratungsstelle für Studierende. Ich nahm an, das Behandlungsmodell in einer Beratung für jüngere Patienten mit weniger schweren Erkrankungen als in Unit 6 würde innovativer und nicht so starr psychoanalytisch sein. Doch wieder einmal stellte ich fest, dass der Trend dahin ging, in den Schmerz der Patienten einzutauchen, ohne sich zwangsläufig auch darum zu bemühen, ihre Widerstandskraft zu stärken oder ihnen neue Kraft zu geben, sechs Sitzungen lang mit ihnen zu arbeiten und sie anschließend zur Langzeitbehandlung und der Verordnung von Medikamenten an einen Psychiater zu überweisen.

Bei manchen Patienten war das angebracht. Doch von den rund vierzig, die ich in dem halben Jahr behandelte, zeigte nur ein geringer Prozentsatz – vielleicht 15 bis 20 Prozent – tatsächlich Symptome einer schweren depressiven Störung, die eine medikamentöse Behandlung und psychiatrische Versorgung rechtfertigte. Die anderen waren zwar deprimiert, doch dies war eher existenzieller Natur. Es lag keine schwere Depression vor, sondern eine Traurigkeit und Orientierungslosigkeit, die mit Fragen nach dem Sinn des Lebens einherging: »Was hat das Leben für einen Sinn?«, »Hat das Dasein eine größere Bedeutung?«, »Warum bin ich auf der Welt?« … Dies sind schmerzliche, aber auch wichtige Fragen auf dem Weg zum Erwachsenwerden.

Es waren die gleichen Fragen, die auch ich mir mit neunzehn Jahren in meinem zweiten Jahr an der Yale University stellte, als ich im tiefsten Winter Nietzsche las und von einer Wissenschaftskultur umgeben war, die dem Leben einen inhärenten Sinn absprach. Ich weiß noch, dass ich dachte: »Was, wenn es stimmt? Was, wenn das Universum wirklich keinen Sinn hat?« Ich hatte einen depressiven Durchhänger. Ich ging hinunter in den Keller meines Wohnheims. Dort gab es einen Raum, der die unterirdischen Flure mit anderen Campusteilen verband. Es war Februar, eiskalt, und ich wusste nicht, ob es einen Gott gab oder mein Leben einen Sinn hatte. Ich saß neben dem Warmwasserspeicher, um nicht zu frieren, wälzte Gedanken und hatte Angst, dass ich niemals die Führung finden würde, nach der ich suchte.

Meine Fragen wurden zunehmend hoffnungsloser. Ich fragte mich: »Ist Liebe denn möglich? Ist sie überhaupt echt? Werde ich je wieder Freude empfinden?«

Die Monate vergingen, die emotionale Schieflage blieb, und ich suchte Unterstützung in der psychosozialen Beratungsstelle der Universität. Doch nach jeder Sitzung war ich noch deprimierter. Die Therapeutin forschte nach Schmerz, wie auch ich es später lernen sollte, und betrachtete meine Fragen nicht als authentische Überlegungen zur Lebensfindung, als Teil der Selbst- und Ich-Werdung, sondern als Symptome einer Erkrankung. Sie sah darin keinen berechtigten Ausdruck meines authentischen Wachstums und meines Wunschs nach Kenntnis der Welt, sondern einen Hinweis auf irgendeinen Übergriff in meiner Kindheit. Statt mich auf meinem Weg zu bestätigen und mich aufzufordern, das intuitive Gefühl wiederzufinden, dass das Leben gütig ist und mich trägt, wollte meine Therapeutin wissen: »Sie sagen, dass das Leben sinnlos sei. Wer hat Ihr Vertrauen missbraucht?«

Ich wusste nicht, an wen ich mich wenden konnte, um Führung zu erhalten. Ich hatte kein Vertrauen in mich selbst. Einmal sagte ich zu meiner Therapeutin: »Auf jede Frage gibt es zehn bis fünfzig logische Antworten. Wie wählt man diejenige, die am ehesten wahr ist?« Inzwischen weiß ich, welche Erwiderung hilfreich gewesen wäre: »Das hört sich an, als könnten Sie für beide Seiten Argumente finden – dafür, dass das Leben einen Sinn hat, und dafür, dass es keinen hat. Hat irgendein Teil von Ihnen eine tief empfundene Antwort darauf? Gab es eine Zeit, in der Sie Zugang zu Ihrem inneren Wissen hatten oder es zugelassen haben?« Doch meine Therapeutin war in einer kleinen Auswahl theoretischer Fragen gefangen, die weder die innere Weisheit noch mehrere Arten von Wissen gelten ließen. Also bohrte sie auf der

Suche nach einer Kindheitsverletzung weiter. Ich vertiefte mich zunehmend in die philosophische Dekonstruktion. *Können wir überhaupt sagen, dass wir existieren, wenn wir uns von einer Minute zur nächsten verändern, wenn unsere Zellen absterben und unsere Vorstellungen sich verändern? Ist nicht jede vermeintliche Identität, jeder vermeintliche Sinn nur eine selbsterdachte und -auferlegte Konstruktion?*

In jenem Sommer landete ich in Washington, D. C., um das Praktikum zu machen, das mich zu Phil führte. Unter der Sonne und den grünen Bäumen Georgetowns lösten sich die Gedanken meines nihilistischen Winters, und ich fand zur Wärme meines Selbstvertrauens zurück. In meiner Brust breitete sich wieder Freude aus. Ich lachte und lächelte oft aus schierer Lebenslust. Das schöne Wetter und die Gegenwart eines Jungen, in den ich mich allmählich verliebte, waren daran nicht ganz unbeteiligt. Nur manchmal regte sich ein Rest von Depression. Eines Abends gingen Phil und ich in einen Pub, wo eine hundert Jahre alte Aufnahme an der Wand hing. »Von den Menschen auf diesem Foto lebt keiner mehr«, sagte ich. »Wir werden alle sterben.« Dieser Gedanke entsprang geradewegs der existenzialistischen Philosophie, die ich den ganzen Winter über gelesen hatte. Phil sah mich schief an und schüttelte dann die Arme, als wollte er sie von kaltem Schlamm befreien. »Igitt!«, sagte er. »Das ist wohl ohne jeden Grund die morbideste Interpretation, die man sich nur denken kann.« »Stimmt«, dachte ich. »Wir können uns aussuchen, wie wir die Dinge sehen möchten.« Wir können uns der Logik bedienen, um Antworten zu erhalten, und ein streng logisches Denken liefert durchaus notwendige Informationen. Aber wir können auch in unser inneres Wissen hineinspüren und entscheiden, welche Lebensperspektive uns leiten soll.

An diesen dunklen Wintertagen in Yale neben dem Warmwasserspeicher im Keller lernte ich etwas Nützliches. Ich hatte mich mit der Traurigkeit und dem Zweifel auseinandergesetzt und meine Überzeugungen hinterfragt, und dies führte mich über eine einseitig intellektuelle Kenntnis der Welt hinaus und zu einem Bewusstsein für das Leben, durch das ich schließlich wieder Auftrieb und ein Gefühl von Zugehörigkeit fand. Ich musste lernen und mir die Erlaubnis geben, auf mein Bauchgefühl zu hören. Inzwischen weiß ich, dass mich dies sowohl zu einer besseren Klinikerin als auch zu einer besseren Wissenschaftlerin macht.

Bei meiner Rückkehr nach Yale im Herbst wehrte ich mich erfolgreich gegen die dekonstruktivistischen Angriffe auf den Sinn, die gerade in Mode waren. Ich saß in Psychologieseminaren, erlernte die Einordnung von Symptomen, beteiligte mich an Debatten an Tischen voll mit Philosophiestudierenden und fragte mich: »Was, wenn sich *doch* ein tiefer Sinn im Universum verbirgt? Was, wenn das Leben einen höheren Sinn besitzt? Ich habe noch kein einziges Argument gehört, das dies widerlegen würde.«

Als ich zehn Jahre nach meinem eigenen Kampf gegen die Depression damit begann, selbst Studierende an der psychosozialen Beratungsstelle der Universität zu behandeln, schwor ich mir, dass ich ihre Fragen ernst nehmen und ihnen bei dem helfen würde, was sie zu tun versuchten: nicht im Schmerz zu verharren, sondern sich ein Leben aufzubauen, mit Angst und Zweifeln klarzukommen und einen Weg zu Resilienz und Erneuerung zu finden.

Ein neunzehnjähriger Junge, der mit Ängsten kämpfte, kam zu mir in die Behandlung. Nach dem damals maßgeblichen psychoanalytischen Modell hätten wir die Wunden seiner Kindheit untersuchen und uns ansehen müssen, wie ihn sein übergriffiger Vater misshandelt und verraten hatte. Natürlich bestand ein gewisser Zusammenhang zwischen seinen aktuellen Problemen und seiner schmerzlichen Vergangenheit. Doch der Schmerz, den ein übergriffiger Vater verursacht, ist unendlich. Hätte ich mich in der Therapie nur im Bereich dieser Misshandlung bewegt, hätte ich damit eine Situation geschaffen, in der er den Schmerz, die Wut und die Gefühle der Unwürdigkeit immer wieder von Neuem durchlebt hätte. Stattdessen blieben wir im Bereich der Gegenwart. Genau hier und genau jetzt bestand sein wichtigstes Anliegen darin, wie er mit den jungen Frauen Kontakt aufnehmen konnte, für die er sich interessierte. Er wollte sich nicht im Schmerz seiner unglücklichen Kindheit suhlen. Er wollte eine Freundin. Also brachte er Telefonnummern mit und übte. Am Ende der Therapie gab es eine Frau in seinem Leben, und ihre Partnerschaft diente ihm als Beweis für seine Liebenswürdigkeit und seinen Wert. Er hatte Hoffnung auf eine bessere Zukunft, Hoffnung, dass er den von seinem Vater erfahrenen Missbrauch nicht weitergeben würde.

Eine weitere Patientin, eine 21-jährige italienische Austauschstudentin, kam in die Beratungsstelle, weil sie schwanger war und Unterstützung brauchte, um sich darüber klar zu werden, was sie tun sollte. Meine Kolleginnen und Kollegen waren überrascht, als ich sie nicht automatisch auf einen Schwangerschaftsabbruch vorbereitete und an eine Abtreibungsklinik überwies. Stattdessen stand ich ihr als Zeugin ihres Vertrauens in sich und darauf zur Seite, dass sie selbst eine Antwort finden würde. Dies war eine Entscheidung, die ihr weder Eltern, Freunde oder Ärzte noch religiöse, kulturelle oder finanzielle Normen abnehmen konnten. Ich betrachtete sie als zutiefst spirituell. Keine noch so große Zahl von Ratschlägen oder Informationen konnte sie dabei effektiv leiten. Sie beschloss, das Baby zu behalten. Ich weiß nicht, was passiert ist – ob sie und der Vater des Kindes, den sie liebte, zusammengeblieben sind und das Kind gemeinsam großzogen haben, ob ihre Familie ihre Entscheidung akzeptiert oder abgelehnt hat und ob sie als Erwachsene Bedauern oder Dankbarkeit empfand. Aber ich weiß, dass sie aus ihrer tiefsten Wahrheit heraus zu ihrer Entscheidung gelangt ist, und dass es nicht meine Aufgabe war, ihr Denken oder Verhalten zu pathologisieren oder ihren Schmerz zu analysieren, sondern ihr sorgfältig zuzuhören und sie bei der Begegnung mit ihrem sich entwickelnden Selbst zu leiten.

Mitte der Neunzigerjahre ging der Trend dahin, dass man Patienten half, schmerzliche Erfahrungen oder Kämpfe mit Medikamenten zu überstehen. In der psychosozialen Beratungsstelle für die Studierenden wurden nicht übermäßig viele Psychopharmaka verordnet, aber man analysierte zu viel. Wer als Werkzeug nur einen Hammer hat, sieht in jedem Problem einen Nagel. Psychologen wurden grundsätzlich darauf geschult, das Leiden, aber nicht den Beginn eines spirituellen oder existenziellen Weges zu sehen. Auf der Suche nach Mentoren, die mir einen anderen Ansatz zeigen konnten, entdeckte ich das New York Center for Jungian Studies. Dort bemühten sich erfahrene Therapeuten mit dem gleichen Abschluss wie ich um Wiedereingliederung eines Teils der Psychologie, der in der regulären Ausbildung und Praxis völlig verloren gegangen war. Die Jungianer vertrauten darauf, dass Träume unsere Wunden und sich abzeichnende Heilungschancen offenbarten. Sie verließen sich darauf, dass Archetypen allgemeine menschliche Neigungen und Entwicklungswege aufzeigten. Und sie setzten auf Synchronizität, um die Beziehung zum eigenen Selbst zu erforschen und mit dem Fluss des Lebens zu schwimmen.

Ich erinnere mich daran, dass ich den Vortrag eines jungen Mannes namens Mark Kuras besuchte. Er sprach über sein Bemühen, Patienten über das individuelle Bewusstsein hinaus zur Entdeckung des transzendenten Selbst zu führen, das uns zu Fenstern ins kollektive Unbewusste machte. Ich verstand intuitiv, dass wir im Grunde in zwei Welten leben – der alltäglichen Welt, in der wir zum Einkaufen gehen, zur Arbeit pendeln, uns mit unserem Partner streiten und zusehen, wie die Blätter im Park ihre Farbe wechseln, und der transzendenten Welt, die über das Leben jedes Einzelnen hinausgeht und von der wir alle ein Teil sind.

Zu jenem Zeitpunkt wusste ich noch nicht viel über spirituelle Psychologie. Ich wusste nur, dass es wichtig war, Beziehungen aufzubauen und Verbundenheit herzustellen, dass es keine gute Idee war, sich nur auf Krankheit und Schmerz zu konzentrieren, und dass Heilung möglicherweise sowohl daher kam, dass wir unsere innere Weisheit entdeckten, als auch von einem plötzlichen Aufblitzen von Einsicht und Sinn, das genau die Bereiche erhellen kann, in denen unsere Verwirrung und unsere Verletzungen am größten sind.

Nachdem ich im Juli 1995 mein klinisches Jahr beendet hatte, erhielt ich ein dreijähriges Forschungsstipendium des National Institute of Mental Health, das es mir erlaubte, ein beliebiges Thema aus dem Bereich der Psychologie zu studieren. Mit einem Mal hatte ich jede Woche vierzig bis fünfzig ruhige Stunden, um Daten zu beschaffen und sie zu untersuchen, spazieren zu gehen, mir einen Kaffee zu holen, zurückzukehren und erneut auf die Zahlen zu starren. Ich beschäftigte mich mit Resilienzfaktoren und bediente mich des wunderbar strukturierten Datensatzes meiner Kollegin Myrna Weissman, um festzustellen, ob ich irgendwelche Muster bezüglich der Faktoren erkennen konnte, die Depressionen lindern.

Myrnas Daten stammten aus einer Längsschnittstudie, die bereits seit fünfzehn Jahren lief, und mit der sie im Jahr 1980 an einer auf die Behandlung depressiver Patienten spezialisierten Klinik begonnen hatte. Dort hatte sie Probanden angeworben und mit nichtdepressiven Kontrollpersonen verglichen, die aus dem gleichen Stadtteil stammten und weitere demografische Gemeinsamkeiten aufwiesen. Myrna galt als eine der führenden Depressionsforscherinnen der Vereinigten Staaten und hatte alle Kernvariablen berücksichtigt, die damals in diesem Bereich infrage kamen, um zu verstehen, was das Risiko für oder die Widerstandskraft gegen Depressionen erhöhte: Waren die Mütter der Probanden depressiv? Wie waren die Probanden erzogen worden – in welchem Stil?

Ich versuchte, aus unzähligen Datenpunkten Korrelationen herauszufiltern und zu messen. Damals halfen noch keine Algorithmen beim Sortieren der Daten. Ich musste die Gleichungen selbst mithilfe eines statistischen Verfahrens zur Modellierung entwickeln und codieren, das als »Regressionsanalyse« bezeichnet wird. Die Regressionsanalyse ermöglicht es, die Beziehungen zwischen mehreren Variablen zu untersuchen. Eine Regression ist eine Formel, die dazu dient, die relativen Auswirkungen mehrerer Variablen auf eine einzelne Variable festzustellen, zum Beispiel A + B + C + D = X. Im Rahmen meiner Forschungen handelte es sich bei der einzelnen Variablen X um die Depression im Kindes- oder Jugendalter. Ich wollte wissen, welche Faktoren aus den Bereichen Persönlichkeit, Erziehung, persönlicher Geschichte und Familiengeschichte dazu beitrugen, dass ein Kind depressiv wurde. Bei der multivariaten linearen Regression kann man sagen, dass in dem Maße, in dem A, B, C und D vorhanden sind, auch X vorhanden ist. Darüber hinaus kann man sich speziell die Auswirkungen der Variablen A ansehen, indem man ihre Überschneidungen mit B, C und D eliminiert, und speziell die Auswirkungen der Variablen B, indem man ihre Überschneidungen mit A, C und D eliminiert – und so weiter.

Also stellte ich eine Gleichung auf, um zu prüfen, wie sich eine Kombination verschiedener Variablen auswirkte, und wartete dann, bis der Computer die Ergebnisse berechnet und ausgedruckt hatte. Vor Aufregung, dass ich mich gleich in die Ergebnisse vertiefen konnte, hielt ich jedes Mal fast den Atem an. Ich arbeitete oft den ganzen Tag, verlor jedes Zeitgefühl und eilte dann nach Hause, um mit Phil zu Abend zu essen. Während des Essens kehrte ich in Gedanken zu den Daten zurück. Dann klopfte Phil auf den Tisch und fragte gereizt: »Hallo? Woran denkst du gerade? Denkst du wieder über deine Gleichungen nach?«

Ich hatte ständig Zahlen im Kopf, und bald traten atemberaubende Muster hervor wie Sternbilder, die am dunklen Himmel aufleuchteten. Die Folgen einer Depression der Mutter für Depressionen bei Kindern oder Jugendlichen: doppeltes Risiko. Die Auswirkungen von Armut auf Depressionen: ein Anstieg um 40 Prozent in Verbindung mit der Variablen »Schwierigkeiten, die Rechnungen zu zahlen«. Die Auswirkungen des Erziehungsstils auf Depressionen: Ist ein Elternteil – Vater oder Mutter – liebevoll, ohne übermäßige Kontrolle auszuüben, sinkt das Depressionsrisiko eines Kindes um 18 bis 30 Prozent.

Diese Daten zur Resilienz waren faszinierend und hilfreich. Aber eigentlich wollte ich verstehen, was an Jom Kippur in der kleinen Küche geschehen war. Was *hatte* für den heilenden Auftrieb gesorgt, und mit welchen Variablen konnte ich den Zusammenhang zwischen spirituellen Erfahrungen und Depressionen messen? Meine Kolleginnen und Kollegen sagten, sie wüssten von keinerlei Bezug zu Religion oder Spiritualität in den

Datensätzen. Doch eines Tages hob die Datenmanagerin in einer Besprechung den Kopf und sagte: »Also, ich denke, es gibt da schon etwas, was Sie verwenden können.« Sie verwies auf zwei Fragen, die sich ganz hinten in den achtzigseitigen strukturierten diagnostischen Interviews befanden:

---

1. Wie wichtig sind Religion oder Spiritualität für Sie persönlich (sehr wichtig/wichtig/weniger wichtig/unwichtig)?
2. Wie häufig besuchen Sie einen Gottesdienst (ein- oder mehrmals in der Woche/mindestens einmal im Monat/ein paarmal im Jahr/sehr selten)?

Ursprünglich hatte man mit diesen Fragen offenbar eher feststellen wollen, wie divers die Probanden waren, als die Auswirkungen von Spiritualität auf ihre Gesundheit und ihre Erfahrung aufzudecken. Aber sie waren da, und sie waren eine Ressource, die nur darauf wartete, genutzt zu werden. Dank des statistischen Goldstandards und eines der vertrauenswürdigsten und ausgereiftesten Datensätze in diesem Bereich konnte ich den Zusammenhang zwischen diesen beiden Fragen zur Spiritualität und anderen Variablen untersuchen und feststellen, ob sich die Beziehung zwischen Spiritualität und psychischer Gesundheit und Wohlbefinden mit irgendeinem Muster beschreiben ließ.

Damals konnten wir nur persönlich vor Ort in der medizinischen Fakultät auf die Daten zugreifen. Ich begann, sechzig Stunden die Woche zu arbeiten, an den Wochenenden früh aufzustehen, um zu joggen, und anschließend ins Büro zu fahren, um Zahlen zu analysieren. Eines Sonntagmorgens ließ ich Phil zu Hause zurück, der es sich mit der Zeitung gemütlich machte, um den Tag mit meinen Gleichungen zu verbringen. Es war Hochsommer, auf dem Bahnsteig der Linie 1/9 Richtung Norden drängten sich die Menschen, und es war brütend heiß. Die Minuten verstrichen. Ein paarmal fuhren Züge ein, und die Menge drängte in der schwülen Hitze vorwärts, aber sie rollten ohne anzuhalten durch. Endlich hielt ein vollgepackter Zug. Ich sah überrascht, dass ein Wagen am Ende so gut wie leer war, und steuerte ihn an. Als ich mich setzte und mich dazu beglückwünschte, dass ich einen Sitzplatz ergattert hatte, wurde mir klar, dass der Wagen nur deshalb halb leer erschien, weil sich alle Passagiere am anderen Ende drängten.

Auf meiner Seite des Wagens saß ein zerzaust und verzweifelt wirkender Mann und schrie die anderen Passagiere an. »Hey, setz dich zu mir«, brüllte er durch den Wagen. Als beim nächsten Halt neue Passagiere zustiegen, rief er jedem einzelnen von ihnen zu: »Hey, setz dich zu mir!« Die Neuen wandten sich blitzschnell ab und flüchteten zu der Passagiergruppe am anderen Ende des Wagens. So war es auch in der 96th Street und der 103rd Street. Als niemand Notiz von ihm nahm, wurde der Mann immer aufgeregter.

»Hey, wollt ihr was von meinem Essen abhaben?«, rief er. Als er nur eisiges Schweigen erntete, fing er an, mit Hühnerteilen zu werfen. »Wollt ihr was von meinem Essen haben?«, brüllte er, zog mit den Fingern etwas Hühnerfleisch von den Knochen und warf es durch den Wagen. Als die Knochen sauber waren, warf er auch damit um sich und brüllte dabei immer weiter: »Hey, wollt ihr was zu essen?«

Er machte bei der 110th Street, der 116th Street und der 125th Street so weiter. Der Zug hielt an der 145th Street, die Türen öffneten sich, und auf dem Bahnsteig stand ein höchst elegantes Duo, bereit zum Einsteigen: eine ältere Dame in einem pastellgrünen Kleid mit Pillbox-Hut und ein kleines Mädchen in Rosa, die beide wunderschöne weiße Handschuhe trugen. Ich konnte spüren, wie die anderen Passagiere erstarrten, als graute ihnen vor dem Moment, in dem ein Stück Fleisch oder Knochen auf ihren makellosen Sonntagskleidern landen würde.

Tatsächlich reckte der Mann den Kopf und schrie ihnen lauthals entgegen: »Hey, setzt euch zu mir!« Er zeigte mit dem Finger auf sie. Großmutter und Enkelin schauten sich an, nickten einander zu, marschierten geradewegs zu ihm hinüber und nahmen auf den glänzenden orangefarbenen Sitzen Platz – Hände im Schoß, Rücken gerade, Augen geradeaus gerichtet. Er sah sie verblüfft an. »Hey, wollt ihr was von meinem Essen abhaben?«, fragte er dann und zückte ein weiteres Hühnerteil. Die beiden schauten sich an, nickten einander zu, sahen ihn an und sagten wie aus einem Mund: »Nein, danke.« – »Wollt ihr wirklich nichts?«, fragte er nach. Großmutter und Enkelin waren ruhig, als sie erneut höflich ablehnten: »Nein, danke.«

Mir wurde klar, dass ich gerade mit ansehen durfte, wie die Fackel von der älteren Generation an die jüngere weitergegeben wurde – eine bewusste Sensibilität und eine Art, sich in der Welt zu bewegen und mit anderen umzugehen. Vielleicht lag es daran, dass sie für den Kirchgang gekleidet waren, aber ich musste an den Vers aus dem Matthäusevangelium denken, in dem es heißt: »Was ihr getan habt einem unter diesen meinen geringsten Brüdern, das habt ihr mir getan« (Mt 25, 40). Großmutter und Enkelin lebten diese spirituelle Sensibilität, und sie war so fest mit ihrer Lebenseinstellung verbunden, dass sie keiner Worte bedurften, um sie zu kommunizieren.

Als ich in der medizinischen Fakultät der Columbia University ankam und mich wieder den Daten widmete, gingen mir Großmutter und Enkelin nicht aus dem Kopf. Ich überlegte, ob ich das, was ich in der U-Bahn gesehen hatte und wie eine Weitergabe der Fackel der Spiritualität empfunden hatte, messen konnte. Und wenn sich tatsächlich eine generationenübergreifende Übertragung von Spiritualität feststellen ließ, wie würde sich das dann auf die Depressionen auswirken?

Ich nutzte eine andere Modellierungsmethode, um ein paar Berechnungen mit Mutter-Kind-Paaren anzustellen, und probierte verschiedene Kombinationen aus: Mütter mit stark oder schwach ausgeprägter Spiritualität in Verbindung mit Kindern mit stark oder schwach ausgeprägter Spiritualität, mit Depressionen oder ohne. Dabei entdeckte ich Bemerkenswertes: Wenn sowohl die Mutter als auch das Kind sehr spirituell waren, besaß das Kind einen 80-prozentigen Depressionsschutz, verglichen mit Müttern und Kindern, bei denen im Bereich der Spiritualität keine Übereinstimmung herrschte, oder Müttern und Kindern mit schwach ausgeprägter Spiritualität.[11] Man könnte auch sagen, dass die Wahrscheinlichkeit einer Depression bei Kindern, die ihr spirituelles Leben mit der Mutter teilten, um den Faktor fünf geringer war. In der spirituellen Verbindung, die ich bei der Großmutter und der Enkelin in der U-Bahn beobachtet hatte, verbarg sich das Gegenmittel gegen Depressionen. Dies galt unabhängig davon, wie depressionsgefährdet das Kind war. Durch eine depressive Mutter verdoppelte sich das Depressionsrisiko des Kindes, doch die von mir entdeckte fünffache Schutzwirkung der Spiritualität bedeutete, dass die Spiritualität doppelt so wichtig für unsere psychische Gesundheit ist wie die psychische Gesundheit der Mutter.

Ich kalkulierte alle Variablen ein, bei denen die etablierte klinische Forschung einen Zusammenhang mit Depressionen im Kindes- oder Jugendalter nachgewiesen hatte – eine depressive Mutter, Armut, eine turbulente häusliche Umgebung, emotional kalte oder kontrollierende Eltern. Doch selbst da konnte ich feststellen, dass die generationenübergreifende Übertragung von Spiritualität die gleiche erstaunliche 80-prozentige Schutzwirkung hatte. Es war der größte Schutz, den ich je in der Resilienzliteratur gesehen hatte.

In der Wissenschaft geht es zu einem großen Teil darum, alles Unzutreffende nach und nach auszuschließen. Eine Theorie zu testen. Den Zahlen zu folgen. Hin und wieder erstrahlt aber auch ein Licht so hell, dass es sich anfühlt, als würde man vom Lichtkegel eines Leuchtturms getroffen – so klar und schockierend, dass es einem den Atem raubt. Irgendwie erzeugte die generationenübergreifende Übertragung von Spiritualität genau die Art von Nährboden und Umgebung, in der die Samen der Depression nur selten keimten und Wurzeln schlugen. Das faszinierende, blendend helle Licht dieser Wahrheit war so stark, dass ich es nicht erwarten konnte, ihm mein ganzes weiteres Berufsleben lang zu folgen.

KAPITEL 4

Zwei Seiten einer Medaille

Die Erkenntnisse zur generationenübergreifenden Übertragung von Spiritualität veröffentlichte ich im *Journal of the American Academy of Child and Adolescent Psychiatry*, das nach der Farbe des Titelblatts »die orangefarbene Zeitschrift« genannt wird und die beste wissenschaftliche Fachzeitschrift auf dem Gebiet der psychischen Gesundheit von Kindern ist. Die Arbeit wurde mit einem Templeton-Preis für akademische und spirituelle Neugier ausgezeichnet. Doch selbst diese strikte Kontrolle wissenschaftlicher Gültigkeit und die Bestätigung der Bedeutung der Erkenntnisse brachte das Gespräch über die Beziehung zwischen Spiritualität und psychischer Gesundheit nicht voran. Wenn überhaupt, wurde die Stille noch ohrenbetäubender. Einige meiner Kollegen fragten zum Beispiel: »Ja, aber ist das, was du untersuchst, überhaupt *Psychologie*?« Sie schienen die Spiritualität als kulturelles oder institutionelles Artefakt zu betrachten und nicht als das, was ich allmählich darin sah: eine Art zu leben.

Dann blätterte ich eines Morgens im Frühjahr 1997, nur wenige Monate nach der Veröffentlichung meines Aufsatzes, bei einem kurzen Frühstück mit Phil durch die neueste Ausgabe des *American Journal of Psychiatry*. Phil hatte die Arbeit als Unternehmensrechtler an den Nagel gehängt und pendelte nun nach Connecticut, um für einen kleinen, innovativen Hedgefonds zu arbeiten, der im Arbeitszimmer seines Mentors operierte. Er hatte das Gewusel in den Aufzügen und unpersönlichen gläsernen Wolkenkratzern gegen ein Zimmer mit Teppichboden und gemütlichen pfirsichfarbenen Sesseln in einem weißen Häuschen getauscht. Vor dem Wechsel hatte es den Anschein gehabt, als würde er sich nur noch mechanisch von einem Augenblick zum nächsten hangeln. Er hatte sich nicht beschwert, doch ich sah seine Unzufriedenheit durchscheinen, wenn er morgens widerstrebend aufstand und oft Kleider in merkwürdigen Farbkombinationen aus seinem Schrank mit sorgfältig ausgesuchten Büroanzügen nahm. Als er ein schwarzes Sakko zu blauen Hosen trug, fragte ich mich, ob in dieser Abweichung von der »Uniform« ein Hauch von Aufsässigkeit lag oder ob diese Unaufmerksamkeit ausschließlich der Erschöpfung geschuldet war. Er wirkte jetzt wieder engagierter und entspannter. Ich nahm einen Schluck Kaffee und sah die Überschrift eines Aufsatzes, die mich so sehr überraschte, dass ich den Kaffee beinah wieder ausgespuckt hätte: »Religion, Psychopathology, and Substance Use and Abuse: A Multimeasure, Genetic-Epidemiologic Study« (etwa »Religion, Psychopathologie und Suchtmittelge- und -missbrauch: Eine genetisch-epidemiologische Multi-Measure-Studie«). Dr. Kenneth Kendler, einer der führenden Wissenschaftler auf dem Gebiet der psychiatrisch-epidemiologischen Zwillingsforschung, hatte eine Studie über die Zusammenhänge zwischen Religion, Spiritualität und verschiedenen psychiatrischen Symptomen veröffentlicht.[12] Es handelte sich um die neuen Forschungsergebnisse eines angesehenen Instituts und – abgesehen von meiner eigenen jüngsten Studie – um den ersten Aufsatz, den ich irgendwo in der wissenschaftlichen Fachliteratur entdeckt hatte, der die Schnittstelle zwischen Spiritualität und psychischer Gesundheit untersuchte.

Studien mit Zwillingen sind so etwas wie der Goldstandard der wissenschaftlichen Forschung, weil wir auf diese Weise untersuchen können, welche Eigenschaften stärker von den Genen und welche stärker von der Umwelt beeinflusst sind. Sie helfen zwar nicht dabei, direkte Korrelationen zwischen einem bestimmten Gen oder einer Genkombination und einer Eigenschaft oder Diagnose herzustellen, aber sie geben uns einen Gesamtüberblick über die allgemeine Vererbbarkeit (Heritabilität) einer Eigenschaft oder eines Leidens.

Um festzustellen, ob eine Eigenschaft angeboren oder anerzogen ist oder eine Mischung von beidem vorliegt, suchen Wissenschaftler nach statistischen Mustern im Hinblick auf Persönlichkeitsmerkmale, Erkrankungen oder psychische Diagnosen bei den Zwillingspaaren. Sie fragen sich zum Beispiel: Wenn ein Zwilling an einer Depression leidet, wie groß ist dann die Wahrscheinlichkeit, dass auch der andere depressiv ist? Wenn ein Zwilling einen bestimmten Intelligenzquotienten hat, wie groß sind dann die Chancen, dass der andere den gleichen IQ hat? Wenn ein Zwilling aufgeschlossen und extravertiert ist, wie wahrscheinlich ist es dann, dass dies auch auf den anderen zutrifft?

Anschließend bestimmen die Wissenschaftler, inwieweit diese Ähnlichkeitsmuster auf genetischer Ähnlichkeit beruhen. Bei eineiigen Zwillingen etwa sind beinah 100 Prozent des Erbguts gleich, bei zweieiigen Zwillingen sind es genau wie bei allen anderen Geschwisterpaaren nur 50 Prozent. Indem wir vergleichen, wie sehr sich die eineiigen Zwillinge Jennifer und Jessica im Vergleich zu den zweieiigen Zwillingen Abby und Sarah ähneln, können wir herausfinden, wie sehr das gemeinsame Erbgut zur Merkmalsähnlichkeit beiträgt.

Wir können auch herausfinden, inwieweit die Ähnlichkeitsmuster bei Zwillingen auf ihr gemeinsames Umfeld zurückgehen. Manche Zwillinge werden zum Beispiel bei der Geburt getrennt, von unterschiedlichen Familien adoptiert oder wachsen in anderen Familien auf. Manchmal lassen sich die Eltern auch scheiden, und ein Zwilling wächst beim einen, der zweite beim anderen Elternteil auf. Wenn das Erbgut von Jennifer und Jessica zu 100 Prozent gleich ist, die beiden aber in verschiedenen Haushalten aufgewachsen sind, wie groß ist dann der Einfluss der unterschiedlichen häuslichen Umgebung auf ihre Persönlichkeitsmerkmale und ihre medizinischen und psychischen Diagnosen? Wie sieht es bei Abby und Sarah aus, deren Erbgut zu 50 Prozent gleich ist und die im gleichen Haushalt aufgewachsen sind?

Wenn wir älter werden, verändert sich selbstverständlich auch unser Umfeld. Zwillinge, die im gleichen Haushalt aufgewachsen sind, werden volljährig, machen ihren Highschool-Abschluss und leben anschließend oft in unterschiedlichen Umgebungen – sie besuchen verschiedene Universitäten, ergreifen andere Berufe, bauen neue Beziehungen und Familien auf. Bei Zwillingsstudien vergleicht ein Teil der statistischen Analysen die Wirkung von Genen und Umwelt. Weitere statistische Modellierungen untersuchen den Einfluss einer gemeinsamen oder unterschiedlichen Umgebung.

In dieser neuen Studie untersuchte Kendler, ob Spiritualität eine Frage der Gene oder der Umwelt war. Er hatte zusammen mit Kollegen der Virginia Commonwealth University eine persönliche Einschätzung von 1902 – teils eineiigen, teils zweieiigen – weiblichen Zwillingen vorgenommen, die im Virginia Twin Registry eingetragen waren. In dieser Datenbank waren alle Zwillinge erfasst, die in einem Zeitraum von zwei Jahrzehnten im US-Bundesstaat Virginia zur Welt kamen. Anschließend untersuchte er die Daten anhand von statistischen Modellen, um herauszufinden, inwieweit die Spiritualität der Probandinnen mit genetischen Faktoren oder Umweltfaktoren zusammenhing, und um festzustellen, ob ihre Spiritualität dokumentierbare Auswirkungen auf die psychische Gesundheit der Teilnehmerinnen hatte.

Da ich keine Zeit hatte, den Aufsatz zu Hause zu Ende zu lesen, nahm ich ihn mit in die Arbeit. Die Ergebnisse der Studie waren frappierend.

Kendler trennte klar zwischen persönlicher Spiritualität und der strengen Einhaltung religiöser Vorschriften, was er als »persönlichen Konservatismus« bezeichnete. Anhand seiner größtenteils jüdisch-christlichen Stichprobe wurden im Bereich der persönlichen Spiritualität Parameter wie die »Häufigkeit der Suche spirituellen Trosts« und die »Häufigkeit des privaten Gebets«, im Bereich des persönlichen Konservatismus dagegen Parameter wie der »Glaube, dass Gott belohnt und straft« und der »Glaube an den Wortlaut der Bibel« gemessen. Kendler stellte fest, dass persönlicher Glaube und persönlicher Konservatismus bei einigen – aber nicht der Mehrheit – der Probandinnen Hand in Hand gingen. Die genaue Einhaltung religiöser Regeln bedeutete nicht zwangsläufig, dass diese Person auch davon berichtete, eine persönliche Beziehung zu einer höheren Macht zu haben oder in schwierigen Zeiten eine höhere Macht um Führung zu bitten. Ein Mensch konnte mit anderen Worten über ein hohes Maß an persönlichem Glauben verfügen, während der persönliche Konservatismus irgendwo zwischen stark und schwach ausgeprägt war und umgekehrt. Kendlers Forschung stützte als erste große empirische Studie die wichtige Unterscheidung, wonach Menschen spirituell und gleichzeitig religiös oder aber religiös und gleichzeitig spirituell sein können – oder auch nicht.

Der nächste Block von Ergebnissen der Studie war noch signifikanter. Kendler offenbarte drei wichtige und bislang unerforschte Korrelationen zwischen Spiritualität und psychischer Gesundheit.

Erstens, dass ein geringes Maß an depressiven Symptomen mit einem hohen Maß an persönlichem Glauben einhergeht. Das heißt, wenn jemand über eine ausgeprägte Spiritualität verfügt, sind Depressionen unwahrscheinlicher.

Zweitens, dass der persönliche Glaube als Puffer gegen die negativen psychischen Folgen belastender Lebensereignisse wie Krankheit, Scheidung oder Verlust eines geliebten Menschen dienen kann. Interessanterweise hatte der persönliche Konservatismus (oder die religiöse Praxis) nicht den gleichen Puffereffekt, wenn es an persönlichem Glauben fehlte. Der persönliche Glaube – das Gefühl einer persönlichen Beziehung zu einer höheren Macht – war der Aspekt, der mit oder ohne einen persönlichen Konservatismus die Schutzwirkung entfaltete.

Drittens, dass der persönliche Glaube das Risiko verringerte, im Laufe des Lebens alkohol- oder nikotinabhängig zu werden. Bei spirituellen Menschen ist die Wahrscheinlichkeit einer Abhängigkeit geringer. Die Ergebnisse zeigten eine Korrelation, keine Kausalität. Doch es war ein Anfang, wenn es darum ging, die Auswirkungen der Spiritualität auf unsere psychische Gesundheit aufzudecken.

Und dann fand ich den größten Durchbruch in Kendlers Studie. Zwillingsstudien zeigen keine direkte Korrelation zwischen bestimmten Genen oder Genkombinationen und einer Eigenschaft oder Diagnose, aber sie verschaffen uns einen allgemeinen Überblick über die grundsätzliche Vererbbarkeit einer Eigenschaft oder Erkrankung. Zum damaligen Zeitpunkt hatte man mithilfe von Zwillingsstudien bereits den Intelligenzquotienten, die meisten psychischen Erkrankungen (Depressionen, Ängste, Suchtmittelmissbrauch, Schizophrenie, bipolare Störung) sowie die Big Five-Persönlichkeitsfaktoren untersucht: Offenheit für neue Erfahrungen, Gewissenhaftigkeit, Extraversion, soziale

Verträglichkeit und Neurotizismus. Das Neue an Kendlers Studie war, dass er die in der Zwillingsforschung übliche statistische Modellierung nutzte, um zu ermitteln, welcher Prozentsatz der Spiritualität angeboren oder anerzogen ist.

Dabei fand er heraus, dass die Gene einen signifikanten Beitrag zur Spiritualität leisten. So ist die Veranlagung zur persönlichen Spiritualität zu *29 Prozent erblich angelegt*. Anders ausgedrückt, wenn wir die spirituellen Unterschiede zwischen den Menschen betrachten, so wird das Ausmaß der Spiritualität zu 29 Prozent durch Vererbung und zu 71 Prozent durch die Umgebung bestimmt. Unsere Spiritualität geht zu einem wesentlichen Teil – zu ungefähr zwei Dritteln – auf unsere Erziehung, unseren Umgang und darauf zurück, wie wir diesen »Muskel« stärken. Dennoch ist unsere Fähigkeit, das Heilige und Transzendente zu erfahren, in erheblichem Maße ebenso angeboren wie unsere Augenfarbe oder unsere Fingerabdrücke.

Noch nie zuvor hatten klinische Wissenschaftler Erkenntnisse über die Spiritualität als eine angeborene Fähigkeit veröffentlicht – als eine menschliche Eigenschaft, die sowohl erbliche als auch sozialisierte Komponenten haben könnte. Bis dato hatte man Spiritualität und Religion in der klinischen Forschung gleichgesetzt und als einen Glauben, eine Reihe von Ansichten, eine Wahlmöglichkeit, vielleicht auch als Krücke betrachtet, auf die man sich in schwierigen Zeiten stützen konnte – nicht als einen Aspekt menschlicher Erfahrung, der möglicherweise zu unserem angeborenen Wesenskern gehörte.

Die neue Forschung machte deutlich, dass wir ebenso spirituelle wie denkende, körperliche und emotionale Wesen sein könnten – dass wir für Spiritualität gemacht und die Spiritualität ein grundlegender, unverzichtbarer Teil unseres menschlichen Erbes sein könnte, der psychische Gesundheit begünstigt. Kendlers bahnbrechende Studie legte nahe, dass Spiritualität nicht einfach irgendein Glaube ist, sondern jeder von uns mit der Fähigkeit geboren wird, Spiritualität zu erfahren. Wie jede andere angeborene Fähigkeit – etwa die Fähigkeit, eine Sprache zu erlernen oder eine Melodie zu singen – variiert sie in ihrer Ausprägung. Bei manchen Menschen ist die genetische Veranlagung für höhere Mathematik oder dafür, ein Instrument zu spielen, besonders ausgeprägt. Letzten Endes aber ist die Fähigkeit zur Spiritualität unser Geburtsrecht.

Nachdem ich den Aufsatz in meinem Büro zu Ende gelesen hatte, trennte ich die Seiten mit Kendlers Studie vorsichtig heraus und steckte sie in meine Handtasche, um mich daran zu erinnern, dass die Wissenschaft mir helfen konnte, meine tiefsten Fragen zu erforschen und mögliche Antworten zu erkennen.

Kendler und ich hatten gleichzeitig an unseren Studien gearbeitet, ohne voneinander zu wissen, und nun Ergebnisse veröffentlicht, die sich ergänzten. Die Großmutter und die Enkelin in der U-Bahn hatten mich zur Entdeckung der schützenden Wirkungen einer generationenübergreifenden Übertragung von Spiritualität inspiriert. Kendler steuerte den genetischen, epidemiologischen Nachweis bei, dass die Spiritualität eine angeborene Grundlage menschlichen Seins ist. Die Anlage, die es der Großmutter und der Enkelin erlaubte, mehr als nur einen Störenfried in dem verwirrten und zerzausten Mann zu sehen, der in der U-Bahn mit Hühnerteilen um sich warf, ist zutiefst menschlich, fest in uns verankert und kann gefördert werden. Kendler und ich hatten mithilfe von unterschiedlichen Methoden und Datensätzen entdeckt, dass es vor Depressionen schützt, die Anlage der persönlichen Spiritualität zu entwickeln.

Ich schrieb ihm einen enthusiastischen Brief zum gemeinsamen Forschungsgebiet. »Ihre Arbeit ist atemberaubend«, schrieb ich. Ich berichtete, dass ich Spiritualität als Resilienzfaktor bei Kindern und Jugendlichen untersuchte, und bat darum, einen Teil seiner Methodik verwenden und die Effekte sowie die Schutzwirkungen der persönlichen Spiritualität in einer jüngeren Stichprobe prüfen zu dürfen. »Wenn Spiritualität eine angeborene Fähigkeit ist«, schrieb ich, »muss sie sich entwickeln. Ich würde gern untersuchen, auf welche Weise dies geschieht.«

Er antwortete voller Begeisterung für mein Projekt und riet mir, mich an Dr. Ronald Kessler zu wenden, einen führenden Wissenschaftler der medizinischen Fakultät der Harvard University. Kessler und sein Team hatten aus den Angaben der jugendlichen Teilnehmer zum National Comorbidity Survey einen beeindruckenden Datenbestand zusammengetragen – die erste landesweit repräsentative Studie zur psychischen Gesundheit in den Vereinigten Staaten. Auch die genannte US-Komorbiditätsstudie selbst hatte bemerkenswerte Ergebnisse erbracht. Sie zeigte zum Beispiel, dass nur 20 Prozent derjenigen, die innerhalb des letzten Jahres psychische Probleme gehabt hatten, auch professionelle Hilfe erhielten. Die Daten aus der Studie halfen Wissenschaftlern, weitere weitreichende Konsequenzen für die psychische Gesundheit zu analysieren.

Ich nutzte die von Kendler eingeführten Variablen des (teilweise angeborenen) persönlichen Glaubens und des (beinah vollständig anerzogenen) persönlichen Konservatismus sowie Kesslers große, zufällige Stichprobe von Jugendlichen zwischen dreizehn und neunzehn Jahren, um den Zusammenhang zwischen persönlicher Spiritualität und verschiedenen Merkmalen psychischer Gesundheit zu untersuchen. In Kendlers Studie hatte das Durchschnittsalter bei 31 Jahren gelegen. Indem ich ähnliche

Fragen und Korrelationen in einer jüngeren Stichprobe untersuchte, erforschte ich im Grunde die Entwicklung, die zu den Ergebnissen führte, die Kendler bei den Erwachsenen gesehen hatte, indem ich das spirituelle Wachstum bei Jugendlichen in den wissenschaftlichen Fokus rückte.

Vor der Arbeit Kendlers aus dem Jahr 1997 hatte noch niemand im Bereich der Psychologie die Zusammenhänge zwischen Spiritualität und Religion entwirrt. Er zeigte als Erster, dass die Religion das spirituelle Leben eines Menschen begünstigen kann, Religion und Spiritualität aber zwei verschiedene Dinge sind. Die persönliche Spiritualität kann zwar innerhalb einer Glaubenstradition praktiziert werden, impliziert jedoch auch eine intensiv erlebte und tief empfundene Verbindung zu einer höheren Macht oder heiligen Welt – ein Gefühl der Verbundenheit und der Beziehung, sodass man Gott oder die Quelle zum Beispiel in schwierigen Zeiten um Führung bittet. Kendler hatte gezeigt, dass Erwachsene klar zwischen Religion und Spiritualität unterscheiden, und dass die schützende Wirkung auf die persönliche Spiritualität zurückgeht. Ich fragte mich, ob dies auch für Jugendliche galt und was die Daten zur Entstehung der spirituellen Identität zu sagen hatten.

Ich stellte fest, dass junge Menschen zwar zwischen Spiritualität und Religion unterscheiden, aber nicht so klar wie Erwachsene. Persönlicher Glaube und persönlicher Konservatismus korrelieren bei Jugendlichen stärker (mit einem Korrelationskoeffizienten von 0,3) als bei Kendlers Erwachsenen (mit einem Wert von 0,1). Dies deutet auf einen Individuations- oder Selbstwerdungsprozess hin, in dem Religion und persönliche Spiritualität auseinanderdividiert werden. Unabhängig davon, ob und in welcher Glaubenstradition wir erzogen wurden, gehört es zur menschlichen Entwicklung, dass wir unterscheiden, womit wir einer Meinung sind, womit nicht und den Sitz unseres spirituellen Bewusstseins finden. Bei Kendlers Erwachsenen war dieser Prozess abgeschlossen. Doch die Jugendlichen aus Kesslers Datensatz arbeiteten noch an der Selbstwerdung.

Erstaunlicherweise stellte ich bei der repräsentativen Stichprobe von Jugendlichen fest, dass die Wahrscheinlichkeit einer klinischen Depression bei Heranwachsenden mit starker persönlicher Spiritualität *35 bis 75 Prozent* kleiner war.[13] Kendler hatte bei den Erwachsenen ebenfalls einen Zusammenhang zwischen Spiritualität und psychischer Gesundheit festgestellt, doch meine Studie zeigte, dass die Spiritualität Jugendliche sogar noch besser schützte – *beinah doppelt so gut.* Keine andere Behandlung – ob klinischer oder medikamentöser Natur – erreichte bei Erwachsenen oder Jugendlichen auch nur annähernd die gleichen Präventionsraten. Zudem war die Schutzwirkung genau in dem kritischen Zeitfenster am größten, in dem auch das Risiko einer ersten depressiven Episode am größten war. Die Chance auf ein schützendes Aufkeimen der Spiritualität bestand zur gleichen Zeit wie das entwicklungsbedingte Risiko einer Depression. Man könnte auch sagen, dass die Spiritualität einen erheblich größeren Vorteil für Jugendliche hatte, die sich in dem kritischen Zeitfenster befanden, in dem psychische Probleme entstehen. Diejenigen, die entwicklungsbedingt ein höheres Risiko für psychische Erkrankungen hatten, konnten durch Spiritualität auch am meisten gewinnen.

Ich fand heraus, dass der Prozess der spirituellen Selbstwerdung noch weitere Auswirkungen auf die Resilienz hatte. So war zum Beispiel bei Jugendlichen mit starker persönlicher Spiritualität die Wahrscheinlichkeit der Abhängigkeit oder des Missbrauchs von Suchtmitteln um *40 bis 80 Prozent* geringer. Diese Größenordnung war überwältigend. Ich kannte kein anderes Präventions- oder Behandlungsmodell mit annähernd ähnlichen Ergebnissen.

Ich fragte mich, ob möglicherweise auch das Gegenteil zutraf – ob der sprunghafte Anstieg von Suchterkrankungen und Depressionen bei Jugendlichen auf spirituelle Schwierigkeiten hinweisen konnte. Ich erinnerte mich an meine eigene Depression an der Universität, die Studierenden, mit denen ich in der psychosozialen Beratungsstelle gearbeitet hatte und die auf der Suche nach Orientierung und einem höheren Sinn zu uns gekommen waren, aber nur auf der Ebene der Symptome behandelt worden waren und bei ihrer spirituellen Entwicklung keinerlei Unterstützung erhielten. Was, wenn der Anstieg von Suchterkrankungen und Depressionen, den wir bei Jugendlichen sahen, daher kam, dass junge Menschen Schwierigkeiten bei der spirituellen Entwicklung hatten und wir sie nicht dabei unterstützten?

Könnte es sein, dass das gleiche genetische Element *sowohl* das Risiko für Depressionen *als auch* die Fähigkeit zu spirituellem Bewusstsein in sich birgt? Dass Depressionen und Spiritualität tatsächlich zwei Seiten der gleichen Medaille sind? Dass es womöglich sogar physiologische Gemeinsamkeiten gibt? Was, wenn es sich bei dem Leiden, das wir pathologisieren und bei dem wir die Diagnose »Depression« stellen, in Wirklichkeit manchmal um spirituellen Hunger, um einen normalen und genetisch bedingten Teil der menschlichen Entwicklung handelt und es ungesund ist, ihn einzuschränken oder gar zu unterbinden?

KAPITEL 5

Jemand, der über mich wacht

Ungefähr ein Jahr nach Beginn meines vom National Institute of Mental Health finanzierten Forschungsstipendiums bat ich darum, in der Ambulanz der Children's Anxiety and Depression Clinic am New York-Presbyterian/Columbia University Irving Medical Center (kurz: Columbia Presbyterian) Patienten behandeln zu dürfen. Die Arbeit mit den Zahlen hatte mir einen atemberaubenden Einblick in die Resilienz von Jugendlichen verschafft. Nun wollte ich untersuchen, wie unser Fachgebiet diese Ergebnisse einsetzen konnte, um das Wachstum und die Entwicklung von jungen Menschen aus Fleisch und Blut zu fördern.

Die Klinik befand sich im sechsten Stock eines riesigen Gebäudes an der West 168th Street, einer Seitenstraße des Broadways. Beim Columbia Presbyterian handelte es sich genau wie bei dem Krankenhaus, in dem sich Unit 6 befunden hatte, um ein altes städtisches Gebäude mit trägen Aufzügen und tristen Fluren. Doch während Ersteres in die Nachbarschaft integriert schien, ragte Letzteres nüchtern und imposant am Riverside Drive neben dem breiten Strom des Hudson River empor. Wir versorgten die Stadtteile Harlem und Washington Heights. Die Kinder, die wir behandelten, hatten täglich mit Armut, Verlust und einem schwierigen häuslichen Umfeld zu kämpfen. Etliche Familien waren erst vor Kurzem aus Haiti oder der Dominikanischen Republik hergekommen. Viele Patienten schleppten Altlasten von Missbrauch oder traumatischen Erfahrungen mit sich herum. Neben der Behandlung von depressiven und von Ängsten geplagten Kindern und Jugendlichen erforschte ich die Dynamik der Resilienz und suchte nach Behandlungsmodellen, die auch den anfälligsten Kindern helfen sollten, sich trotz schwieriger Lebensumstände gut zu entwickeln. Schon bald lieferten mir Patientinnen wie die dreizehnjährige Iliana, die unter einer Depression litt, neue Erkenntnisse über den Zusammenhang zwischen Spiritualität und psychischem Wohlbefinden.

Als ich Iliana bei ihrem ersten Besuch in der Klinik im Wartezimmer sitzen sah, wo sich meist Mütter oder Großmütter mit kleinen Kindern wartend auf blauen Vinylstühlen zu Familiengrüppchen zusammendrängten, stach sie sofort heraus. Sie war allein gekommen. Sie trug Jeans und eine kurze rote Jacke und saß mit hochgezogenen Schultern und verschränkten Armen da, das Gesicht zur Hälfte von ihren langen dunklen Haaren verdeckt. Ich konnte ihre Traurigkeit und Isolation spüren, noch bevor sie ein Wort gesagt hatte.

In meinem Zimmer setzte sich Iliana auf einen ungemütlichen Stuhl mit lackierten Armlehnen aus Holz. Sie wirkte ganz klein und steif, hatte einen Arm fest um den Körper geschlungen und umklammerte mit der Hand den gegenüberliegenden Ellbogen. Ihr Rücken war rund und ihre Brust eingesunken, als wollten sie ihr Herz schützen.

Sie ergriff zuerst das Wort, die Augen auf den Boden geheftet, die Worte schnell und klar. »Mein Vater ist tot«, sagte sie. »Er hatte ein Delikatessengeschäft in der 194th Street. Zwei Typen kamen zur Tür herein. Er kannte sie; dachte, sie wären seine Freunde. Aber sie waren high. Sie haben ihn erst ausgeraubt und dann erschossen.«

Sie weinte beim Sprechen. Die Trauer ließ ihre dunklen Augen leer wirken. In meiner Arbeit zeigten sich Depressionen meist in einer von zwei Varianten: Entweder die Betroffenen wurden so unnahbar und zogen sich so sehr zurück, dass sie beinah verschwanden, oder die Depression trat in Form von Angst und Anspannung zutage. Iliana war eher ängstlich als unnahbar. Ihr ganzer Körper stand unter Spannung, und ihre Traurigkeit hüllte sie ein wie ein Leichentuch. Gleichzeitig konnte ich eine ungestüme Kraft in ihrem Inneren spüren. Ab und zu warf sie mir einen schnellen Blick zu, als prüfte sie meine Reaktion, um sicherzustellen, dass ich noch zuhörte, und als schätzte sie ab, ob ich in der Lage sei, ihr den rettenden Anker zuzuwerfen, nach dem sie so verzweifelt suchte.

»Mama ist süchtig. Ihr Freund dealt. Ich habe früher bei meinem Vater gelebt«, fuhr sie fort. »Aber jetzt lebe ich bei meiner Mutter und meiner Großmutter. Meine Großmutter ist sehr streng, und meine Mutter ist fast nie zu Hause.«

Die Wohnung in Washington Heights durfte Iliana nur verlassen, um zur Schule zu gehen. In ihrer herzlichen, gemeinschaftlich verbundenen Nachbarschaft gingen die Kids abends raus, um sich auf den Treppen vor ihren Häusern zu treffen. Aber ihre Großmutter hatte ihr verboten, zu ihnen zu gehen. Da sie sich daheim gefangen und belagert fühlte, verbarrikadierte sie sich und schob die Kommode vor ihre Zimmertür, damit ihre Mutter und ihre Großmutter nicht hereinkommen konnten. Diese hatten aufgegeben und forderten sie nicht mehr auf herauszukommen. Iliana sagte, sie sei früher ein fröhlicher Mensch mit vielen Freunden gewesen. Doch in den drei Monaten seit dem Tod ihres über alles geliebten Vaters Horatio sei sie ein anderer Mensch geworden. Sie weinte den ganzen Tag in der Schule und die ganze Nacht allein in ihrem Zimmer. Ihre Lehrerin hatte die plötzliche Veränderung bemerkt und ihr empfohlen, zur Beratungslehrerin zu gehen. Da die Schule im Einzugsgebiet des Columbia Presbyterian lag, schickte sie Iliana zu uns in die Klinik.

Iliana hatte unglaublich viel Mut und Widerstandskraft bewiesen, als sie sich Hilfe suchte. Doch wenn ich ihre Symptome anhand des Standard-Screening-Fragebogens für Depression der Klinik beurteilte – um beispielsweise herauszufinden, ob sie ausreichend aß und schlief, ob sie Phasen unkontrollierbarer Weinkrämpfe oder Lethargie hatte, ob sie Gefühle von Hoffnungslosigkeit oder Unwürdigkeit empfand –, wurde ihre verzweifelte Lage deutlich. Je höher die erzielte Punktzahl, desto schwerwiegender die Symptome. Ein Ergebnis zwischen zehn und zwölf Punkten gibt Anlass zur Besorgnis. Bei ihrem ersten Besuch erreichte Iliana 27 Punkte.

Sie kam regelmäßig jeden Dienstag zu mir, aber die Wochen verstrichen, und sie erreichte immer noch besorgniserregende Werte auf dem Screening-Fragebogen. Die Anzahl der Punkte ging ein wenig zurück, sank aber nie unter 20. In der Klinik arbeiteten wir in erster Linie mit zwei Methoden: der kognitiven Verhaltenstherapie und der interpersonellen Psychotherapie. Sie waren bei einigen Patienten zwar höchst effektiv, schienen Iliana aber nicht zu helfen.

Damals wurde die kognitive Verhaltenstherapie am meisten gelobt und an Eliteuniversitäten am häufigsten gelehrt. Sie besagt, dass unsere Ängste und unser Leiden die Folge fehlgeleiteten Denkens und unseres Verhältnisses dazu seien. Jeder Mensch hat Denkgewohnheiten, die ihm helfen, seine Empfindung der Realität zu ordnen. Wenn wir unter Ängsten oder Depressionen leiden, sind unsere Wahrnehmungs- und Denkgewohnheiten oft in eine Schieflage geraten, und in der kognitiven Verhaltenstherapie versuchen wir, Patienten von diesen verzerrten Gedanken und

Mustern zu befreien. In der kognitiven Verhaltenstherapie besteht die Aufgabe des Therapeuten darin, das problematische Denkmuster des Patienten herauszuhören, das zugrunde liegende Kernschema (»Meine Mutter liebt mich nicht«, »Ich bin nicht sicher«) zu identifizieren und anschließend die irrigen Überzeugungen aufzulösen, die das Leiden verursachen. Diese Form der Behandlung kann sehr hilfreich sein – vor allem, wenn das Leiden eines Patienten von schädlichen psychischen Prozessen wie Panikattacken, Phobien oder einer mit Selbstabwertung und Hilflosigkeit einhergehenden Depression herrührt. Doch Ilianas Schmerz hatte ihren Ursprung in tiefer Trauer und einer unhaltbaren Familiendynamik – in einem noch nicht lange zurückliegenden traumatischen Verlust, nicht in fehlgeleitetem Denken über sich oder die Welt. Ich versuchte, eine verzerrte Grundauffassung zu finden, die ihr möglicherweise schadete, doch auch dabei trat wieder die gleiche Grundwahrheit zutage: Sie hatte ihren Vater verloren, und ihr Herz war gebrochen.

Die interpersonelle Psychotherapie, die zweite strukturierte Therapie, mit der wir in der Klinik arbeiteten, geht davon aus, dass soziale Unterstützung die Rettung bringt – dass sich eine Depression unabhängig von ihren Ursachen dadurch behandeln lässt, dass wir die sozialen Rahmenbedingungen neu verhandeln und uns bessere Mentoren und Ratgeber suchen. Bei jungen Patienten beschleunigt die interpersonelle Psychotherapie oft die Selbstwerdung. Sie hilft ihnen, die Fähigkeiten zu erwerben, um für sich einzutreten und von Ressourcen Gebrauch zu machen. Doch das tat Iliana bereits. Sie hatte selbstständig erst die Beratungslehrerin ihrer Schule, dann die Klinik aufgesucht und war Woche für Woche wieder zu mir gekommen. Es war bemerkenswert, wie sie für sich eintrat. Doch die für sie wichtigste Beziehung – die Beziehung zu ihrem Vater – war abgebrochen. Ihr

Vater war die Sonne in ihrem Leben gewesen. Nun war er fort, und die Welt war dunkel und kalt. Ihre strenge Großmutter und ihre abwesende Mutter machten sie nur noch kälter, und keine noch so großen Ressourcen oder hilfsbereiten Erwachsenen würden sein Licht zurückbringen.

Manchmal brachte Iliana kunstvolle Kollagen aus Bildern jugendlicher Rockidole mit, die sie auf einen großen Bogen weiße Pappe geklebt hatte.

»Sehen Sie ihn sich an«, sagte sie dann und deutete auf einen der jungen Sänger auf ihrem Poster. »Er sieht richtig nett aus, oder? Er sieht so freundlich aus.«

Sie durfte nicht mit Jungen reden, geschweige denn auf Partys gehen, aber sie war neugierig auf beides. Sie war wie eine Prinzessin, die allein in einem Turm eingesperrt war und sich nach Kontakt sehnte, und sie versuchte, über Bilder Zugang zu der sozialen Welt zu finden, die man ihr vorenthielt.

In diesem Bereich konnte die interpersonelle Psychotherapie vielleicht helfen. Iliana konnte ihren Vater nicht zurückbringen, aber möglicherweise würde sie eine Möglichkeit finden, die Beziehungen in ihrer aktuellen familiären Situation neu zu verhandeln, um ihre Welt dahingehend zu verändern, dass sie weniger abgeschottet war. Vielleicht konnte sie die Kommode wegschieben oder gar ihre Tür einen kleinen Spalt öffnen und etwas Licht hereinlassen.

In Anbetracht ihres rauen häuslichen Klimas wollte ich sicherstellen, dass Iliana möglichst viel Unterstützung hatte, während sie sich bemühte, die Familiendynamik zu verändern. Deshalb bat ich ihre Mutter und Großmutter, in der fünften Sitzung zu uns zu stoßen. Ich wusste nicht genau, ob sie kommen würden. Aber als ich am Dienstag ins Wartezimmer ging, um Iliana zu holen, waren sie da und saßen neben ihr auf den blauen Vinylstühlen. Die Großmutter, eine Immigrantin aus der Dominikanischen Republik, trug eine gebügelte weiße Bluse und einen langen schmalen Rock. Ihre dunklen, graumelierten Haare waren zu einem strengen Dutt nach hinten gebunden, die Spuren des Kamms noch immer sichtbar. Sie saß kerzengerade und hielt die Handtasche steif auf ihrem Schoß.

Ilianas Mutter war salopper gekleidet. Sie trug Jeans, Tennisschuhe und eine abgetragene Jacke, wie man sie zum Ausgehen anziehen würde, mit Schulterpolstern und schmal zulaufenden Ärmeln. Ihre Haare fielen offen auf ihre Schultern. Sie war nicht ungepflegt, aber sie wirkte distanziert und teilnahmslos. Sie mied den Blickkontakt, ließ den Blick nur selten ruhen und sah gleich wieder weg. Sie war Mitte dreißig, wirkte aber nicht wie eine Elternfigur, sondern eher wie ein Teenager, der sich für einen Verstoß zu verantworten hatte. Ich spürte das deutliche Gefühl, dass die Großmutter sie gezwungen hatte zu kommen.

Großmutter und Mutter wollten zunächst allein mit mir sprechen, ohne Iliana. In meinem Zimmer begannen sie, ihrer Traurigkeit und Besorgnis Ausdruck zu verleihen.

»Iliana ist so wütend, dass sie sich in ihrem Zimmer einsperrt«, sagte die Großmutter. »Sie verbarrikadiert die Tür. Sie ist wütend, weil ich sie nicht fortgehen lasse. Aber sie ist dreizehn und sieht allmählich aus wie eine Frau. Ich möchte nicht, dass sie auf Partys geht.« Sie sah mich vielsagend an. »Ich möchte nicht, dass sie so endet wie ihre Mutter.«

Ilianas Mutter saß reglos da. Sie wirkte weder gekränkt noch überrascht. Es schien, als hörte sie dies nicht zum ersten Mal. Ihre einzige Reaktion auf die Kritik ihrer Mutter bestand darin, dass sie mich kurz ansah – nicht hilfesuchend, sondern als wollte sie sagen: »Das ist die Wahrheit. Das ist unsere Geschichte.«

Ich sagte zu Ilianas Großmutter: »Sie möchten Iliana unbedingt beschützen.«

Sie richtete sich auf, und ihre Züge verhärteten sich. Sie nickte.

»Sie haben Angst, dass alles Mögliche passieren könnte, wenn Sie ihr erlauben, auf Partys zu gehen.«

Für einen Augenblick verschwand ihre Zurückhaltung, und ihr Gesicht wirkte offen. »Ich muss Ihnen etwas sagen«, begann sie und beugte sich ein klitzekleines Stück nach vorn. Sie nahm einen kurzen, flachen Atemzug. »Ich wurde als Kind sexuell missbraucht. Und als Teenager noch einmal.« Sie deutete auf Ilianas Mutter. »Auch meine Tochter wurde missbraucht.«

Beide Frauen sahen mir direkt in die Augen. Ilianas Mutter nickte.

»Wir wissen, wie schlimm es sein kann«, fuhr die Großmutter fort.

Hinter der steinernen Fassade der Großmutter und der Teilnahmslosigkeit der Mutter schlugen liebevolle, schmerzerfüllte Herzen, die ein kleines Mädchen beschützen wollten. Doch ihre guten Absichten entfalteten sich auf eine Weise, die Iliana nicht half, sondern schadete. Ich sagte leise: »Weiß Iliana von dem Missbrauch, den Sie erlebt haben?«

»Wir haben es ihr nie gesagt«, erwiderte die Großmutter. »Wir möchten, dass Sie das tun. Hier. Heute.«

Sie kehrten ins Wartezimmer zurück, und Iliana kam allein zu mir.

Als ich ihr die bittere Wahrheit erzählte, worum ihre Großmutter mich gebeten hatte, starrte sie ein paar Minuten lang schweigend auf den Boden. Dann entspannte sich ihr wie von einer schweren Last gekrümmter Rücken allmählich, bis er nur noch ganz leicht eingesunken war, und als sie schließlich den Kopf hob, hatte sie Tränen auf den Wangen. »Das ist so traurig«, sagte sie. »Es macht mich so unglaublich traurig, dass sie das durchmachen mussten.«

Obwohl sie selbst litt, konnte sie ihr Leiden intensiv spüren. Sie wirkte auch ein wenig durcheinander, als hätte das, was sie gerade erfahren hatte, sie dazu gezwungen, ihre Welt neu zu ordnen.

Nachdem das schmerzliche Geheimnis gelüftet war, wurde es langsam besser. Es war nicht annähernd wie bei der überraschenden Aufhellung, die ich beim Jom Kippur-Gottesdienst von Unit 6 gesehen hatte – ein plötzlicher geistiger Neustart, der neues Gewahrsein und eine neue Orientierung mit sich brachte und statt eines von Schuldgefühlen und schwachem Selbstwertgefühl geprägten Denkens ein Gefühl von Großzügigkeit und Wert in den Patientinnen und Patienten weckte. Ilianas Heilung war wichtig, aber anders. Sie verlief Schritt für Schritt, wie nach dem Lehrbuch. Allmählich ließ ihre Angst nach. Die Starre wich aus ihrem Körper. Sie klammerte sich nicht mehr an ihren Ellbogen, als wollte sie einen drohenden Angriff abwehren. Sie begann, mit ihrer Großmutter am Küchentisch zu essen. Sie schob die Kommode vor ihrer Zimmertür beiseite. Schließlich erlaubte ihr die Großmutter, mit ihren Freunden auf der Haustreppe »abzuhängen«.

Gleichzeitig verstärkte sich ihre Traurigkeit. Sie sank immer mehr auf ihrem Stuhl zusammen, ihr Rücken war rund, ihre Augen lagen tief in ihren Höhlen, ihr Blick war verdrossen. Sie war mit zwei Problemen in die Therapie gekommen: ihrer intensiven Trauer und der isolierten, kasernierten Welt zu Hause. Ihre verschlossene Welt hatte sich geöffnet. Doch die gähnende Leere des Verlusts war immer noch da.

Genau ein halbes Jahr nach dem Tod ihres Vaters vollzog ihre Großmutter väterlicherseits eine traditionelle dominikanische

Zeremonie, um seine Seele zu ehren, noch einmal Kontakt zu ihm aufzunehmen, seinen Segen zu erbitten und ihm beim Aufstieg in den Himmel zu helfen. In der Woche darauf wirkte Iliana ein wenig lebhafter. Doch ihre Punktzahl auf dem Depressionsfragebogen war nach wie vor sehr hoch. Sie war von anfänglich 27 Punkten auf 16 bis 18 Punkte gesunken, aber dort hatte sie sich eingependelt. Die positiven Veränderungen daheim und in ihrem Sozialleben änderten nichts an der großen Leere, die der Tod ihres Vaters hinterlassen hatte. Ich machte mir Gedanken, dass die Grenzen dessen erreicht waren, was wir mit den üblichen Behandlungsmodellen für ihre psychische Gesundheit tun konnten.

Dann fand meine junge Patientin ihre eigene Medizin.

Ein paar Wochen nach der Zeremonie bei ihrer Großmutter erschien sie wie verwandelt zu ihrem Dienstagstermin, strahlend und voller Energie.

»Raten Sie mal, was passiert ist, Dr. Miller!«, rief sie. »Raten Sie!«

Sie hatte die Erlaubnis bekommen, eine Tanzveranstaltung an ihrer Schule zu besuchen. Es war der erste gesellschaftliche Anlass, an dem sie teilnehmen durfte – allerdings unter der Bedingung, dass sie stets in Begleitung ihrer beiden älteren Cousinen war. Und bei dieser Tanzveranstaltung hatte sie einen Jungen kennengelernt.

»Er hat mit mir getanzt und lange mit mir geredet! Er war total höflich und lieb und süß! Aber es wird noch besser. Raten Sie mal, wie er heißt!«

Horatio, erzählte sie. Er hatte den gleichen Namen wie ihr verstorbener Vater.

Ich beugte mich vor, neugierig, was sie von diesem seltsamen Zusammentreffen hielt.

»Das ist ein Zeichen!«, sagte sie. »Verstehen Sie? Mein Vater passt auf mich auf. Er hat ihn geschickt.«

Monatelang hatte sie gelitten, war einsam und leer gewesen. Mit einem Mal hatte sie wieder Auftrieb und Kontakt, als hätte sich ein Teil von ihr geöffnet, der bislang verschlossen gewesen war – als sei ein dunkler Winkel von Licht durchflutet. Die Veränderung war so klar und so extrem, dass es mir den Atem verschlug.

Noch fassungsloser war ich, als ich Iliana mithilfe des Depressionsfragebogens beurteilte, mit dem ich seit Beginn ihrer Behandlung ihre Fortschritte verfolgte. Zum ersten Mal seit dem Beginn ihrer Behandlung war Ilianas Wert auf einen niedrigen einstelligen Wert gesunken – auf fünf Punkte. Die erheblichen Symptome ihrer schweren Depression waren weitgehend verschwunden.

Sie hatte einen liebenswürdigen Jungen kennengelernt, was ihrer Ansicht nach der Beweis für zwei Dinge war: dass nicht alle Jungen furchteinflößend, übergriffig oder tabu für sie waren, und dass ihr Vater sie beschützte. Obwohl er tot war, war ihre herzliche und freudige Verbindung nach wie vor lebendig. Ihr Vater war an ihrer Seite. Sie war nicht allein.

Die klinischen Behandlungsmodelle des 20. Jahrhunderts, die ich anzuwenden gelernt hatte, hätten allesamt erklärt, dass Ilianas Begegnung mit dem Jungen Horatio lediglich ein überraschender Zufall war. Dass sie ihre Trauer verarbeiten und den Tod ihres Vaters akzeptieren müsse, um wirklich zu genesen. Aber Iliana empfand aus tiefstem Herzen, dass ihr Vater ihr mit Horatios Hilfe die Botschaft hatte zukommen lassen, dass er auf sie achtgab – dass es ungefährlich war, in die Welt der Lebenden zurückzukehren. Obwohl sie nicht länger mit dem Jungen

Horatio in Kontakt geblieben war, schwankte sie niemals in ihrer Überzeugung, dass ihr Vater sie beschützte.

Auch in den darauffolgenden Wochen und Monaten blieb die Punktzahl sehr niedrig, die Iliana auf dem Fragebogen zur psychischen Gesundheit erzielte, und sie hatte nur wenige oder so gut wie keine Depressionssymptome. Ihr ursprüngliches mitteilsames, aufgewecktes, glückliches und sorgloses Wesen kam wieder zum Vorschein.

Ihre Genesung führte Iliana auch weiterhin auf die Erfahrung bei der Tanzveranstaltung zurück, als sie sich auf mystische Weise des Geistes ihres Vaters unmittelbar bewusst wurde. Ich fragte mich, ob auch die dominikanische Zeremonie ihrer Großmutter am Todestag des Vaters zu diesem Durchbruch in der Wahrnehmung beigetragen hatte, da sie Iliana den Übergang von einsam zu beschützt, von verlassen zu geliebt ermöglichte. Hatte die Zeremonie sie irgendwie empfänglich für die Erfahrung auf der Tanzveranstaltung gemacht und ihr geholfen, die mögliche Bedeutung der spontanen Begegnung mit einem Jungen namens Horatio aufmerksam zur Kenntnis zu nehmen? Doch unabhängig davon, wie es dazu gekommen war, erlebte Iliana eine Art von interpersoneller Psychotherapie – mit dem Unterschied, dass der Mensch, zu dem sie ihre Beziehung neu verhandelte, bereits tot war.

Ich kämpfte mit der Frage, wie ich Iliana unterstützen sollte. Konnte der Glaube daran, dass die Beziehung zu ihrem verstorbenen Vater fortbestand, eine Gefahr für sie sein? War Ilianas Vorstellung von der Vermittlung ihres toten Vaters in ihrem Leben wahnhaft? Konnte sie verhindern, dass sie die Realität seines Todes akzeptierte? Ein streng psychoanalytisches Behandlungsmodell würde das tiefe innere Wissen, dass ihr toter Vater weiterhin Teil ihres Lebens war, als Wunsch- oder Fantasievorstellung interpretieren. Es würde das Geschehene – dass der einzige Junge, mit dem sie jemals ein bedeutsames Gespräch geführt hatte, den gleichen ungewöhnlichen Namen trug wie ihr Vater – lediglich als ein zufälliges Ereignis betrachten, dem sie zu viel Bedeutung beimaß, auch wenn die Übereinstimmung noch so groß war. Ich erinnerte mich an meinen eigenen dunklen Winter in Yale und daran, wie ich am Sinn des Lebens, meinem Identitätsgefühl und meiner Lebensaufgabe zweifelte. Iliana hatte durch die Dunkelheit der Isolation und der Trauer zu einem Gefühl von Sinn und Verbundenheit gefunden. Sie war nicht mehr allein. Ihr Vater war nicht verloren, er war bei ihr, und sie fühlte sich beschützt, geleitet, geliebt. Hätte ich mich eines klassischen psychoanalytischen Behandlungsansatzes bedient, dann hätte ich riskiert, ihr in zweierlei Hinsicht zu schaden: indem ich sowohl ihr inneres Wissen als auch ihre Wahrnehmung, dass die ganze Welt von Sinn erfüllt war, für nichtig erklärte.

Als ich Iliana kennenlernte, betrachtete sie ihr Leben ausschließlich unter dem Aspekt von Verlust und Isolation. Sie steckte fest, war einsam und konnte natürlich nichts tun, um ihren Vater wieder lebendig zu machen, um etwas an der Abwesenheit und Abhängigkeit ihrer Mutter zu ändern, um ihre Mutter und Großmutter vor dem erlittenen Missbrauch zu schützen. Selbst wenn sie noch so sehr für sich eintrat, konnte sie dieses Leiden nicht auslöschen, ihre Ohnmacht war erdrückend, und sie fühlte sich darin gefangen. Doch nun hatte sie die Perspektive gewechselt. Sie veränderte die Art und Weise, wie sie die gleichen Gegebenheiten und Umstände sah, ganz allein grundlegend. Sie war zu einer umfassenderen Sicht und dem Verständnis gelangt, dass sie selbst in ihrem Leiden sicher war und beschützt wurde. Sie sah, dass selbst in Zeiten von Schmerz und Trauer, selbst in den schlimmsten und dunkelsten Momenten irgendetwas im Gefüge der Welt Licht und Liebe möglich machte.

Als Klinikerin war ich froh darüber, dass es Iliana gelungen war, ihr Wohlbefinden so stark zu verbessern und diesen Zustand aufrechtzuerhalten. Als Wissenschaftlerin fragte ich mich nach der wahren Ursache für diesen Systemwechsel. Konnten sich auch andere eines solchen Geisteswandels bedienen, um gesund zu werden, und ließ er sich absichtlich, bewusst herbeiführen?

Ich teilte meine Fragen mit einer meiner Supervisorinnen, und sie schüttelte bestimmt den Kopf. »Es war sehr nett von Ihnen, die Erfahrung des Mädchens wichtig zu nehmen«, sagte sie. »Die Spiritualität, die wir bei dieser Bevölkerungsgruppe sehen, ist ein verbreiteter Aspekt der Kultur und des relativen Bildungsmangels der Patienten. Es ist etwas, das wir als Teil ihrer Diversität respektieren müssen. Aber sie haben trotzdem diagnostizierbare psychische Erkrankungen.«

Auch ohne den traumatischen Tod ihres Vaters hatte das Leben Iliana auf Depression programmiert. Sie war ein Mädchen in der Pubertät, was bereits einen großen Risikofaktor darstellte. Ihre Mutter und ihre Großmutter waren Überlebende sexuellen Missbrauchs, und das bedeutete, dass sie anfällig dafür war, dieses traumatische Erbe zu übernehmen. Sie hatte in der Tat eine schwere Depression gehabt, die beinah jeden Rahmen sprengte. Trotzdem erholte sich Iliana erstaunlich gut, und in den Monaten, in denen ich mit ihr weiterarbeitete, waren ihre Symptome durchgehend erheblich schwächer gewesen.

Sie war eine Fallstudie zum Thema »Risiken und Resilienz«, und ihre Geschichte machte auf menschlicher Ebene anschaulich, was meine epidemiologischen Forschungen zeigten: dass persönliche Spiritualität ein wichtiger Faktor bei der psychischen Gesundheit war, was weitere Untersuchungen rechtfertigte; und dass ein starker Zusammenhang zwischen dem Depressionsrisiko und der Möglichkeit bestand, dass ein Mensch von Spiritualität profitieren könnte.

Dennoch waren die starken Korrelationen zwischen Spiritualität und psychischer Gesundheit, die ich in Kenneth Kendlers Studie und in meiner eigenen epidemiologischen Forschung und klinischen Arbeit gesehen hatte, in unserem Fachbereich nach wie vor weitgehend unsichtbar.

Im Jahr 1998, zwei Jahre nach meiner Begegnung mit Iliana, bekam ich unerwartet die Gelegenheit, die Untersuchung einem wichtigen Forum zu präsentieren. Die Columbia University veranstaltete eine Fallkonferenz, bei der anerkannte Wissenschaftler und der akademische Nachwuchs aus dem Bereich der Psychologie ihre aktuellen Forschungen vorstellten. Eine Woche vor dem geplanten Vortrag meldete sich ein anderer Nachwuchswissenschaftler bei mir und fragte, ob ich seinen Platz übernehmen wolle. Er sei erschöpft und überarbeitet von den späten Visiten in der Psychiatrie, die zu den langen Tagen seiner klinischen Ausbildung hinzukämen, und hoffte, ich könnte mit ihm tauschen. Ich hatte Kesslers Daten zu den Jugendlichen noch nicht vollständig ausgewertet, und es hätte mir gutgetan, wenn ich etwas mehr Zeit für die Zahlen gehabt hätte, bevor ich meine Ergebnisse präsentierte. Doch ich war so begeistert von dem, was ich gerade entdeckte, dass ich die Gelegenheit beim Schopf ergriff.

Eigentlich hätte ich vor Aufregung ganz zittrig sein müssen, als ich in dem großen Hörsaal saß und darauf wartete, von dem ehrwürdigen und Ehrfurcht einflößenden Dr. David Shaffer, dem Leiter des Instituts für Kinder- und Jugendpsychiatrie an der medizinischen Fakultät der Columbia University, vorgestellt zu werden. Jedes Mal, wenn jemand den Raum betrat, schlugen die beiden Doppeltüren aus Metall geräuschvoll zu. Vier meiner älteren Kolleginnen und Kollegen kamen mit langen Schritten herein und setzten sich in die erste Reihe. Sie saßen kerzengerade und trugen alle feine Anzüge oder schicke Kostüme. Eine der Frauen war eine führende Vertreterin der interpersonellen Psychotherapie – des Behandlungsmodells, das in den meisten Fällen an der auf die Behandlung von Ängsten und Depressionen spezialisierten Fachklinik für Kinder und Jugendliche angewendet wurde, an der ich Iliana kennengelernt hatte. Ihre wegweisenden Studien zeigten, dass es für Jugendliche am wichtigsten war zu lernen, für sich selbst einzutreten, und dass Depressionen bei Teenagern meist daher kamen, dass es ihnen nicht gelang, ihre Welt neu zu ordnen, indem sie geeignete Mentoren und Ratgeber fanden. Der Mann neben ihr untersuchte die Wirkung von Medikamenten auf Ängste bei Kindern und Jugendlichen. Er arbeitete mit Probandinnen und Probanden, die meist aus Washington Heights stammten, wo auch Iliana herkam, und löste Panikattacken bei ihnen aus. Anschließend verabreichte er Medikamente und bestimmte ihre beruhigende Wirkung. Ich respektierte, dass er jungen Menschen mit Ängsten helfen wollte. Aber ich empfand seine Forschungsmethoden immer als unnötig hart. Darüber hinaus begegnete ich der Tendenz unseres Fachgebiets, sich auf Medikamente zu verlassen, um Symptome zu behandeln, ohne die Patienten vollständig zu heilen, nach meinen Erfahrungen auf Unit 6 mit Vorsicht. Doch wie alle anderen anwesenden Fakultätsmitglieder galt er als Koryphäe auf seinem Gebiet, und dies war meine große Chance, einigen der qualifiziertesten Wissenschaftler und Therapeuten eine wichtige Erkenntnis nahezubringen, die sie nutzen konnten, um Menschen zu helfen.

Deshalb wurde ich von freudiger Erregung durchströmt, als Shaffer das Podium betrat und mit seiner Einführung begann. Er war Inhaber des Lehrstuhls für Kinder- und Jugendpsychiatrie, hatte mich nach meiner Promotion als wissenschaftliche Mitarbeiterin akzeptiert und damit meine Arbeit möglich gemacht. Er war ein ernster Mann in einer angesehenen Position – eine einflussreiche Führungspersönlichkeit an der medizinischen Fakultät der Columbia University, ein internationaler Experte auf dem Gebiet der Suizidforschung und der Ehemann der gefeierten Chefredakteurin der *Vogue*. Er liebte die Wissenschaft und überflog mit großer Begeisterung neue Entdeckungen. Heute funkelten seine Augen, und er schloss seine Einführung mit ein paar persönlichen Worten.

»Ich hätte nie gedacht, dass Religion oder Spiritualität für die Psychiatrie von Bedeutung sein könnten«, sagte er. »Bis ich Suizide bei Kindern und Jugendlichen untersuchte und einen überraschenden Hinweis in den Daten entdeckte. Unsere ziemlich groß angelegte Suche nach psychischen Erkrankungen bei Schülerinnen und Schülern ergab, dass es sehr schwierig ist, Faktoren zu identifizieren, die vor der Selbsttötung schützen. Es gab keine einzelne Variable, die verriet, bei wem sich eine Suizidneigung zeigen würde und bei wem nicht – bis auf eine. Eine ausgeprägte persönliche Spiritualität war die *einzige* Variable, die sich indirekt proportional zum Suizid verhielt. Wir sind ganz zufällig auf diese interessante Erkenntnis gestoßen. Dr. Millers Arbeit untersucht sie ganz direkt.«

Ich schwebte fast auf die Bühne, als würde ich von seiner Unterstützung emporgetragen. Mit klopfendem Herzen begann ich, die Ergebnisse meiner epidemiologischen Forschungen über die Korrelationen zwischen Spiritualität einerseits und einem geringeren Missbrauch von Suchtmitteln und Depressionen andererseits sowie die Zahlen zu den entwicklungsbezogenen und generationenübergreifenden Aspekten der Spiritualität vorzustellen. Während ich sprach und durch die Folien klickte, lehnte sich ein Mann in der ersten Reihe mit gerunzelter Stirn nach vorn.

Am Ende meines Vortrags ergriff er als Erster das Wort. »Wie sind Sie auf diese Idee mit der Spiritualität gekommen?«, fragte er.

Noch bevor ich etwas dazu sagen konnte, riss die Frau neben ihm den Arm in die Höhe und sagte: »Ich versuche gerade herauszufinden, was diese Daten *wirklich* bedeuten. Es kann nicht die Spiritualität sein, die den Unterschied macht.«

»Es ist die soziale Funktionsfähigkeit«, rief ein anderer.

»Ich habe die soziale Funktionsfähigkeit bei der Analyse berücksichtigt«, erklärte ich. »Der Zusammenhang zwischen Spiritualität und Depression existiert unabhängig von der sozialen Funktionsfähigkeit.«

»Wie haben Sie ihn gemessen?«, fragte die Frau in der ersten Reihe.

Ich blätterte zur fraglichen Folie zurück. »Ich habe mit den üblichen standardisierten Messungen gearbeitet«, sagte ich. »Den gleichen, die auch Sie selbst und der Großteil der Fakultätsmitglieder hier bei Ihren Studien verwenden.«

Viele begannen zu flüstern, Taschen und Blätter herumzuschieben und aufzustehen, um zu gehen. Diejenigen, die blieben, sahen mich mit zusammengekniffenen Augen an, als seien sie verwirrt.

»Es sind die Standardverfahren zur Messung sozialer Funktionsfähigkeit«, wiederholte ich. »Es besteht eine Korrelation zwischen Spiritualität und psychischer Gesundheit, die nichts mit der sozialen Funktionsfähigkeit zu tun hat.«

Meine Kollegin in der ersten Reihe schüttelte den Kopf. »Es muss etwas anderes in Bezug auf die soziale Funktionsfähigkeit sein«, sagte sie. »Hinter all dem muss eine verborgene Variable stecken, die für diesen vermeintlichen Zusammenhang verantwortlich ist.«

Es war die älteste Kritik der Welt: dass eine verborgene Variable für das Ergebnis verantwortlich war. Eine verborgene Variable ließ sich weder messen noch herausrechnen, weil sie noch nicht entdeckt war und sie noch niemand zu Gesicht bekommen hatte, weil wir noch nicht wussten, was es war. Es erschien mir nützlich und wichtig, weiträumig nach Erklärungen zu suchen und nichts unversucht zu lassen. Aber es wirkte auch unwissenschaftlich, die Bedeutung einer klaren und konkreten Variablen – in diesem Fall der Spiritualität – zugunsten einer amorphen Variablen vom Tisch zu wischen, die rein spekulativ und nicht definiert war und die noch niemand gesehen hatte. Ich war in der Erwartung auf die Bühne getreten, eine Heilungsmöglichkeit aufzuzeigen. Wie es schien, war es mir lediglich gelungen, ein allgemeines Unbehagen zu beleuchten.

Kendler war mit einer ähnlichen Kritik konfrontiert worden, als er die Studie aus dem Jahr 1997 veröffentlichte, deren Verlauf mit dem meiner eigenen Forschungen zusammengefallen war. Man hatte ihm gesagt: »Das, was Sie ›Spiritualität‹ nennen, ist in Wirklichkeit nur die Persönlichkeit. Sie haben die Persönlichkeit nicht berücksichtigt. Sie haben nicht geprüft, ob es sich bei dem, was wie Spiritualität aussieht, nicht nur um besonders ruhige und gelassene oder introvertierte Menschen handelt.« Er war der angesehenste genetische Epidemiologe und im gesamten Fachbereich bekannt dafür, dass er herausgefunden hatte, in welchem Maße psychische Erkrankungen erblich sind. Er hatte entdeckt, dass eine bipolare Störung zu 60 Prozent, Schizophrenie zu über 80 Prozent erblich ist – und alle hatten diese Erkenntnisse und die wissenschaftliche Methode akzeptiert, die er verwendete, um dazu zu gelangen. Aber als er sich mit dem Thema

»Spiritualität« beschäftigte, behaupteten sofort Unmengen von Kritikern: »Sie waren nicht sorgfältig genug.«

Deshalb wiederholte er die Studie im Jahr 1999, zwei Jahre nach der ursprünglichen Untersuchung, und bestimmte nun neben dem persönlichen Glauben auch die Big Five-Persönlichkeitsfaktoren.[14] Er stellte fest, dass kein Zusammenhang zwischen Persönlichkeitsmerkmalen und Spiritualität besteht – bis auf einen Bereich: der Offenheit für neue Erfahrungen. Menschen, die offen für neue Erfahrungen sind, bezeichnen sich auch eher als spirituell. Doch die beiden decken sich nicht gänzlich, und eine Offenheit für neue Erfahrungen macht einen Menschen nicht zwangsläufig spiritueller. Die neue Studie beantwortete eine kritische Frage, welche die Originalstudie aufgeworfen hatte, beseitigte aber nicht das allgemeine Unbehagen im Hinblick auf die wissenschaftliche Erforschung der Spiritualität.

Wir rühmen die sogenannte Objektivität der Wissenschaft, doch die Wissenschaft folgt häufig den Trends der Kultur, in die sie eingebettet ist – und die sie letztlich auch untermauert. Die wissenschaftliche Methode selbst ist objektiv. *Wie* wir ein Thema untersuchen, ist streng geregelt. Doch das, *was* wir untersuchen, verändert sich meist mit kulturellen Vorlieben und Geschmäckern. Als Kendler und ich uns Ende der Neunzigerjahre mit dem Thema beschäftigten, war man von der Erforschung der biologischen Grundlagen der Psychologie und der psychischen Gesundheit fasziniert. Damals hatte man noch keine biologischen Entsprechungen der Spiritualität entdeckt, weshalb diese keinen Platz in der zeitgenössischen Wissenschaft oder Psychologie hatte. Der Fachbereich akzeptierte, dass Biologie echt war und Spiritualität *nicht*. Doch diese Zweiteilung existierte nur deshalb, weil noch niemand nach der biologischen Basis der Spiritualität gesucht hatte. Die anerkannte Wahrheit war nichts, was tatsächlich wissenschaftlich untersucht oder bestimmt worden wäre. Als meine Kolleginnen und Kollegen hörten, dass in einem wissenschaftlichen Zusammenhang Fragen zur Spiritualität gestellt wurden, konnten sie deshalb nicht verstehen, wie die Spiritualität ins Bild passte. Da sie sie nicht in ihren Modellen sahen, lehnten viele sie grundsätzlich ab.

Nach der unerfreulichen Reaktion auf meine Präsentation bei der Fallkonferenz war ich überrascht und ein wenig nervös, als Shaffer anrief und mich in sein Büro bat. Ich hatte keine Ahnung, was mich erwartete. Ich saß in seinem großen Eckbüro mit Blick auf den Hudson River, er selbst saß hinter einem gewaltigen Schreibtisch.

»Es ist schon ziemlich bemerkenswert, nicht wahr?«, sagte er.

»Was ist bemerkenswert?«, fragte ich zurück.

»Nun, das *Ausmaß* der Entdeckung.«

Ich nickte. Ja, es war bemerkenswert. Deshalb hatte ich auch so darauf gebrannt, die Daten weiterzugeben.

»Es hat eine außergewöhnliche Bedeutung für die Behandlung junger Menschen.«

Ich nickte noch einmal.

»Ich möchte Ihnen eine Geschichte erzählen«, fuhr er fort. »Im Laufe der Jahre haben meine Frau und ich ein sehr enges Verhältnis zu Louanne, der Verwaltungsassistentin dieser Abteilung entwickelt. Vor ein paar Jahren erkrankte ihre Mutter tödlich, und Louanne bat uns, sie zu besuchen. Wir saßen in ihrem Zimmer und tranken Tee. Louannes Mutter saß auf Kissen gestützt im Bett. Sie war sehr krank. Ich fragte nach ihrem Befinden, und sie erwiderte: ›Ach, ich mache mir keine Sorgen.‹ Sie schenkte mir ein weises, friedliches Lächeln und sagte: ›Meine Koffer sind gepackt. Ich werde meinem Schöpfer gegenübertreten.‹«

Shaffer sah mich mit leuchtenden Augen an und sagte: »Na,

wenn das nichts ist!« Anschließend meinte er: »Ich habe Sie für den William T. Grant Faculty Scholars Award vorgeschlagen.«

Ich erhielt noch einen weiteren großzügigen Förderpreis des National Institute of Mental Health. Beide Auszeichnungen waren sehr renommiert und hoch angesehen, und bis dato hatte noch kein Mitglied des Instituts für Psychiatrie an der Columbia University beide bekommen. Die damit verbundenen Mittel waren phänomenal: Ich erhielt eine Finanzierung für fünf Jahre, um meine eigene Forschung zur Behandlung von Depressionen sowie zur spirituellen Entwicklung und Resilienz von Jugendlichen zu entwickeln.

Noch aufregender war, als auch die Daten, die ich bei der Fallkonferenz vorgelegt hatte, in Form eines Artikels in der »orangefarbenen Zeitschrift« veröffentlicht wurden. Dies legte nahe, dass solide wissenschaftliche Arbeit den Fachbereich verändern und die Behandlung von Patienten wie Iliana verbessern konnte. Den wohlmeinenden Kollegen, die sich erkundigt hatten, ob Fragen über Spiritualität überhaupt in den Bereich der Psychologie gehörten, konnten wir nun die klare Antwort geben: »Ja. Hier geht es um Risiken und Resilienz. Hier geht es um Psychiatrie. Hier geht es um die psychische Gesundheit von Kindern und Jugendlichen.«

KAPITEL 6

Ein Klopfen an der Tür

Unterdessen zeigte sich die Beziehung zwischen Biologie und Spiritualität auch in meinem eigenen Körper. Etwa nach der Hälfte meines Postdoktorats beschlossen Phil und ich, ein Kind zu bekommen. Kinder waren stets Teil unseres Plans gewesen – der gemeinsamen Lebensvision, als wir uns verliebten, heirateten und ins Berufsleben starteten. Nun war der richtige Zeitpunkt gekommen: Wir hatten die Ausbildung abgeschlossen, die Karriere in Gang gebracht, unsere Finanzen waren stabil, und unser viertes Lebensjahrzehnt war angebrochen. Es war weniger eine Entscheidung als vielmehr so, dass wir gemeinsam den nächsten logischen und wunderbaren Schritt machten.

Doch die Monate vergingen, und ich wurde nicht schwanger. Mit jedem Zyklus schwammen wir wieder auf der Welle der Hoffnung, um anschließend ins Tal der Enttäuschung zu stürzen. Nachdem ein paarmal nichts passiert war, begann meine Ärztin mit den Standarduntersuchungen, die nichts Beunruhigendes ergaben. Es lag kein biologischer Grund dafür vor, dass wir kein Kind bekamen. Doch weitere Monate verstrichen, und ich wurde noch immer nicht schwanger.

»Man könnte ein paar Maßnahmen in Betracht ziehen«, sagte meine Ärztin schließlich. Sie reichte mir einen Stapel pastellfarbener Hochglanzkinderwunschbroschüren.

Am gleichen Abend vertieften Phil und ich uns in das Informationsmaterial. Er schien nach wie vor zufrieden mit dem beruflichen Umstieg zu sein und wirkte erleichtert darüber, dass er nicht mehr in die Uniform schlüpfen und sich in die volle U-Bahn zwängen oder die gefürchtete Aufzugfahrt über sich ergehen lassen musste. Aber das Pendeln war ein Problem. Seit ich Phil kannte, hatte er stets ein ebenso breites wie bereitwilliges Lächeln gehabt, das praktisch über sein Gesicht taumelte. Er war nicht aufbrausend. Aber die Hupkonzerte und die Aggression auf der Autobahn machten ihn angespannt und reizbar. Er konnte den Lärm der Stadt nicht mehr ertragen. Er fing an, auf dem Boden im Flur zu schlafen, weit weg vom Fenster, die Decken über den Kopf gezogen, um ein wenig Ruhe zu finden. Er hatte den Job aufgegeben, der ihn quasi betäubte, doch es ging ihm nicht gut. Uns ging es nicht gut. Wir waren beide verwirrt von diesem neuen Terrain, diesem unbekannten Ort, an dem wir das Geschehen weder mit Ehrgeiz noch mit Leidenschaft beeinflussen konnten. Wir studierten die Broschüren und lernten alle Abkürzungen wie IUI und IVF – das Vokabular selbst ein Versuch der Hoffnung.

»Was, wenn wir wegziehen würden?«, fragte ich ihn eines Abends. »Wenn wir auf dem Land lebten? Glaubst du, du wärest da glücklich?«

»Ich weiß es nicht«, erwiderte er. Er war ein echter Ostküstenbewohner und der aufrichtigste Mensch, den ich kannte – er war so freimütig, dass er andere damit manchmal in Verlegenheit brachte, obwohl ich das immer als beruhigend empfunden hatte: Ich verließ mich darauf, dass er wusste, was er wollte, und sagte, was er dachte. »Meine Freunde sind hier. Mit wem wären wir befreundet, wenn wir wegzögen?«

Das war eine gute Frage. Hier in der Stadt waren wir stark vernetzt und hatten ein aktives Sozialleben. Und doch fühlten wir uns isoliert. Wir fühlten uns abgeschnitten, hatten das Gefühl, in einem Hamsterrad zu stecken – den Eindruck, weniger zu haben, obwohl mehr da war. Wenn wir aufs Land zögen, würde uns das vielleicht helfen, uns stärker mit anderen, miteinander, mit uns selbst verbunden zu fühlen.

Um dies zu testen, begannen wir, an den Wochenenden die ländlichen Regionen von New York und Connecticut zu erkunden. Während wir mit dem Wagen über die Landstraßen kurvten und zusahen, wie sich das Licht veränderte, das durch die Bäume fiel, wich die Spannung aus Phils Kiefer und Nacken. Wenn wir anhielten, um zu tanken, hörte ich das Gezwitscher der Vögel. Wenn der Wind drehte, konnte man sogar im Landesinneren das Meer riechen. Eines Sonntags sah ich ein Schild mit der Aufschrift »Hausbesichtigung« und bat Phil anzuhalten. Die spontane Suche nach einem Haus wurde zu einem Teil unseres Wochenendrituals. Wir sahen Häuser im niederländischen Kolonialstil, viktorianische Bauernhöfe und Wunderwerke der Architektur mit Leitern und Stegen und schrägen Fenstern, die in Felswände gebaut waren. Ich konnte das Haus, nach dem wir beinah suchten, vor meinem geistigen Auge sehen: eine ebene Rasenfläche, hohe Bäume. Nicht vorstädtisch, sondern ländlich. Vogelgezwitscher. Schimmerndes Wasser.

An einem Novembertag des Jahres 1997 verließen wir eine kurvenreiche Straße in Connecticut in einem ein paar Kilometer landeinwärts vom Highway Interstate 95 gelegenen Wald und fuhren eine steile Zufahrt hinunter. Da war es. Ein altes Fischerhäuschen auf einer winzigen Insel im Saugatuck River. Das Wasser war aufgewühlt, zu Schaumkronen aufgepeitscht. Es wirkte lebendig. Das schnelle, helle Wasser speicherte das Licht bis spät am Abend und warf es wie ein zweiter Himmel ans Land zurück. Je länger ich am Ufer stand, desto lebendiger erschienen mir nicht nur das tosende Wasser und das tanzende Licht, sondern auch das Kommen und Gehen der Tiere – der Vögel und Otter. Ich spürte, wie der Fluss mich glattschliff wie Wasser einen Stein, wie mich sein musikalisches Dahinbrausen beruhigte. In der Stadt war ich zerfahren, meine Gedanken waren sprunghaft. Aber hier war mein Denken kein Rauschen und fühlte sich nicht wie einzelne Teilchen an. Es war eine Welle. Weite. Das Haus selbst war bezaubernd, gemütlich und lichtdurchflutet. Der größte Teil der alten Fischerhütte war zu einem offenen Wohnbereich umgebaut worden, in der einen Wand befanden sich riesige Fenster, und zu beiden Seiten waren Schlafzimmer angebaut worden. Ich wusste sofort: Dies war ein Ort, an dem wir eine Familie gründen konnten.

Aber nachdem wir das Haus gekauft hatten und im Spätwinter erschöpft inmitten von Bergen von Umzugskisten und Habseligkeiten im Wohnzimmer standen, sah Phil mich voller Panik an. »Und was machen wir, wenn wir chinesisch essen gehen wollen?«

Wir hatten nichts Essbares im Haus und natürlich weder ein Restaurant noch eine Bodega oder eine Falafelbude um die Ecke. Es gab noch nicht mal eine Ecke. Nur unser ruhiges Stückchen Land und die winzige Brücke zum anderen Ufer. Wir stiegen in den Wagen. Auf unseren zahlreichen Fahrten hierher hatten wir nie auf die Stadt- und Einkaufszentren geachtet. Es hatte uns nicht interessiert. Wir waren so sehr damit beschäftigt gewesen, nach dem perfekten Leben Ausschau zu halten, dass wir vergaßen, Pläne für das echte Leben zu schmieden. Wir dachten, wir müssten nur einen Schalter umlegen, um zu Landbewohnern zu werden. Aber wir wussten nicht, wie wir hier draußen überleben sollten. Wo würden wir etwas zu essen bekommen?

Auf dem Weg in die Stadt nahm Phil die Kurven zu schnell. Es war fast 20.00 Uhr. Ob noch irgendein Restaurant offen haben würde? Mit quietschenden Reifen bogen wir in die Post Road ein – die Hauptstraße von Westport und ein Straßenabschnitt mit ein paar flachen Ladenzeilen. Die meisten Fenster waren dunkel. Reinigung. Apotheke. Alles geschlossen. Doch dann entdeckten wir ein flackerndes Neonlicht, das einzige Schild, das noch leuchtete und zu unserem Leuchtturm wurde. Phil bog blitzschnell in den fast völlig leeren Parkplatz ein, und wir huschten genau in dem Augenblick in Angelina's Trattoria, als der Manager gerade abschließen wollte. Als er unsere hoffnungsvollen Gesichter sah, bat er uns herein. Wir ließen uns auf die Vinylstühle fallen und bestellten Pizza. Phil schüttelte verzweifelt den Kopf und zeigte aus dem Fenster auf ein Schild auf dem dunklen Parkplatz: »Post Plaza«, stand darauf. Aber das P war beschädigt, und Teile davon hatten sich gelöst und hingen herunter.

»Wir sind auf der Lost Plaza«, sagte er.

Wir fuhren nach Hause, und das Licht der hell erleuchteten Häuser schien durch die Bäume. Wir konnten einen Blick auf die Familien darin erhaschen, auf eine Person am Spülbecken, auf heimelige Grüppchen mit Eltern und Kindern, die sich um ein Feuer oder vor einem Fernseher scharten. Doch als wir in die Zufahrt zu unserem neuen Zuhause einbogen, war alles dunkel. Wir waren noch immer sehr weit von dem Leben entfernt, das wir uns wünschten.

Ein paar Monate später, im Jahr 1998, standen Phil und ich nach einem weiteren Zyklus, in dem ich nicht schwanger geworden war, abends am Waschbecken im Badezimmer und putzten die Zähne. Er sah mich an.

»Wir könnten es mit intrauteriner Insemination versuchen«, sagte er.

Die künstliche Befruchtung war die am wenigsten invasive

von allen möglichen Behandlungsmethoden. Wir versuchten es zweimal. Ohne Erfolg. Beim dritten Mal war eine neue Schwester in der Klinik, die dort vorübergehend als Vertretung arbeitete. Sie war ungefähr 45 Jahre alt. Sie summte, während sie mich auf der Liege zurechtrückte und die Spritze vorbereitete.

»Alles klar!«, sagte sie und spritzte Phils Zellen in mich hinein. »Ein neues Leben beginnt.«

Und damit empfingen wir – einfach so – zum ersten Mal. Schon in diesen allerersten Wochen war mein ganzes Empfinden von der Freude durchdrungen, ein lebendes Wesen in mir zu tragen. Phil und ich wurden Eltern! Ich trug ein winziges Lichtlein in mir und spürte seine Wärme, seine Hoffnung und sein Versprechen. In wenigen Monaten würden wir einem absolut einzigartigen kleinen Menschen begegnen, den wir bereits über alles liebten. Die stete, alles verzehrende Liebe für unser Kind verlieh selbst den banalen Augenblicken des Lebens – wenn ich Geschirr spülte, die Post vom Küchentisch nahm oder in mein Büro an der Columbia University fuhr – eine innere Bedeutung.

In der Nacht vor der ersten Ultraschalluntersuchung träumte ich, ich stünde in meinem Elternhaus in St. Louis in der Küche mit der rosa Blümchentapete, wo ich so viel Zeit mit meiner Mutter verbracht hatte – an diesem Ort der Nahrung und des Lebens, an dem so gut für mich gesorgt worden war. Im Traum stehe ich anstelle meiner Mutter am Spülbecken. Mit einem Mal werde ich von einem Gefühl unbändiger Trauer überwältigt. Ich sinke auf die Knie und rufe: »Er ist tot, und ich habe ihn nie kennengelernt.«

Ich wachte erleichtert auf. Es war nur ein Traum gewesen. Ein Albtraum. Eindringlich und traurig, aber nicht wahr. Ich streichelte meinen Bauch. Phil gegenüber erwähnte ich den Traum nicht. Damit würde ich ihm zu viel Bedeutung verleihen. Während ich duschte und mich anzog, dachte ich immer wieder:

»Ich bin schwanger!« Die Reste des Traums, die noch in meinem Kopf herumspukten, blendete ich aus, schüttelte ich ab. »Ich bin schwanger!« Als ich unterwegs zur Ultraschalluntersuchung in der Klinik war, hatte ich die Trauer des Traums vertrieben. Weggewischt.

Das kalte Gel kitzelte, als die Assistentin mit dem Ultraschallkopf über meinen Bauch fuhr. Ich war außer mir vor Freude über die Aussicht, gleich einen ersten Blick auf unser Kind werfen zu können. Ich lag in dem abgedunkelten Raum, schloss die Augen und spürte, wie der Ultraschallkopf über meine Haut glitt.

Dann stockte er. »Ich hole mal die Frau Doktor«, sagte die Assistentin.

Mein nackter Bauch fühlte sich kalt an. Ich bekam Gänsehaut an den Armen, während ich auf die Ärztin wartete. Sie kam mit energischen Schritten herein, fuhr mit dem Ultraschallkopf ein paarmal über meinen Bauch und sagte dann sachlich: »Das Herz des Babys hat aufgehört zu schlagen.«

Mit einem Mal war das Licht erloschen. Meine Ärztin konnte keinen medizinischen Grund finden, weshalb mein Körper die Schwangerschaft nicht erhalten hatte. Der Verlust war furchtbar. Da war Leben gewesen, und nun war es nicht mehr da.

Ich musste nach Hause fahren und es Phil sagen. Als ich die Worte sprach, krümmte er sich zu einer Kugel zusammen. Ich hielt ihn in meinen Armen, während er von Weinkrämpfen geschüttelt wurde. Ich hatte ihn noch nie so weinen sehen.

Meine Freundinnen, von denen viele schwanger waren oder kleine Kinder hatten, sprachen mir Mut zu. »Wenn du schon einmal schwanger warst«, sagten sie, »ist es viel leichter, wieder schwanger zu werden.«

Doch nichts geschah. Phil und ich blieben weiter auf unseren Kinderwunsch fixiert. Aber das, was wir uns so sehnlich wünschten, passierte einfach nicht. Wir suchten zunächst nach Kinderwunschexpertinnen und -experten in ganz Manhattan und anschließend hartnäckig weiter entlang der Ostküste nach Norden und Süden – fest entschlossen, den richtigen Arzt oder die richtige Klinik zu finden. Ich rief Frauen an, mit denen ich auf der Highschool gewesen war und die mit einer In-vitro-Fertilisation Erfolg gehabt hatten. Wenn ihr Arzt in Boston war, ging ich nach Boston.

Einmal schliefen wir am Wochenende bei meinen Eltern in Boston, damit ich dort frühmorgens einen Termin wahrnehmen und noch am gleichen Nachmittag zu Hause unterrichten konnte. Als ich ins Arbeitszimmer ging, um etwas aus dem Schrank zu holen, entdeckte ich, dass er voller Babykleidung war. Kleine Kombinationen in Blau und Rosa und Gelb, die vom Säuglingsalter bis zu einem Jahr der Größe nach sortiert waren. Offenbar hatte meine Mutter sofort, nachdem ich ihr die frohe Kunde von meiner Schwangerschaft überbracht hatte, mit Einkäufen für ihr Enkelkind begonnen. Der volle Schrank, die ganze weggepackte Hoffnung, die Vorfreude auf einen heiligen kleinen Menschen, dessen Zeit noch nicht gekommen war. Es zerriss mich innerlich.

Noch schlimmer waren die quälenden Minuten auf dem Stuhl, nachdem wir einen weiteren Versuch unternommen hatten, wenn der mit Gel versehene Ultraschallkopf über meinen Bauch glitt und wir angespannt darauf warteten, einen Herzschlag zu hören. Das Warten auf etwas, was niemals kam, wurde für uns zum Normalzustand.

Ich lief durch die malerischen Straßen der kleinen Städte Connecticuts und sah Menschen, die Kinderwagen vor sich herschoben und Kleinkinder an den Händen hielten. Ich ging zu den Babypartys meiner Freundinnen und versuchte, nicht zusammenzuzucken, wenn sie die prächtigen kleinen Baby-Outfits aus den mit Seidenpapier ausgeschlagenen Schachteln nahmen. Wir machten mit den Kinderwunschbehandlungen weiter, die nach wie vor erfolglos blieben. Dann holte ich immer sofort meinen Kalender heraus und vereinbarte den nächsten Termin. Aber ich wurde nicht schwanger. Und je mehr ich mich nach einem Kind sehnte, desto niedergeschlagener und leerer fühlte ich mich nach jeder neuen Enttäuschung. Ich wusste, dass ich feststeckte. Aber ich wusste nicht, wie ich den Modus ändern konnte.

Und so saßen Phil und ich zu Beginn des Jahres 2000 in einer weiteren Kinderwunschklinik. Dieses Mal handelte es sich um diejenige der University of Pennsylvania in Philadelphia, wo die Wissenschaftler zu Hause waren, welche die Seeigel von Woods Hole erforscht und die In-vitro-Fertilisation erfunden hatten.

Der Arzt sagte: »Selbstverständlich können wir dafür sorgen, dass Sie schwanger werden.«

Ich wusste nicht mehr, wie oft ein angesehener Arzt in einer erstklassigen Klinik genau die gleichen Worte zu mir gesagt hatte. Ich versuchte, mein Bauchgefühl zu ignorieren, dass er falschlag, dass ich jedes Mal an die verkehrte Tür klopfte, wenn ich in der Hoffnung, Mutter zu werden, in eine Kinderwunschklinik ging. Nicht nur meine Intuition, auch mein Körper riet mir aufzuhören. Ich hatte schon so viele Spritzen bekommen, dass mein Bauch geschwollen und mit blauen Flecken übersät war, und ich befürchtete, dass die ganzen Hormone mich krank machen würden.

Aber da niemand einen physiologischen Grund finden konnte, weshalb ich nicht schwanger wurde, sagte ich mir, dass ich die Hoffnung nicht aufgeben sollte. »Dieser Arzt hat eine tolle Erfolgsquote«, beharrte mein Gehirn. Ich unterschrieb die Formulare und Verzichtserklärungen, nahm die Medikamente, und der Arzt setzte einen Embryo in meine Gebärmutter ein.

Ich musste Bettruhe halten, und Phil blieb aus Solidarität bei mir im Hotelzimmer. Wir waren in einem wunderschönen Haus am Rittenhouse Square untergebracht und hatten ein Zimmer mit Blick auf einen friedlichen Park. Wir machten es uns gemütlich, bestellten etwas zu essen und suchten nach einer schönen Sendung im Fernsehen. Aber als Phil umschalten wollte, reagierte die Fernbedienung nicht. Wir waren gezwungen, uns einen Sender anzusehen, der eine bedrückende Dokumentation zeigte, die auf einer Müllhalde in Rio de Janeiro gedreht worden war. Ein kleiner Waisenjunge stand auf einem Müllhaufen und wurde mithilfe eines Dolmetschers interviewt.

»Es ist mir egal, dass ich nicht in die Schule gehen kann«, sagte er. »Es ist mir egal, dass ich auf einer Müllhalde lebe. Aber dass *mich niemand liebhat*, tut so weh, dass ich Klebstoff schnüffle, damit der Schmerz vergeht.«

Mir stockte der Atem. Ich sah Phil an.

Er sagte es zuerst: »Irgendwo da draußen gibt es ein Kind für uns.«

Ich wusste nicht, was es zu bedeuten hatte, dass wir den Waisenjungen im Fernsehen gesehen hatten oder ob sich unsere äußeren Bemühungen um ein Kind dadurch irgendwie verändern würden. Ich hatte immer noch den verzweifelten Wunsch, schwanger zu werden. Aber es fühlte sich auch bedeutsam an, dass ich in diesem Augenblick die Geschichte des Waisenjungen gesehen hatte. Es war ein Hoffnungsschimmer – die Erkenntnis, dass der Junge und ich Teil der gleichen Realität, des gleichen Ganzen waren.

Als die In-vitro-Fertilisation erneut fehlschlug, regte sich die vertraute Verzweiflung in mir. Doch die Dunkelheit war von einem neuen Gefühl durchzogen – einem Gefühl der Neugier darauf, wie sich die Dinge entfalten würden.

Etwas später im gleichen Jahr kam ich eines Nachmittags von einer weiteren In-vitro-Fertilisation nach Hause, bedrückt von dem vertrauten Gefühl, dass es nicht klappen würde. Ich war benommen und nicht ganz auf der Höhe, als ich zur Haustür ging. Zufällig schaute ich nach unten und sah etwas auf der Schwelle liegen: schwarz, feucht, so groß wie ein Finger. Ich bückte mich, um es mir genauer anzusehen. Ein Schnabel und winzige Schwimmfüße hingen schief davon weg. Es war ein Entenembryo. Sanft schob ich ihn mit einem Brief auf die Erde neben der Tür.

Dann legte ich mich vollständig angezogen ins Bett und machte ein langes deprimierendes Nickerchen. Mir graute davor, wenn Phil nach Hause kam, und mir graute vor dem nächsten Frauenarzttermin, wenn wir vermutlich wieder erfahren würden, dass der Embryo sich nicht eingenistet hatte; dass es ihm nicht gelungen war, eine Heimat zu finden.

Schließlich erwachte ich von einem hartnäckigen Klopfen, das laut und deutlich vor dem Hintergrundrauschen des dahineilenden Flusses zu hören war. Als ich vorn zum Fenster hinaussah, entdeckte ich, dass eine ausgewachsene Ente mit dem Schnabel an die Tür pochte. »Klopf, klopf, klopf!« Ich öffnete und sah, dass die Entenmutter mir ein Geschenk gebracht hatte: einen dicken, saftigen Wurm. Sie ließ ihn auf die Türschwelle fallen und watschelte wieder zurück zum Fluss.

In jenem Augenblick gelangten meine Innen- und meine Außenwelt auf eine Weise zur Deckung, die mir zu bedeutsam erschien und zu unwahrscheinlich war, um Zufall zu sein. Ich fühlte mich von einer größeren Ordnung oder Lebenskraft geleitet. In jenem Augenblick sah ich in der Entenmutter den Beweis für die tiefe Verbindung, die zwischen Lebewesen möglich ist, für ein Gefühl des Einsseins, ja sogar der Hoffnung.

KAPITEL 7

Wenn Innen und Außen zur Deckung gelangen

Nachdem die Ente an meine Tür geklopft hatte, ergaben sich weitere Synchronizitätsmomente. In New York sagte aus heiterem Himmel ein Fremder im Bus zu mir: »Sie sehen aus wie der Typ Mutter, der um die ganze Welt reist und alle möglichen Kinder adoptiert.«

Ein paar Tage später rief Mama an. Sie engagiert sich häufig ehrenamtlich in dem Vorort von Boston, in dem meine Eltern wohnen, und hatte mit einer Frau an einem Projekt gearbeitet, deren Mitwirkung zu wünschen übrig gelassen hatte.

»Normalerweise hätte ich nichts gesagt«, erzählte sie. »Ich hätte einfach weiter meine Arbeit gemacht. Aber ich erledigte 90 Prozent, und das war zu viel. Ich war kurz davor, sie darauf anzusprechen, als sie mir erzählte, dass sie ein Baby aus Russland adoptiert und deshalb gerade sehr viel um die Ohren habe. Sie hat mich eingeladen, um ihn mir zu zeigen. Robert Abraham. Ein wunderschöner kleiner Junge und kerngesund. Ein richtiger Schatz.«

Eine Synchronizität baute auf die andere auf. Als sei dadurch, dass ich die Synchronizität bei dem Waisenjungen im Fernsehen und dann noch einmal bei der Entenmutter bemerkt hatte, der Weg für die Wahrnehmung immer weiterer Synchronizitäten frei geworden. Ich hatte das Gefühl, mich wie auf einer archetypischen Heldenreise ganz allmählich für die Führung der Helfer und Heiler auf meinem Weg zu öffnen. Ich wurde mir der, wie die Wanderer auf dem Pacific Crest Trail und dem Appalachian Trail sagen, »Trail Angels« bewusst – der Menschen, die müden Wanderern etwas zu essen anbieten, ihnen helfen und eine Verschnaufpause gönnen. Ich hatte noch einen langen, ungewissen Weg vor mir. Aber ich fühlte mich nicht mehr allein. Ich konnte spüren, dass ich auf meinem Weg von der Hilfe und Fürsorge anderer umgeben war.

Doch im Bereich der Psychologie gab es keine Erklärung für das, was mir in meinem Leben oder im Rahmen meiner Arbeit widerfuhr. Es gab kein Modell, um hinreichend zu beschreiben oder zu erklären, was für eine erhebende Leichtigkeit ich empfand, wenn eine Übereinstimmung zwischen meiner Innen- und meiner Außenwelt entstand. Dieser Auftrieb war nicht die Folge davon, dass ich bekam, was ich wollte, sondern davon, dass ich meinen Platz in der Welt plötzlich mit anderen Augen sah. Die Psychologie hatte eine, wie es schien, sehr begrenzte Auffassung von Heilung: dass wir uns die Welt ansehen und uns einen Sinn zusammenreimen, dass wir uns besser fühlen, wenn wir die Möglichkeit haben, den Dingen in unserem Leben einen positiveren Sinn zu verleihen. Auf meinem Weg zum Wunschkind und bei der Behandlung von Patienten sah ich weniger, dass wir heilen, indem wir der Welt einen positiveren Sinn *überstülpen*. Ich sah vielmehr, dass wir uns Richtung Genesung bewegen, wenn uns – für gewöhnlich infolge von Schwierigkeiten – ein größerer Sinn *offenbart* wird. Offenbar war die Synchronizität eine Möglichkeit, wie selbst in der Dunkelheit und im Leid ein neues Empfinden der Welt auf- oder durchscheinen konnte.

Inzwischen war ich Professorin am Teachers College der Columbia University und hatte ein Seminar zum Thema »Spiritualität und Psychologie« entwickelt – das erste Angebot seiner Art an einer amerikanischen Eliteuniversität. Als ich das Seminar zum ersten Mal unterrichtete, trug ich den Studierenden zu Semesterbeginn auf, über eine Situation zu schreiben, in der sie auf ihr tiefes inneres Wissen vertraut und intuitiv verstanden hatten, dass etwas von Bedeutung war, obwohl niemand sie darauf aufmerksam gemacht oder andere nicht ihrer Meinung gewesen waren. Woche für Woche erschienen die Studierenden mit leeren Händen. »Könnten Sie uns diese Übung noch etwas genauer erklären?«, fragten sie dann. »Wir wissen nicht genau, was Sie wollen. Was meinen Sie mit ›Wissen‹?« Woche für Woche wiederholte ich die Aufgabe: »Ich möchte, dass ihr eine Situation schildert, in der ihr wusstet, dass etwas wahr ist, obwohl andere vielleicht gesagt haben, dass ihr falschliegt oder euch irrt.«

Nachdem wir uns fünf oder sechs Wochen lang im Kreis gedreht hatten, hob eine junge Frau mit dunklen Locken die Hand. »Das ist interessant«, sagte sie. »Sie erklären uns diese Aufgabe ganz genau, und eine Woche später kommen wir wieder mit lauter Fragen an und bitten Sie, alles noch einmal zu erklären. Ich glaube, das liegt daran, dass wir in der ganzen Zeit vom Kindergarten über das Studium bis hin zu diesem weiterführenden Studium immer versucht haben herauszufinden, was der Lehrer oder Professor von uns erwartet, und zu verstehen, welche Konzepte wir lernen sollen. Und weil wir uns schon so lange den Kopf darüber zerbrechen, was wir denken sollen, wissen wir nicht mehr, was wir denken.« Sie machte auf die Ironie aufmerksam, dass wir mit zunehmender Bildung immer mehr verlernen, auf unser Wissen zu vertrauen.

Was geschieht, wenn wir erstmals zu würdigen lernen, dass unsere Wahrnehmungen echt sind – oder uns daran erinnern? Darauf vertrauen, dass es viele Arten von Wissen gibt? Die Synchronizität schien mir eine gute Möglichkeit zu sein, jene Funken inneren Wissens zu beleuchten und zu würdigen; jenes Aufblitzen von Sinn oder Erkenntnis, das aus heiterem Himmel zu kommen schien.

Von Synchronizität spricht man wie gesagt, wenn zwei kausal scheinbar unzusammenhängende Ereignisse auf der Sinn- oder Bewusstseinsebene miteinander verbunden sind. Der Schweizer Psychiater C. G. Jung erwähnte drei Arten von Synchronizität:

---

1. Verschiedene Begebenheiten in der Innen- und Außenwelt sind gemeinsamer Ausdruck des gleichen Ereignisses (als ich etwa davon träumte, das Baby zu verlieren, und am nächsten Tag einen Abgang hatte).
2. Zwei oder mehr äußere Begebenheiten sind gemeinsamer Ausdruck des gleichen Ereignisses (als sowohl der Mann im Bus als auch meine Mutter mir gegenüber von Auslandsadoption sprachen).
3. Die Erlebnisse verschiedener Menschen sind gemeinsamer Ausdruck des gleichen Ereignisses (als der Waisenjunge im Fernsehen von seinem Wunsch sprach, geliebt zu werden, und Phil und ich gleichzeitig auf der Suche nach einem Kind waren, das wir lieben konnten).

Nach einem rein mechanistischen Lebensverständnis können zwei voneinander getrennte Ereignisse niemals Teil eines Ganzen sein. Sie haben entweder nichts miteinander zu tun oder sind direkt in Form von Ursache und Wirkung verbunden. Jung dagegen deutete zweierlei an: erstens, dass zwei mechanistisch voneinander getrennte Ereignisse auf der Ebene des Bewusstseins in Wirklichkeit eins sind, und zweitens, dass eigentlich kein Unterschied zwischen Innen- und Außenwelt besteht.

Meine Studierenden und ich begannen, Synchronizität als Element spirituellen Erwachens zu erforschen. Die Studentin Lydia Cho – die später als Psychologin und Neuropsychologin an das der medizinischen Fakultät der Harvard University angegliederte McLean Hospital gehen sollte – entwickelte eine Studie zur Synchronizität.[15] Sie führte am Anfang und am Ende eines Seminars halbstrukturierte Interviews, in denen sie die Aufmerksamkeit auf diese Erfahrung lenkte, die sie anschließend analysierte. Dabei stellte sie fest, dass, je größer das Synchronizitätsbewusstsein der Teilnehmenden war, sie desto mehr Synchronizität erlebten. Je mehr Aufmerksamkeit wir der Synchronizität schenken, desto augenfälliger wird sie – als würde sie an Fahrt aufnehmen und häufiger und üppiger zutage treten, wenn unser Blick besser dafür geschärft ist.

Cho entdeckte auch, dass eine gesteigerte Synchronizitätswahrnehmung mit einem stärkeren spirituellen Bewusstsein – und einer besseren psychischen Gesundheit – einhergeht. Je mehr wir uns darin üben, unser Bewusstsein zu weiten, desto besser können wir Synchronizität wahrnehmen. Und wenn wir sie erkennen, verstärkt dies wiederum unsere spirituelle Orientierung – und das Bewusstsein von Führung, Einheit und Verbundenheit in unserem Leben.

Ich wollte wissen, warum das so war und wie es funktionierte.

Seither entwickelten Dr. Marc Berman und sein Team an der University of Chicago eine Reihe von Studien zum Thema »Aufmerksamkeit«.[16] Dabei zeigten sie: Wenn wir uns auf ein vorab festgelegtes Ziel oder eine Idee konzentrieren und uns dann umsehen, betrachten wir unsere Umgebung unter diesen Gesichtspunkten. Sobald wir uns dieser Top-down- oder konzeptgesteuerten Wahrnehmung bedienen, filtert sie, was wir sehen. Das ist einerseits hilfreich. Das Ziel oder die Idee tragen dazu bei, unseren Fokus so zu schärfen, dass wir die Dinge wahrnehmen, die dafür von Bedeutung sind. Andererseits schränkt das Ziel oder die Idee unser Wahrnehmungsfeld auch ein. Unser Gehirn ignoriert alles, was nicht dazu passt. Wenn Sie zum Beispiel morgens mit dem Gedanken an eine Spazierfahrt erwachen, werden Sie bereits nach Schlüssel und Sonnenbrille Ausschau halten, während Sie sich im Zimmer umsehen, und Sie werden sich fragen, ob Sie vor dem Start noch Kaffee kochen oder sich unterwegs eine Tasse kaufen sollen. Sie aktivieren Ihre Top-down-Aufmerksamkeit und schränken damit Ihre Beobachtungen und Gedanken so ein, dass sie Sie bei Ihrem Vorhaben unterstützen, zu Ihrem Ausflug aufzubrechen. Dies ist eine hilfreiche Art und Weise, die Welt zu betrachten. Sie ermöglicht es uns, aktiv zu werden – und das Haus zu verlassen, ohne von den Schlagzeilen der Nachrichten oder dem schmutzigen Geschirr oder allen möglichen anderen Dingen abgelenkt zu werden, die unsere Aufmerksamkeit kapern könnten.

Doch die Top-down-Wahrnehmung ist nicht die einzige Möglichkeit, die Welt zu sehen. Sie ist auch nicht immer die optimale. Zuweilen sind wir mit der Bottom-up- oder datengesteuerten Wahrnehmung besser bedient. Sie ist eine offenere und gegenwärtigere Art zu sehen, was ist. Da Sie in diesem Fall nicht nur den Raum scannen und sich selektiv den Dingen widmen, die Ihren Zielen dienen, ist die Bandbreite der Wahrnehmung größer. Das, was am auffälligsten ist oder die größte emotionale Relevanz besitzt, springt Ihnen ins Auge. Während

Sie zum Beispiel ein ungutes Gefühl wegen der miesen Kommunikation mit Ihrem Bruder haben, kommen Sie auf dem Gehweg an jugendlichen Geschwistern vorbei und werden an Ihre eigene geschwisterliche Beziehung erinnert, als Sie aufwuchsen. Oder nachdem Sie eine Flut von Trotzanfällen Ihres Kindes umschifft haben, erinnert Sie eine Mutter, die ihrem Baby im Einkaufswagen etwas vorsingt, an die Freuden des Elternseins. Das, was Sie sehen, kann das Karussell der vertrauten Gedanken und Sorgen in Ihrem Kopf anhalten oder Sie auf einen blinden Fleck aufmerksam machen. Die neue Beobachtung scheint emotionalen Reichtum oder Bedeutung zu haben, zeigt Ihnen eine neue Richtung und veranlasst Sie vielleicht dazu, neue Einsichten zu gewinnen oder Neues auszuprobieren. Bermans Studie und ähnliche Untersuchungen unterstützen die Vorstellung, dass wir, indem wir lernen, unsere Bottom-up-Aufmerksamkeit zu aktivieren, möglicherweise unseren »Wahrnehmungsmuskel« stärken, was es uns nach dem Verständnis von Chos Arbeit wiederum erleichtert, Synchronizität zu erkennen.

Synchronizität ist nicht nur eine Frage der Wahrnehmung oder des Bewusstseins. Sie ist auch ein physisches Phänomen – etwas, was es tatsächlich gibt. In einem Augenblick persönlichen Verlusts fand ich tatsächlich einen Entenembryo auf meiner Schwelle, und zwar genau am gleichen Tag und nicht Wochen oder Monate oder Jahre davor oder danach. Eine Entenmutter hatte wirklich einen Wurm an die Tür gebracht. Im Bus hatte ein Fremder, der unmöglich von meinen Schwierigkeiten wissen konnte, von Auslandsadoption gesprochen. Viele von uns machen solche Erfahrungen. Möglicherweise müssen wir plötzlich an jemanden denken, den wir seit einer Ewigkeit weder gesehen noch gesprochen, ja an den wir vielleicht nicht einmal gedacht haben, um ihn am nächsten Tag auf einer belebten Straße zu treffen. Vielleicht greifen wir genau in dem Moment zum Telefon, um eine Freundin anzurufen oder ihr eine Nachricht zu schicken, in dem sie anruft oder eine Nachricht schickt, und es gibt keinen äußeren Umstand, der den »Zufall« erklären kann.

Es leuchtet ein, dass wir synchronizistische Ereignisse eher bemerken, wenn wir die Bottom-up-Wahrnehmung aktivieren. Doch was *verursacht* Synchronizität überhaupt? Was sorgt dafür, dass unsere innere und unsere äußere Realität in einer vermeintlich zufälligen, unwahrscheinlichen Fügung zur Deckung gelangen?

Seit Isaac Newton Ende des 17. Jahrhunderts die Grundlagen der klassischen Physik veröffentlichte, wissen wir, dass mathematische Gleichungen die grundlegenden Eigenschaften der physikalischen Welt regeln und erklären. Wir können vorhersagen, was geschehen wird, wenn wir einen Ball werfen, an einer Kurbel drehen oder anderweitig auf die Welt einwirken. Wir verfügen über nützliche, korrekte und schlüssige Informationen über das Verhalten der physikalischen Welt. So sind zum Beispiel Newtons innovatives Verständnis der Schwerkraft und seine Bewegungsgesetze, die zur damaligen Zeit revolutionär waren, heute unverrückbare Grundlagen unseres Wissens, wie die Welt funktioniert.

Doch vor über hundert Jahren entdeckten Physiker, dass Newtons klassische Physik nicht immer funktioniert. Sie greift bei alltäglichen Objekten, die sich mit alltäglichen Geschwindigkeiten bewegen. Sie greift jedoch nicht, wenn wir das Verhalten von sehr kleinen (Elektronen und Teilchen), sehr großen (Gestirne) oder sehr komplexen Dingen (lebendige Systeme) vorhersagen oder beschreiben möchten. Da es der klassischen Physik nicht gelang, die gesamte Realität korrekt zu beschreiben, entstand ein neuer Zweig der Physik – die Quantenphysik. Die Quantentheorie erklärt das überraschende Verhalten von Elektronen und Teilchen – die Dinge, die wir über grundlegende Aspekte unserer Welt erst dann in Erfahrung brachten, als wir anfingen, Fragen zur physikalischen Welt in immer kleinerem und immer größerem Maßstab zu stellen. Die Quantenphysik ermöglichte große technische Fortschritte wie die Entwicklung von Computern, Digitalkameras, Lasern und LEDs. Möglicherweise kann sie auch helfen, die physikalischen Eigenschaften der Synchronizität zu erklären.

Einer der ersten Wissenschaftler, die einen wesentlichen Aspekt der Quantenphysik beleuchteten, war der britische Physiker Thomas Young. Obwohl er streng innerhalb des Paradigmas der klassischen Physik arbeitete, offenbarte sein Doppelspaltexperiment im Jahr 1801 ein Prinzip, das sich später als eines der wichtigsten der Quantenphysik erweisen sollte: dass Materie sich wie Wellen verhalten kann und umgekehrt. Damals war man sich weitgehend einig, dass Licht aus Teilchen bestand. Young richtete eine Lichtquelle auf einen Pappkarton mit zwei schmalen parallelen Schlitzen und stellte einen Schirm dahinter auf, weil er sehen wollte, was geschah, wenn das Licht die Schlitze passierte. Doch dabei entdeckte er Überraschendes: Das Licht erzeugte nicht wie erwartet zwei klar umrissene Flecken auf dem Schirm, die in Größe und Form den beiden Schlitzen entsprachen. Stattdessen erzeugte das Licht, das durch die Schlitze fiel, ein Muster aus hellen und dunklen Streifen auf dem gesamten Beobachtungsschirm. Young schloss daraus, dass die Streifen von einem Interferenzmuster verursacht wurden, das entstand, wenn zwei Lichtwellen die Schlitze gleichzeitig passierten. Die hellen Streifen waren die Stellen, an denen sich die Wellen gegenseitig verstärkten; die dunklen Streifen waren die Stellen, an denen sich die Wellen gegenseitig auslöschten. Ein solches

Interferenzmuster war nur möglich, wenn Licht aus Wellen und nicht aus Teilchen bestand.

Doch wie sich herausstellte, ist es nicht so einfach. Licht verhält sich nicht *entweder* wie Teilchen *oder* wie Wellen, sondern wie beides. Spätere Doppelspaltexperimente ergaben, dass man erkennen konnte, wie einzelne Photonen die Schlitze unabhängig voneinander passierten und das Licht in Form von einzelnen Punkten vom Schirm absorbiert wurde, als würde er von einzelnen Teilchen getroffen und nicht von einer Welle überspült. Noch größer war die Überraschung, als Wissenschaftler Anfang des 20. Jahrhunderts Doppelspaltexperimente mit Elektronen – winzigen Materieteilchen – anstellten und dabei entdeckten, dass sie den gleichen Welle-Teilchen-Dualismus zeigten. Inzwischen wissen wir, dass dies auch für Atome und Moleküle gilt. Alle physikalischen Objekte verhalten sich wie Wellen *und* wie Teilchen.

Doch wie ist das möglich? Teilchen und Wellen scheinen von Natur aus widersprüchlich zu sein. Teilchen sind lokalisiert, ihre Position in Raum und Zeit ist messbar. Ein Teilchen ist wie ein winziger Tennisball. Es kann selbst in Bewegung immer nur an einem Ort und nicht an mehreren gleichzeitig sein und bewegt sich stets auf einer mess- und berechenbaren Flugbahn. Wellen dagegen sind nicht lokalisiert. Sie fließen auseinander und dehnen sich aus; sie existieren an mehr als einem Ort gleichzeitig. Ihre Frequenz lässt sich messen, aber sie sind nicht klar zu lokalisieren.

Die Quantentheorie löst dieses Paradox mit der Behauptung, dass Wellen die Grundlage der gesamten Realität seien, dass sich auf einer grundlegenden Ebene alles wie Energiewellen und »Zufall« verhalten würde. Bevor Teilchen zu Teilchen mit einer exakten Position oder Energie oder Geschwindigkeit werden, sind sie Wellen – und existieren simultan in allen möglichen Zuständen.

Bevor Teilchen zu Teilchen werden, sind sie Quantenwellen und werden durch abstrakte mathematische Wellenfunktionen dargestellt, die alle möglichen Messungen abbilden, die wir an dem Objekt vornehmen können (Position, Energie, Geschwindigkeit und so fort) sowie die Wahrscheinlichkeit, ein bestimmtes Messergebnis zu erhalten – dass wir das Objekt an einem bestimmten Ort finden, *wenn wir hinsehen*. Doch wie wird aus einer Quantenwelle ein lokalisiertes Teilchen? Das wissen wir nicht. Wir könnten auch sagen, wenn eine Wellenfunktion kollabiert und zu einem Teilchen mit genauer Lokalisierung wird, hat sich nur ein einziger Faktor verändert: dass wir sie messen, dass wir ihr, anders ausgedrückt, Aufmerksamkeit schenken. Es ist der Akt des Messens selbst, der die Welle messbar macht, der ihr eine konkrete, lokalisierte Präsenz verleiht. *Durch unsere Beobachtung* beginnt etwas, was in der Quantenrealität existiert, auch in der Alltagsrealität zu existieren. Unsere Aufmerksamkeit lässt die Welle der Möglichkeiten zu einem einzelnen Punkt kollabieren.

Der Physiker Werner Heisenberg beschrieb auf andere Weise, wie die Intervention unserer Aufmerksamkeit die Wirklichkeit verändert. Laut der Heisenbergschen Unschärferelation, formuliert im Jahr 1927, ist es nicht möglich, zur gleichen Zeit *sowohl* den Ort *als auch* den Impuls eines Teilchens genau zu messen. Das liegt daran, dass Sie durch die Beobachtung das von Ihnen gemessene System zwangsläufig stören. Aufgrund der Wellenqualität aller Objekte ist die *Unbestimmtheit* fester Bestandteil des Gefüges der Realität. Indem man einen Aspekt der Wirklichkeit mit Gewissheit bestimmt, geraten andere dadurch in Fluss. Wenn man eine Sache weiß, verliert man andere aus den Augen. Zwei Dinge, die scheinbar unabhängig voneinander sind, sind in Wirklichkeit miteinander verbunden; sie sind Ausdruck eines Ganzen.

Neben dem Welle-Teilchen-Dualismus und der Unschärferelation revolutionierte noch eine dritte Quanteneigenschaft die klassisch Newtonsche Sicht der Realität: die Quantenverschränkung. Albert Einstein und seine Kollegen Boris Podolsky und Nathan Rosen diskutierten die Verschränkung im Jahr 1935 erstmals in der Theorie; ab dem Jahr 1964 zeigten die Wissenschaftler John Bell, Alain Aspect und andere sie auch auf experimentelle Weise. Zur Verschränkung kommt es, wenn Teilchen so eng miteinander verbunden sind, dass das, was mit dem einen geschieht, auch mit dem anderen geschieht – selbst wenn sie Lichtjahre voneinander entfernt sind.

Bei einem Elektronenpaar, das gemeinsam entstanden ist, wird beispielsweise das eine Elektron einen aufwärtsgerichteten und das andere einen abwärtsgerichteten Spin (»Drehung«) haben. Bei beiden steht die Spinrichtung aber erst dann endgültig fest, wenn sie gemessen wird. Sie befinden sich in Superposition: Ihre Spins sind *sowohl* miteinander verbunden *als auch* unbekannt. Man kann es sich auch so vorstellen, dass beide Elektronen *sowohl* einen Aufwärts- *als auch* einen Abwärtsspin haben, bis ihr Spin gemessen wird. Werden sie freilich zuerst voneinander getrennt und dann gemessen, hat jedes von ihnen einen klar bestimmten und bekannten Spin, und man wird immer einen Aufwärtsspin beim einen und einen Abwärtsspin beim anderen messen. Wie also wird aus einem unbestimmten ein klar bestimmter Spin? Und woher »wissen« die Elektronen, dass ihr Spin in Beziehung zum Spin ihres Partnerelektrons stehen muss?

Die Verschränkung verwirrte Einstein so sehr, dass er sie als »spukhafte Fernwirkung« bezeichnete und sein Leben lang behauptete, eine verborgene Variable müsse für die allem Anschein nach unmittelbare Kommunikation zwischen Elektronen verantwortlich sein, die zu weit voneinander entfernt sind, um sich auf klassisch anerkannte Weise zu beeinflussen. Doch Einstein haderte mit einer gängigen Annahme, die so einleuchtend war, dass sie gar nicht wie eine Annahme wirkte. Zur damaligen Zeit wurde davon ausgegangen, dass die Realität räumlich begrenzt ist, dass ein Teilchen ganz und gar örtlich fixiert ist. Die Quantenphysik aber fragt: Was wäre, wenn wir keine Lokalität voraussetzten? Wenn Teilchen selbst dann verbunden wären, wenn sie räumlich voneinander getrennt sind? Wenn sich Teilchen *an mehr als einem Ort gleichzeitig* befinden könnten?

300 Jahre lang beruhte die Physik auf der Vorstellung, dass weit voneinander entfernte Objekte einander nicht direkt beeinflussen können. Dies wurde zum anerkannten Verständnis dessen, wie die Welt gemacht ist. Die Quantentheorie löst das scheinbare Paradox der Verschränkung durch die Nichtlokalität – das Verständnis, dass die Eigenschaften verschränkter Teilchen selbst dann miteinander korrelieren, wenn es unmöglich scheint, dass sie einander beeinflussen oder aufeinander einwirken. Seit dem Jahr 1964 zeigen zahlreiche Experimente, dass die Nichtlokalitätseffekte real sind. Die Quantenphysik besagt, dass wir zwei Teilchen nicht mehr als getrennt betrachten können; irgendwie sind sie Teil des gleichen Ganzen. Die Welt besteht nicht aus einzelnen Teilchen. Sie ist ein unteilbares Ganzes. Und unsere Aufmerksamkeit vermag beide Ausdrucksformen der Realität zu sehen: Punkt und Welle, Getrenntheit und Einheit.

Konnte die Quantenphysik als Erklärung oder Wegweiser dienen, wie und warum Synchronizität entsteht? Wenn Teilchen verschränkt – über gewaltige Entfernungen hinweg miteinander verbunden – waren und korrelierten, konnten dann auch aus vielen Teilchen bestehende Menschen untrennbar innig verschränkt sein? Und konnte es sich bei synchronistischen Erfahrungen um jene Momente handeln, in denen die Welle der Möglichkeiten als

Teilchen wahrnehmbar ist? Wenn der »Aufwärtsspin« eines anderen unseren »Abwärtsspin« bestimmt?

Konnte die Quantenphysik ein neues Paradigma für die Psychologie liefern? Die Möglichkeit, eine Wirklichkeit wahrzunehmen und sich darin zurechtzufinden, in der wir *sowohl* Teilchen *als auch* Wellen sind?

Martin Seligman erzählte mir einst von einem Symposium an der University of Pennsylvania. Einer der Referenten stellte Musik an, schaltete eine blinkende Weihnachtslichterkette ein und bat das Publikum, die Beziehung zwischen den Klang- und Lichtmustern herauszufinden. Die Zuhörenden warteten mit verschiedenen Theorien und unterschiedlichen Verhältnissen auf, um die Beziehung zwischen dem Takt der Musik und dem Aufflammen der Lichter zu beschreiben. Nachdem sie leidenschaftlich über ihre Theorien debattiert hatten, verriet der Referent, dass es eigentlich gar kein Muster gab, dass keinerlei Beziehung zwischen der Musik und den Lichtern bestand, dass man zufälligen und unverbundenen Elementen eine einende Bedeutung aufzwang, wenn man eine Beziehung herstellte, und dass Bedeutung unterstellt, nicht inhärent war.

Wie es schien, steckte die Psychologie an diesem Punkt in einer Weltsicht fest, die nicht weniger unvollständig war als die von Newton und durch drei Annahmen beschränkt wurde: erstens, dass unser Gehirn Gedanken erzeugt, zweitens, dass Bedeutung stets Interpretation ist, und drittens, dass wir uns besser fühlen können, wenn wir unser Denken neu ordnen – indem wir die Gedanken infrage stellen, die uns unglücklich machen, und deprimierende Gedanken durch einen neuen Rahmen ersetzen, der uns hilft, eine fröhlichere Geschichte zu erzählen. Doch was wäre, wenn das Gehirn Gedanken weniger erzeugt als vielmehr empfängt? Wenn es weniger ein Ideengenerator als vielmehr eine

Art Antenne oder Dockingstation für ein größeres Bewusstsein ist? Wenn wir unser Befinden tatsächlich dadurch verbessern können, dass wir dieses Bewusstsein entdecken und damit im Einklang sind? Wenn die Gefühle uns den Weg in die Welt weisen, wie sie wirklich ist?

Meine Entdeckungen zur Synchronizität enthielten auch einen wichtigen Hinweis zur Heilung: dass es, wenn wir uns besser fühlen möchten, nicht nur darum geht, neue Gedanken zu erzeugen und unglückliche Gedanken durch glücklichere zu ersetzen, sondern auch darum, das, was uns das Leben gerade zeigt, wahrzunehmen und uns damit in Einklang zu bringen. Das bedeutet nicht, wir bekämen klare oder offensichtliche Antworten auf vorab festgelegte Fragen. Das Leben ist kein Versandhaus. Wir schicken unsere Aufmerksamkeit nicht los, um daraufhin die bestellte Ware oder Antwort zu bekommen. Spirituelles Bewusstsein ist eine Haltung, keine Transaktion. Es gibt keine Garantie, dass wir bekommen, was wir wollen – oder zu wollen glauben. Wenn wir uns – zum Beispiel durch Synchronizität – spirituell bewusst werden, ist das ein Hinweis darauf, dass wir trotz der Ungewissheit im Einklang mit der Lebenskraft sind.

Als ich den Entenembryo entdeckte und den Wurm bekam, wurde ich im darauffolgenden Monat nicht schwanger. Ich gab den Wunsch, Mutter zu werden, nicht auf und gelangte auch nicht zu dem Entschluss, dass mein Leben ohne Kinder besser wäre. Ich erwachte aus einem deprimierten Nickerchen und erhielt einen unvermittelten Blick darauf, wie sehr ich mit allem verbunden, getragen, am richtigen Ort, auf meinem Weg, Teil des Felds des Lebens bin. Ich litt und fragte mich, ob ich ohne Kind weiterleben konnte, und hörte dann, wie das Leben im Grunde zu mir sagte: »Du bist von so viel Liebe und Beziehung und gegenseitiger Verbundenheit umgeben. Du bist Teil der Einheit des Lebens.« Die Depression hatte mich nicht daran gehindert, den größeren Zusammenhang zu erkennen. Sie war das Klopfen an der Tür.

Etwas später im Jahr 2000 saßen Phil und ich in einem kleinen Zimmer einer Adoptionsagentur in Pittsburgh. Die Wände waren vollgepflastert mit Fotos von lächelnden Familien aus allen Ecken der Vereinigten Staaten, die Babys und Kinder aus Russland adoptiert hatten. Nach dem jüngsten erfolglosen Versuch einer In-vitro-Fertilisation hatten Phil und ich uns erneut dem Impuls zugewandt, der sich in dem Hotelzimmer in Philadelphia geregt hatte, als wir den Dokumentarfilm mit dem Jungen auf der Müllhalde sahen, der sich nach Liebe sehnte. Auf der ganzen Welt gab es Kinder, die sich nach Liebe sehnten – und wir verzehrten uns danach, sie zu geben. Meine Mutter hatte den Kontakt zu der Agentur hergestellt, die ihrer Freundin Robert Abraham zur Adoption vermittelte. Die Agentur beharrte darauf, dass wir die ersten Formulare und Fragebögen zu Hause ausfüllen konnten. Aber nachdem wir uns dafür entschieden hatten, die Möglichkeit einer Adoption zu prüfen, wollte ich den Menschen in die Augen schauen, die uns möglicherweise dabei helfen würden, das passende Kind zu finden.

»Seien Sie ehrlich«, sagte die Dame von der Agentur. »Was wünschen Sie sich von einem Kind?« Sophie Gurel beugte sich ganz nah zu mir und sah mich durchdringend und direkt an. Die sechzigjährige Dame war die Tochter eines Rabbis und nahm die Suche nach dem passenden Kind für ein Elternpaar sehr ernst.

Ich betrachtete die Fotos der glücklichen Familien um uns herum. Da waren in Baumwolldecken gewickelte Säuglinge, Kleinkinder im Kinder- oder Bollerwagen, Schulkinder mit Zahnlücken, Teenager im Talar, die Abschlusszeugnisse schwenkten.

Aber eines war auf allen Aufnahmen zu sehen: Liebe. Mir kam der Gedanke, dass Liebe die Definition von Kindererziehung war, dass Mutter oder Vater zu sein bedeutete, in einer neuen Funktion zu lieben. Ich war so sehr auf das Ziel fixiert gewesen, endlich ein Kind zu haben – oder, ehrlich gesagt einfach schwanger zu werden –, dass ich den größeren Zusammenhang aus den Augen verloren hatte: Mutter oder Vater zu sein bedeutete, die größte Liebesgeschichte von allen zu leben.

»Die Hautfarbe des Kindes ist mir egal«, sagte ich. »Das Geschlecht des Kindes ist mir egal. Aber ich möchte bitte ein Kind, das *lieben* kann.«

Sie sah Phil an. »Was ist mit Ihnen?«

»Ich stimme Lisa in allen Punkten zu. Aber ...« Er grinste verlegen. »Aber ich hätte irgendwie gern ein Mädchen.«

An jenem Abend gewann das Profi-Eishockeyteam aus Pittsburgh ein Play-off-Spiel, und die Stadt explodierte. Es gab dröhnende Musik und Partys auf den Straßen. Wir machten einen Spaziergang und ließen uns von der Energie und dem Überschwang tragen. Zum ersten Mal seit meiner Jahre zurückliegenden ersten Schwangerschaft hatte ich das Gefühl, auf dem richtigen Weg zu sein.

Ein Kind zu erziehen heißt zu lieben. Vom Kopf her wusste ich das. Ich wusste es auch aufgrund der Art und Weise, wie meine Eltern mich liebten – der Herzlichkeit an unserem Tisch, Mamas leuchtenden Augen und ihrem melodiösen Lachen, wenn sie sich nach meinem Tag erkundigte, Papas steter Aufmerksamkeit und der Art, wie er langsam mit dem Kopf nickte, wenn er über etwas nachdachte, was ich gesagt hatte. Doch als ich an jenem Tag in der Adoptionsagentur in Pittsburgh saß, umgeben von unendlich liebevollen Familien, wurde es mir auf eine neue Weise bewusst. Die Liebe ist die Grundlage aller Dinge. Ich spürte, dass sie eine wesentliche Rolle auf meinem Weg zur Mutterschaft spielen würde.

Einige Nächte später hatte ich ein einschneidendes Erlebnis. Ich erwachte plötzlich aus einem tiefen Schlaf. Phil lag leise atmend neben mir. Der Raum wirkte, als sei er mit Helligkeit aufgeladen, obwohl kein Licht hereinschien, und ich spürte, dass etwas bei uns war, was ich nur als »Präsenz« bezeichnen kann. Mein Herz schlug schneller. Ich setzte mich senkrecht im Bett auf. Die Präsenz sprach zu mir. Es war nicht so, als würde ich die Worte hören. Aber ich spürte sie, spürte ihre Resonanz. Diese mächtige Präsenz fragte: »Würdest du ein Kind adoptieren, wenn du schwanger wärst?«

»Nein«, sprach ich in die Nacht hinein. Die Antwort war aus meinem Mund gekommen, noch bevor ich Zeit gehabt hatte, über die Frage nachzudenken. Aber ich wusste, dass es die Wahrheit war. Ich wollte ein Kind in mir tragen, einen Ausdruck der Liebe zwischen Phil und mir, ein Wesen, das all das weitertragen sollte, was wir von unseren Familien mitbekommen hatten, und das uns ähnelte: Ich wollte es mehr als alles andere.

Sofort nachdem ich gesprochen hatte, war die Präsenz verschwunden. Der Raum, den sie – wer oder was mir da auch erschienen war – eingenommen hatte, schloss sich wieder, und die Dunkelheit kehrte zurück.

KAPITEL 8

An alle verlorenen Söhne

»Aber Frau Professor«, zog meine Cousine Jane mich im Frühjahr 2001 auf. »Ich dachte, du wärst so schlau!«

Ich stand am Check-in-Schalter des Flughafens in Iowa und presste das Telefon der Schalterdame ans Ohr, orientierungslos von meinem Last-Minute-Flug nach Sioux City. Als ich aus dem Flugzeug auf die wackelige Metalltreppe getreten war, wurde ich überwältigt vom Geruch der fruchtbaren Prärie. Wenn das Meer so weit weg war, konnte man die Erde riechen – schwer, süß und unendlich vertraut, obwohl ich schon seit Jahren nicht mehr im Mittleren Westen gewesen war.

Der überraschende Abstecher war ein letzter verzweifelter Versuch in meinem Bemühen, Mutter zu werden. Jane hatte mich zu Hause angerufen und auf ihre nüchterne, unverblümte Art gesagt: »Wenn du immer noch ein Kind willst und wenn du wirklich verstehen willst, was vor sich geht, musst du hierherkommen. Morgen.« Sie war klinische Sozialarbeiterin und Therapeutin und arbeitete gelegentlich mit einer Gemeinschaft von Heilenden der Lakota in der Nähe zusammen, die sich zu einer eintägigen Zeremonie versammeln würden. Da sie dachte, sie könnten mir eine Art von Führung geben, die ich von der Schulmedizin nicht bekäme, hatte sie die Erlaubnis eingeholt, zusammen mit mir daran teilnehmen zu dürfen. Ich legte eine Hand auf meinen Bauch, auf den Flickenteppich aus Wülsten und blauen Flecken, der von den ständigen Spritzen kam. Ich konnte die erfolglosen In-vitro-Fertilisations-Behandlungen nicht mehr zählen und glaubte, dass weder Phil noch ich den Kreislauf ständiger Verluste länger ertragen konnten. War ich offen für eine andere Art der Intervention – für etwas, was himmelweit von meiner wissenschaftlichen Ausbildung entfernt war? Ich ging mit dem Telefon nach draußen, stand barfuß auf der Terrasse und beobachtete, wie der Fluss über die Felsen stürzte und sich das Abendlicht im aufgewühlten Wasser fing. »Ich komme«, sagte ich.

Aber der Anfang der Reise stand unter keinem guten Stern.

»Du bist im falschen Sioux«, hörte ich Jane am Flughafentelefon sagen.

Ich sollte in Sioux Falls in South Dakota sein, war aber nach Sioux City in Iowa geflogen, etwa 140 Kilometer davon entfernt.

»Klassischer Anfängerfehler«, sagte Jane. »Wenn du dich gleich ins Auto setzt, schaffst du es immer noch rechtzeitig zum Abendessen.«

Big Jane, wie ich sie immer nannte, ist dreizehn Jahre älter als ich und von meinen Eltern altersmäßig ebenso weit entfernt wie von mir. Mit einer halben Generation Abstand war sie eher eine Art Mentorin und Fürsprecherin als eine Gleichaltrige gewesen. Auf einem meiner ersten Babyfotos aus dem Jahr 1967 liegt sie im gelb-grau karierten Minirock neben mir und schaut mir in die Augen, als sei ich *ihr* Baby. Sie hatte mich stets leidenschaftlich beschützt und war gleichzeitig fest entschlossen gewesen, dass ich immer die Wahrheit erfahren sollte, dass die Wirklichkeit nicht beschönigt wurde. Sie erzählte mir die Wahrheit über Familienstreitigkeiten, gab mir das Buch *Unser Körper – Unser Leben*, bevor ich in die Pubertät kam, und obwohl sie sich über meine Erfolge freute, hatte sie eine Art, mich auf den Boden der Tatsachen zurückzuholen.

Ich mietete einen Wagen, fuhr hinaus in die Frühlingssonne und über die weiten Ebenen geradewegs nach Norden. Ich fühlte mich fehl am Platz, und gleichzeitig wirkten die charakteristischen Merkmale meiner einstigen Heimat zutiefst beruhigend auf mich – das unglaubliche Grün der Bäume zu dieser Jahreszeit, die Art und Weise, wie die Menschen sprachen, die vertraut sparsamen Vokale des Mittleren Westens. Ich hatte vergessen, wie weit und flach die Felder Iowas waren. Gepflügte Erdhügel, durch die sich leuchtend grüne Triebe bohrten, die bald zu hoch aufragenden Maisstängeln heranwachsen würden. So weit das Auge reichte, erstreckten sich endlose Reihen und Furchen zu beiden Seiten der Interstate, die nur von roten Scheunen und weißen Bauernhöfen mit breiten, einladenden Veranden unterbrochen wurden.

Ich drehte am Suchknopf des Radios und fing die Klänge von Countrymusic – jener seltsamen Mischung aus Traurigkeit und Hoffnung –, von konservativen Gesprächssendungen und christlicher Musik ein. Die fröhlichen religiösen Lieder erinnerten mich an die frühen Morgenstunden in St. Louis, als ich noch klein war. Obwohl ich jüdisch erzogen war, stand ich sonntags lange vor meinen Eltern auf, noch bevor das Fernsehprogramm das Testbild ablöste, um nur ja keine Minute vom Auftritt der Gospelchöre zu verpassen, die den ganzen Morgen lang nacheinander auftraten. Ich hatte die beseelten Sänger und Sängerinnen in ihren langen Roben und meine kindliche Freude vergessen, während ich im Nachthemd herumsprang und der Reihe nach zu allen Gruppen tanzte. Inzwischen war mir diese Ausgelassenheit fremd. Ich versenkte mich schon sehr lange ganz und gar in die strengen Regeln und die Rituale des Wissenschafts- und Forschungsbetriebs, geplagt von Unfruchtbarkeit. Doch weit weg von dem Ort, an dem ich derzeit zu Hause war, und den vertrauten Routinen, wurde mir mit einem Mal klar, dass ich die Sache völlig falsch anging. Wie meine Cousine Jane am Telefon gewitzelt hatte, würde Klugheit allein das Problem nicht lösen.

Bei meiner Ankunft in Sioux Falls verfärbte sich der Horizont im Westen gelb und rosarot, und die Felder leuchteten in flammendem Gold. Mit einem Mal fühlte ich mich unter diesem weiten, offenen Himmel verletzlich. Ungeschützt. Allein. Ein Schauer der Sorge und des Zweifels lief durch mich hindurch.

Würde ich nur eine weitere Tür öffnen, die nirgendwohin führte? Ich wusste so gut wie nichts über die Menschen, die kennenzulernen ich eingeladen war, oder über das, was wir gemeinsam tun, was der spirituelle Prozess enthalten würde. Ich hatte stets intellektuelles Interesse an indianischen Kulturen gehabt und auch einige spirituelle Texte amerikanischer Ureinwohner in den Lehrplan meines Seminars zum Thema »Spiritualität und Psychologie« aufgenommen. Aber ich war nicht wegen einer akademischen Übung oder anthropologischen Studie nach South Dakota gekommen. Big Jane hatte mich eingeladen, eine Art zu leben und zu heilen kennenzulernen, die mir völlig fremd war. War ich wirklich offen dafür? Wie würde es sich mit meiner wissenschaftlichen Ausbildung und meinem empirischen Weltverständnis vereinbaren lassen?

Ich denke, dass jeden von uns an verschiedenen Punkten seines Lebens eine Art Ruf ereilt. Dabei dürfte es sich nicht um einen Telefonanruf im wörtlichen Sinne, sondern um eine Art Andeutung oder ein Drängen handeln, das uns zu überlegen zwingt, wie weit wir gehen wollen, um etwas zu ändern, die Wahrheit aufzuspüren oder das zu finden, was wir übersehen. Big Janes Einladung wirkte wie ein solcher Rettungsanker, und bei Sonnenuntergang in der Prärie veränderte sich etwas in mir.

Ich war immer noch traurig und leer. Aber ich spürte auch, dass ich an der Schwelle zu etwas Neuem stand, dass ich mich am Beginn einer neuen Sichtweise befand. Ich verließ den Highway und fuhr auf die untergehende Sonne zu, geleitet von der einen Gewissheit, an der ich auch in Zeiten des tiefsten Zweifels und der Verwirrung festhalte: meiner Gewissheit als Wissenschaftlerin, dass sich alles, was wahr ist, auch zeigen lässt.

Als ich bei Big Jane in Vermillion, South Dakota, ankam, umarmte sie mich herzlich und brachte mich in die Küche, wo es nach frisch geernteten Roten Beten roch, an deren Schale Erde klebte und die noch ein Büschel Blätter zierte. Sie war die Erste in meiner Verwandtschaft und meinem Bekanntenkreis, die zu einer veganen Ernährung übergegangen war, lange bevor dies für die breite Masse eine Option war. Das Haus war von ihrem freimütigen, zupackenden Geist erfüllt – es gab unverarbeitete Bio-Nahrungsmittel, handgemachte Quilts, Holz und schlichte Linien. Sie nahm einen dampfenden Gemüseauflauf aus dem Ofen und bedeutete mir, den dunklen Holztisch mit einem Stapel gewebter Platzdeckchen und Keramikteller in Erdtönen zu decken. Jane hatte schon immer ein Talent dafür gehabt, Menschen in Not völlig urteilsfrei und mit ungeheurem Mut zu begegnen. Während sie kräftig grüne Spinat- und Romanablätter wusch und Möhren und Tomaten für den Salat hackte, bereitete sie mich auf den nächsten Tag vor.

Das Heilritual würde aus zwei Teilen bestehen. Am Vormittag würden sich alle Teilnehmenden in der Lodge des Rotary Club versammeln, um ihre persönlichen Geschichten zu erzählen – über die Situationen und Umstände, derentwegen sie Heilung suchten. Niemand musste, aber alle durften sprechen. Abends würden Männer und Frauen getrennt voneinander am *inipi*, einer Reinigungs- und Gebetszeremonie, teilnehmen. Wir würden eine Schwitzhütte betreten – eine vorübergehende Struktur, die eigens für die Zeremonie gebaut wurde –, und die Heilerin würde sich der heiligen Kraft von Erde, Wasser, Feuer und Luft bedienen, um für Heilung zu beten.

»Sinn und Zweck dieses Rituals ist die spirituelle Wiedergeburt«, sagte Big Jane und mischte den Salat mit großen Holzlöffeln. *Inipi* bedeutet so viel wie »das Leben erneuern«, und die Schwitzhütte verkörpert den Schoß des Universums, den wir gereinigt und wie neugeboren wieder verlassen würden.

Ich legte die Hände auf meinen Bauch – die universelle Geste von Schwangeren, die das Leben, das sie in sich tragen, bereits lieben und schützen. Für mich war diese reflexartige Handbewegung auf ewig mit dem Schmerz des Verlusts verknüpft. Tränen stiegen mir in die Augen. Als Jane auf dem Weg zum Tisch mit der Salatschüssel an mir vorbeikam, strich sie mit der Hand über meinen Rücken.

Ihr Mann und ihre beiden Töchter – Michaela war in der Mittelstufe, Eva auf der Highschool – setzten sich zu uns an den Tisch. Als ich die beiden das letzte Mal gesehen hatte, gingen sie noch in den Kindergarten. Inzwischen waren sie selbstbewusste, kompetente junge Frauen, ebenso realistisch und direkt wie ihre Mutter, die vom Unterricht und von ihren Freunden erzählten. Meine geliebte bodenständige Cousine hatte eine Familie gegründet. Ich hatte einen Kloß im Hals.

Als ich am nächsten Morgen die Lodge des Rotary Club betrat, um am ersten Teil des Heilrituals teilzunehmen, hatte ich das unangenehme, deplatzierte Gefühl, bei einem fremden Familientreffen zu sein. Ich stach sofort ins Auge. Jane und ich gehörten zu den wenigen Weißen, die anwesend waren. Es standen ungefähr zweihundert Klappstühle im Raum, und ich setzte mich in eine der hinteren Reihen, wo ich versuchen konnte, nicht aufzufallen und die Zeremonie respektvoll zu beobachten.

Niemand musste das Tagesprogramm verkünden. Wie es schien, waren alle mit dem Ablauf vertraut. Es war, als würde die Veranstaltung spontan fließen. Nacheinander traten die Menschen an das Mikrofon an der Stirnseite des Raums, um ihre Geschichte zu erzählen. Sie sprachen so lange, wie sie wollten. Viele erzählten vom Schmerz und den Problemen infolge einer posttraumatischen Belastungsstörung (PTBS), einer Sucht oder des sexuellen Missbrauchs. Manche sprachen bis zu zwanzig Minuten, und alle hörten in ungebrochener Konzentration zu. Sobald die Sprecherin oder der Sprecher geendet hatte, erklangen die Trommeln. Alle standen auf und stellten sich in einer Reihe an, um ihr oder ihm unter vier Augen zu sagen, was ihr Herz bewegt hatte. Einige flüsterten, andere beugten sich beim Sprechen vor. Jedes Mitglied der Gemeinschaft war auf diese Weise für jeden einzelnen Sprecher da, als wären sie Teil eines Netzes, in dem alle Fäden miteinander verknüpft waren.

Ich verdiene meinen Lebensunterhalt damit zu reden. Ich kann vor Studierenden oder auf Fachtagungen sprechen und bin nie nervös oder gehemmt, wenn ich vor einer Gruppe stehe. Doch in der Lodge konnte ich es nicht. Ich wusste, dass ich eingeladen war. Ich hatte das Gefühl, meine Anwesenheit und meine Teilnahme waren willkommen, und ich hatte meine leidenschaftliche und liebevolle Fürsprecherin Jane an meiner Seite. Aber ich konnte mich nicht überwinden zu sprechen. Ich wusste, wie man Kinderwunschkliniken recherchiert und Behandlungen plant. Aber ich wusste nicht, wie ich meine Geschichte erzählen sollte, wie ich auf tiefere Weise um Hilfe bitten sollte. Also hörte ich zu.

Irgendwann stand ein Häuptling auf, mit Tränen in den Augen. Er breitete seine Arme aus. »Mein Sohn«, sagte er, »den ich zuerst in meinem Herzen adoptiert habe, wir sind durch Wakan Tanka, den Großen Geist, verbunden. Wir sind in allen Dimensionen verbunden.« Ein Schauer jagte über meinen Rücken. Vor meinem geistigen Auge blitzten die Bilder der liebevollen Familien an den Wänden der Adoptionsagentur in Pittsburgh auf.

Acht Stunden lang hörten die Menschen zu, teilten sich mit und antworteten. Keiner verließ den Raum. Nach einer Pause am Abend, in der wir etwas essen und eine Erfrischung zu uns nehmen konnten, kehrten wir zur zweiten Hälfte des Rituals zurück. Bei Einbruch der Dunkelheit begann das *inipi*.

Als ich das kuppelförmige Zelt betrat, das aus Weiden gemacht und mit Tierfellen bedeckt war, fühlte ich mich noch unbehaglicher und deplatzierter als in der Lodge. Im Zelt brannte ein Feuer, die Hitze war enorm und alles war voller Rauch. Wir setzten uns im Kreis auf ein Bett aus Salbei. Jane und ich waren die einzigen Frauen hier, die nicht zu den Lakota gehörten. Alle anderen trugen Jeans und Blusen oder T-Shirts. Ich sah aus, als würde ich zum Brunch gehen, trug schwarze Pumps und einen Rock mit weißen Punkten. Die Hitze war nahezu unerträglich. Am Boden des Zelts befand sich ein schmaler Spalt, durch den ein Hauch kalte, frische Luft hereinkam, und ich versuchte vorsichtig, ein wenig näher heranzurücken.

Als die Medizinfrau die Zeremonie eröffnete, war meine Bluse bereits durchgeschwitzt. Sie begann mit einem Gebet, dabei sah sie jede Einzelne von uns nacheinander an. Als ihr Blick auf mir ruhte, verwob sie einen Willkommensgruß mit ihrem Gebet an den Großen Geist: »Ich weiß nicht, wer diese Frau ist, und ich weiß nicht, weshalb sie hier ist, aber du hast sie geschickt«, intonierte sie. »Darum lass mich ihr helfen.«

Die Hitze brandete auf. Nun hatten die Frauen nacheinander Gelegenheit zu sagen, warum sie hier waren, und von ihrem Leiden und ihrem Bedürfnis nach Heilung zu erzählen. Eine Frau sprach von ihrem Sohn. Er war Mitte vierzig und hatte Suchtprobleme. Er kam nicht mehr nach Hause. Der vierzehnjährige Sohn einer anderen Frau hatte angefangen, Drogen zu nehmen. So viele Frauen erzählten von ihren Söhnen – von Söhnen, die krank oder verletzt waren oder verschwanden. Sie sprachen der Reihe nach. Ich war die Letzte. Big Jane saß zu meiner Linken. Als es an Jane war zu sprechen, konnte ich spüren, wie sie verstand, dass ich noch immer keine Worte hatte. Sie sprach für mich.

»Ich bin Big Jane, und das ist meine Cousine Lisa Jane«, sagte sie. »Sie ist auf der Suche nach ihrem Kind. Können wir ihr helfen, ihr Kind zu finden?«

Die Frauen, die im Dunkel ums Feuer saßen, sahen mich voller Aufmerksamkeit an. Sie nickten und brummten bestätigend. Ihre Gegenwart fühlte sich solide, stützend an. Hier war das Bedürfnis nach Heilung nicht gleichbedeutend damit, gebrochen zu sein. Es gehörte zum Leben. Und diese Frauen wussten, wie es war, nach seinem Kind zu suchen.

Die Medizinfrau rezitierte ein Gebet in Lakota, und die anderen stimmten ein. Ich spürte die Einheit des Gebets, spürte, wie eine Präsenz in unserer Mitte entstand. Sie sammelte sich im Feuer, um anschließend mit einem Zischen nach oben zu schießen und einen Raum zu öffnen. Man konnte beinah ein Leuchten sehen, einen Windhauch spüren, als die Gruppe sie himmelwärts lenkte. Es schien, als würde die Energie ihre Kraft aus der Verbindung unserer Gebete, aus einem Einssein ziehen.

Wir verließen das Zelt und gingen hinaus in den späten, kühlen Abend und die frische, saubere Luft unter einem weiten Himmel mit leuchtenden Sternen.

Als ich am nächsten Morgen aufstand, reichte Jane mir einen Becher Kaffee, küsste mich auf die Wange und ging zur Arbeit. Kurz bevor ich in den Mietwagen stieg, um zum Flughafen zu fahren, meldete ich mich telefonisch zu Hause. Da Phil nicht abhob, hörte ich unseren Anrufbeantworter ab. Wir hatten eine Nachricht. Sie hatte uns spät am letzten Abend erreicht, nachdem Jane und ich das *inipi* verlassen hatten. Mein Herz schlug wie verrückt. War etwas mit meinen Eltern? Oder Phils Eltern? Warum hatte er mich nicht angerufen? Meine Kehle war wie zugeschnürt, als ich die »1« drückte, um die Nachricht abzurufen. Ich atmete kaum, als ich eine unbekannte Frauenstimme vernahm. Es war Sophie, die Tochter des Rabbis, die aus Russland anrief.

»Wir haben Ihr Kind gefunden«, sagte sie. In einem Waisenhaus in Sankt Petersburg hatte sie einen sechs Monate alten Jungen entdeckt, der bald das Alter erreichen würde, ab dem Adoptionen in Russland legal möglich waren.

Einige Wochen später bekamen wir ein Video von einem freudestrahlenden kleinen Jungen, der fröhlich gestikulierte, die Ärmchen hob und die Schwester anlächelte. »Da, da«, gurrte er auf Russisch. Ja, ja. Er war reine Liebe. Er strahlte eine Liebe aus, die wie Starkstrom, wie ein Laser war. Ich wurde von einem euphorischen Hochgefühl, von einer Liebe verzehrt, die so unmittelbar und mächtig war, dass sie wie eine Welle durch mich hindurchschwappte, wie ein Wunder. Ich wurde davon getragen und gehalten.

An jenem Abend gingen Phil und ich als Eltern zu Bett. Tief in der Nacht kehrte die Präsenz zurück – das Gefühl der Fülle in der Luft, das göttliche Licht. »Wenn du jetzt schwanger wärst«, fragte sie, »würdest du trotzdem adoptieren?«

»Ja!«, sagte ich. Ich hatte Tränen in den Augen. Natürlich würde ich trotzdem adoptieren. Ich war unserem Sohn bereits begegnet. Ich war verrückt vor Liebe nach ihm. »Ja!«, rief ich noch einmal.

Phil regte sich und wachte auf. Ich nahm ihn in den Arm.

»Wir sollten ihn Isaiah nennen«, sagte ich. Es ist ein jüdischer Name, und er bedeutet »Jahwe (Gott) ist Rettung«. »Isaiah Lakota.«

»Ja«, erwiderte er lachend und küsste mich.

In jener Nacht wurde ich schwanger.

KAPITEL 9

Das Schloss und die Welle

Die mir bekannte Wissenschaft konnte meine Geschichte einfach nicht erklären. Sie vermochte nicht zu beantworten, warum mir eine Gruppe von Frauen, die in South Dakota für ihre Söhne betete, dabei half, in der gleichen Nacht ein Kind in Russland zu finden. Oder warum mein Körper mit einem Mal ganz allein in der Lage war, etwas zu tun, worum er sich fünf Jahre lang vergeblich bemüht hatte. Ich stand ehrfürchtig vor diesem Rätsel und hungerte danach zu erfahren, wie und warum dies so gekommen war.

Gleichzeitig arbeitete ich beruflich an dem Verständnis, wie und warum die persönliche Spiritualität so gut vor Depressionen und anderen Formen psychischen Leids schützt. Wo befindet sich der Sitz der Spiritualität in der gelebten Alltagserfahrung? In unserem Körper? Gehirn? Bewusstsein? Warum hat sie so starke Auswirkungen auf unser psychisches Wohlbefinden? Ich hatte den Eindruck, die Schutzwirkung käme dadurch zustande, dass man anders durchs Leben geht, es anders sieht und empfindet, wenn man das spirituelle Bewusstsein aktiviert. Doch konnten wir diese Art von Bewusstsein physiologisch nachweisen? Konnten wir Patientinnen und Patienten helfen, bewusst Zugang dazu zu bekommen?

Ich wusste noch nicht, wie ich diese Fragestellungen vorantreiben konnte, aber nach und nach vertiefte sich unser Verständnis von der Physiologie der Depression. Susan Nolen-Hoeksema, eine renommierte Kollegin an der Yale University, die Jahre vor mir ebenfalls bei Martin Seligman an der University of Pennsylvania promoviert hatte, war inzwischen eine führende Expertin für den Zusammenhang zwischen Depressionen und bestimmten Denkmustern. Sie wollte verstehen, warum die Depressionswahrscheinlichkeit bei Frauen doppelt so groß ist wie bei Männern.[17] Dabei hatte sie entdeckt, dass Frauen sich bei der Bewältigung negativer Stimmungen meist stärker auf den Denkprozess des sogenannten »Grübelns« verlassen – bei dem man sich geistig im Kreis dreht oder »zu viel denkt«. Während Männer im Allgemeinen Aktivitäten wählen, die sie von schlechten Stimmungen ablenken, reiten Frauen eher auf den Ursachen und Folgen ihrer Stimmungen herum und fragen sich: »Warum fühle ich mich so? Warum komme ich mit den Dingen nicht besser zurecht? Was stimmt nicht mit mir?« Diese Neigung zum Grübeln – wenn man in einen Strudel nicht enden wollender Gedanken und Fragen gerät – verstärkt eine depressive Stimmung noch. Das liegt zum Teil daran, dass der negative Inhalt der Gedanken die negative Stimmung verstärkt, aber auch daran, dass das Grübeln ein passiver und repetitiver Prozess ist. Im Allgemeinen grübeln Menschen, um zu neuen Einsichten über sich oder ihre Situation zu gelangen. Doch Susan stellte fest, dass es nur selten positiv auf Menschen wirkt, die bereits depressiv sind: Es beeinträchtigt das Lösen von Problemen, schreckt soziale Unterstützung ab und nährt das bedrückende Gefühl eines geringen Selbstwerts.

Bei einer Studie etwa wies Susan depressiven und nichtdepressiven Probanden nach dem Zufallsprinzip Grübel- oder Ablenkungsaufgaben zu. Die Teilnehmer mit der Aufgabe zu grübeln sollten acht Minuten über die Bedeutung, Ursachen und

Folgen ihrer momentanen Empfindungen nachdenken: »Überlegen Sie, wie hoch Ihr Motivationsniveau gerade ist. Denken Sie über Ihre langfristigen Ziele nach. Überlegen Sie, was Ihre Gefühle bedeuten könnten.« Wenn depressive Teilnehmer zum Grübeln aufgefordert wurden, gerieten sie emotional ins Trudeln. Sie sprachen in einem negativen Tonfall, entsannen sich unschöner Kindheitserinnerungen, erzählten von aufwühlenden Ereignissen in ihrem Leben und stürzten sich in Selbstvorwürfe und Selbstkritik. Sie waren auch anfälliger für Kritik von außen. Wenn die depressiven Grübler bei einem Folgeexperiment negatives Feedback zu einem Leseverständnistest bekamen, brauchten sie länger, um die nächste Aufgabe zu bewältigen, und konnten sich nicht so gut an das Gelesene erinnern. Dies legt nahe, dass Grübeln unsere Aufmerksamkeit, Konzentration, Motivation und Fähigkeit stört, Lösungen in die Tat umzusetzen. Diese negativen Folgen zeigten sich weder bei den nichtdepressiven Teilnehmern, die grübeln mussten, noch bei den depressiven Teilnehmern, die eine achtminütige Ablenkungsaufgabe bekamen und zum Beispiel den Grundriss der Postfiliale visualisieren oder sich vorstellen sollten, wie ein Boot langsam den Atlantik überquerte oder sich Wolken am Himmel bildeten.

Susan stellte fest, dass Depressionen das Grübeln verstärken und dass das Grübeln Depressionen verstärkt. Vielleicht konnte diese Rückmeldungsschleife zur Erklärung dessen beitragen, was unser Fachgebiet die »Kindling-Hypothese« nennt (engl. *to kindle* [anzünden, anfachen]). Dabei handelt es sich um die Vorstellung, dass die ersten Episoden einer Depression oder anderer affektiver Störungen im Leben zwar üblicherweise mit stark belastenden Ereignissen wie Scheidung oder Tod einhergehen, erneut auftretende Depressionen aber seltener mit einem bestimmten Lebensereignis verbunden sind. Die späteren depressiven Episoden scheinen aus heiterem Himmel zu kommen, ohne dass ein einschneidendes Erlebnis als Katalysator dient. Mücken werden zu Elefanten. Mit jeder depressiven Episode sinkt die Schwelle für weitere Depressionen. Es bedarf also mit anderen Worten eines immer geringeren Auslösers, damit eine Depression entsteht. Es ist, als würde jene erste Depression ein Feuer entzünden, das schneller und heftiger wütet, wenn eher unbedeutender Brennstoff – bloßes Kleinholz – hineingeworfen wird. Die Depression kann als Einzelreaktion auf ein schwieriges Lebensereignis ihren Anfang nehmen, wird aber im Laufe der Zeit zur Standardreaktion.

Ich wollte eine Psychotherapie des spirituellen Bewusstseins entwickeln, die dem Anfachen einer Depression im Gehirn entgegenwirken konnte, indem sie uns in das spirituelle Bewusstsein einklinkte, das uns – wie Kenneth Kendler zeigte – in die Wiege gelegt ist.

Aus welchen Elementen würde eine Psychotherapie des spirituellen Bewusstseins bestehen? Mein eigener Weg zur Mutterschaft zeigte mir einige der Grundprinzipien, die mich aus einem Zustand der Mutlosigkeit und der Depression in einen Zustand der Hoffnung und der Verbundenheit führten. Ich hatte ein spirituelles Bewusstsein entwickelt – eine Möglichkeit, zwischen verschiedenen Arten der Information und der Erfahrung hin und her zu springen. Synchronizitäten hatten mich gelehrt zu sehen, was in mein Bewusstsein drang oder in mein Blickfeld rückte, und mich dem zuzuwenden, was mir das Leben da zeigte. Ich hatte eine persönliche Beziehung zu einer überraschenden transzendenten Präsenz erlebt. Zudem war ich von einer Geisteshaltung, in der ich versuchte, die Welt so zu verändern, dass sie meinen Wünschen und Vorlieben entsprach, zu einem geistigen

Rahmen gewechselt, in dem die Welt mich zu lieben und zu leiten schien. Vor allem aber spürte ich, dass ich mich im Zwiegespräch mit diesem liebevollen, leitenden Universum befand, dass wir einen fortlaufenden Dialog führten. Es war keine Transaktion à la »Ich sage, was ich will, und dann bekomme ich es«. Es war eine Zusammenarbeit, die Integration von Innen- und Außenwelt, eine Möglichkeit, sich in das Bewusstsein hineinzuspüren, es zu empfangen und auszustrahlen. Ich war erwacht und in Beziehung mit dem Leben.

Ich begann, Patientinnen und Patienten bewusst spirituell zu unterstützen, um gemeinsam mit ihnen den inneren Zeugen zu entdecken und zu sehen, was ihnen das Leben gerade zeigte, und wo sich Türen öffneten. Im Jahr 2004 wurde ich von der American Psychological Association nach Chicago eingeladen, um mein Behandlungsmodell einer Psychotherapie des spirituellen Bewusstseins in einer Einzelsitzung mit einer Patientin zu demonstrieren, die im Rahmen einer Videoreihe für Therapeuten aufgezeichnet werden sollte.[18]

Meine Patientin Bev war Mitte fünfzig, Mutter von fünf Kindern und stand beruflich an einem schwierigen Scheideweg. Sie hatte neun Jahre lang die stellvertretende Leitung einer gemeinnützigen Wohlfahrtsorganisation für Kinder innegehabt und befand sich gerade in der abschließenden Runde von Auswahlgesprächen um die Leitung dieser Organisation.

»Will ich das wirklich?«, fragte sie. »Ich glaube schon.« Aber sie hatte Zweifel. »Es könnte wirklich klappen. Bin ich darauf vorbereitet?« Ein wehmütiges Lächeln huschte über ihr Gesicht. »Bin ich darauf vorbereitet, wenn es nichts wird?«

Sie befand sich an einem wichtigen Entscheidungspunkt; in einer Phase, in der Kopf und Herz die Antwort haben. In unserem Kulturkreis haben die meisten Menschen durch Sozialisierung gelernt, sich auf ihren Kopf zu verlassen, wenn sie an einem Scheideweg stehen – die Daten durchzugehen und einen Entschluss zu fassen. Doch in dem Behandlungsrahmen, den ich gerade entwickelte, hat das Leben selbst die Antworten, und wir treffen die besten Entscheidungen, wenn wir Kopf, Herz und die Führung des Lebens miteinander verbinden und lernen, uns in unsere Entscheidungen und Hürden hineinzuspüren und sie als Teil unseres spirituellen Wegs zu verstehen.

»Was würde es für Sie bedeuten, die Organisation zu leiten?«, fragte ich Bev. »Wie erleben Sie die Möglichkeit, dass es tatsächlich geschieht?«

Sie erwiderte, bis zu diesem Punkt habe sie bei der Verfolgung des Ziels eine Reihe von Aufgaben zu bewältigen gehabt. Sie musste einen Lebenslauf und eine Dokumentation erstellen sowie die ersten Einstellungsgespräche hinter sich bringen. Sie erledigte Aufgaben, hakte Punkte auf einer Liste ab und ging »unaufhörlich weiter in diese Richtung«. Nun unterzog sie ihr Ziel einer gründlichen Prüfung.

»Will ich das wirklich?«, fragte sie. »Was werde ich als Erfolg werten?« Sie lachte. »Ich frage mich wohl, warum ich infrage stelle, dass ich diese Position übernehmen kann.«

Sie drehte sich geistig im Kreis, immer und immer wieder. Ich bat sie, sich auf ihre Fragen einzulassen. Was war der Kern ihres Dilemmas?

»Ich frage mich nicht, ob der Job reizvoll ist oder ob ich es hinbekomme«, sagte sie.

Die Zweifel, die nun zum Vorschein kamen, da die Stelle zum Greifen nah war, bezogen sich auf die Zeit mit der Familie, die sie dafür würde opfern müssen. Bev hatte noch einmal angefangen zu studieren, als ihre Jüngste zwei Jahre alt gewesen war. Sie war stolz auf ihren akademischen und beruflichen Erfolg, aber sie wusste auch, dass sich ihre Abwesenheit auf ihre Kinder ausgewirkt hatte. Ihre Ältesten waren inzwischen erwachsen und hatten selbst Kinder, und oberflächlich betrachtet war es der perfekte Zeitpunkt, um sich beruflich weiterzuentwickeln und sich einer neuen Herausforderung zu stellen. Doch irgendetwas verhinderte, dass sie diese Chance einfach ergriff.

»Wenn die anderen Kinder zu Hause sind, kann ich spüren, dass wir uns nah sind, dass wir *verschmelzen*. Bei meiner Jüngsten habe ich dieses Gefühl des Verschmelzens einfach nicht. Es fühlt sich an, als sei sie von mir getrennt. Die nächsten Jahre sind unsere allerletzte Chance auf Nähe, bevor sie mit der Highschool fertig ist und auszieht. Wann müssen meine Kinder, vor allem meine Jüngste, endlich keine Opfer mehr für meine Ziele bringen? Oder besser gesagt: Wann höre ich auf, es von ihnen zu verlangen?«, fragte sie mit tränenerstickter Stimme.

Als ihr die Tränen kamen, wusste ich, dass wir genau richtig waren – an einem Punkt, an dem viel Energie und Schmerz zusammenkamen. Wir näherten uns dem, was bei dieser Entscheidung wirklich für sie auf dem Spiel stand. Sie hatte aufgehört, sich geistig im Kreis zu drehen, und die Tür zu anderen Arten des Wissens geöffnet – dem, was ihr Herz ihr sagte.

»Ich investiere viel Zeit und Energie, um mich für die Kinder anderer Leute einzusetzen«, sagte sie. »Ich bin bis acht oder zehn Uhr abends unterwegs und hole das Leben dann am Wochenende nach. Es fehlt an Gleichgewicht.«

Über ihre Jüngste, die kurz vor dem Übertritt an die Highschool stand, sagte sie: »Sie fühlt sich wohl, wenn sie sich isoliert und auf sich selbst verlässt, und dabei habe ich ein ungutes Gefühl. Es geht ihr offenbar gut, aber ich hadere mit mir. Ich habe das Gefühl, einen wichtigen Teil zu verpassen.«

Sie schüttelte den Kopf, als wollte sie den Schmerz vertreiben, den ihr diese Angst bereitete. »Doch wenn ich diese neue Chance verstreichen lasse, verschenke ich dann andererseits nicht eine Möglichkeit, die Opfer zu würdigen, die meine Familie bereits für mich gebracht hat, damit ich das erreichen kann?«

Sie war wieder in ihrem Kopf gelandet und suchte erneut nach Lösungen, indem sie sich einer notwendigen, aber begrenzten Art des Wissens und eines starren geistigen Rahmens bediente, der nur richtige und falsche Antworten kannte. Ich wollte sie zu ihrem inneren Wissen und an einen Ort der Neugier, nicht der Selbstgeißelung zurückführen.

»Ihre Familie wird Ihre Entscheidungen großzügig mittragen, ganz gleich, was Sie beschließen«, sagte ich. »Sie wird von Ihnen lernen, welchen Weg Sie auch einschlagen. Wir haben gerade von den Dingen gesprochen, die ihnen fehlten, als Sie studierten oder zur Arbeit gingen. Aber was haben sie dadurch gewonnen, dass Sie wieder anfingen zu studieren und arbeiten zu gehen?«

Sie schwieg eine Weile, dann leuchteten ihre Augen. Sie richtete sich auf. »Dass man alles sein kann, was man will«, sagte sie. »Dass die einzigen Hürden die sind, die wir selbst errichten.« Während sie sprach, wurde ihre Stimme kräftiger, ihr Gesichtsausdruck leidenschaftlich. »Ich habe ihnen das, woran ich glaube, wirklich vorgelebt. Dass es nie zu spät ist zu tun, was man im Herzen trägt.« Mit offensichtlichem Stolz erzählte sie mir von einem ihrer Söhne, der sich dafür entschieden hatte, zum Militär zu gehen statt aufs College. Nun war er selbst Vater und hatte das Gefühl, dass diese Entscheidung nicht die richtige für ihn gewesen war. »Ich sagte zu ihm: ›Mach einfach mal einen Kurs und finde es heraus!‹ Alle meine Kinder glauben, dass es in Ordnung ist, von vorn anzufangen und es noch einmal zu versuchen. Ich sehe, wie meine Söhne ihre Partnerinnen dazu ermutigen, zu experimentieren und zu wachsen, und dass sie ihrem Wunsch und ihrem Bedürfnis nach Entwicklung ihrer Persönlichkeit echten Wert beimessen.«

Einen Moment lang hing diese Wahrheit klar und strahlend in der Luft, ehe Bev den Blick wieder senkte und sich ihre Stirn erneut zweifelnd in Falten legte. Sie hatte ihre brennende Frage noch nicht geklärt, und ich konnte spüren, wie sehr die Sache sie belastete.

»Haben Sie das Gefühl, dass Sie das Universum irgendwie bei dieser Entscheidung unterstützt?«, fragte ich. »Gibt es Zeichen oder Hinweise?« Dies war die entscheidende Frage und die Aufforderung, in ihr inneres Wissen hineinzuspüren.

»Ach, ich will alles, und zwar sofort«, sagte sie. »Ich will, dass die Antwort auftaucht.«

Sie erinnerte mich an mich selbst, wie ich eifrig die nächste In-vitro-Behandlung plante, mich verbissen auf meinem Weg zur Mutterschaft vorankämpfte, mich fest an mein Ziel klammerte. Ich wollte sie für die Unterstützung durch das Leben öffnen, nach der sie sich so sehr sehnte.

»Welche Botschaft würden Sie denn gern hören?«, fragte ich.

Sie öffnete den Mund, als wollte sie antworten, dann hielt sie noch einmal inne. »Ich habe das Gefühl …«, setzte sie an und stockte. »Ich habe das Gefühl, dass ich ein wenig aus der Übung bin, wenn es darum geht, die Signale des Universums zu lesen. Ich fühle mich in dieser Angelegenheit gerade ziemlich allein.« Wieder stiegen ihr die Tränen in die Augen. »Ich hatte nie die Möglichkeit, so ohne Weiteres zu sagen, dass ich mir nicht sicher bin, ob ich das überhaupt will.« Ihre Stimme war leise, als käme sie von einem Aspekt ihrer selbst, der nur selten zu Wort kam.

»Ich will diese Stelle«, sagte sie. Ihre Stimme wurde selbstbewusster. »Ich will das. Ich möchte das Gefühl haben, dass ich dieses persönliche Ziel erreicht habe.«

»›Bei meiner Jüngsten‹«, sagte ich. »In diesem Zusammenhang habe ich gerade die Emotion gehört. Tut es weh?«

Sie nickte weinend.

Ich beugte mich vor und fragte leise: »Was wollen Sie?«

»Beides«, antwortete sie. »Ich liebe meine Kinder, und ich war jemand, bevor ich ihre Mutter wurde. Ich bin auch abgesehen davon, dass ich ihre Mutter bin, noch jemand. Wenn ich das verleugne, verleugne ich mich selbst.«

Sie sah mich an, und in ihrem forschenden Blick konnte ich sowohl ihren innigsten Wunsch als auch das Gewicht dieser Pattsituation lesen.

»Wissen Sie«, sagte ich, »auf unserem spirituellen Weg gibt es oft etwas, von dem wir glauben, dass wir es *unbedingt* wollen. Und wenn wir es dann haben, verschwindet es. Weil es eigentlich gar nicht darum ging. Es ging um den Weg.«

Ich bat sie, mir mehr über die Gefühle des Verlusts und der Trauer zu erzählen, die sie im Zusammenhang mit ihrer jüngsten Tochter empfand.

»Die Beziehung zu meinen älteren Kindern ist ganz anders als die zu ihr. Das Plaudern über ganz banale Dinge, die Gespräche über unsere Träume, das Einholen von Rat. Das liegt nicht daran, dass sie keine Fragen hätte. Es liegt daran, dass sie nicht weiß, dass sie mich fragen kann.«

»Wenn Sie die Stelle nicht annähmen und stattdessen die nächsten vier Jahre mit Ihrer Jüngsten verbrächten, was würden Sie Ihren Kindern gern dazu sagen? Was sollten sie wissen?«

Sie sog scharf die Luft ein. »Dass Glück in einem selbst beginnt.« Sie saß schweigend da, als würde sie die eigenen Worte sacken lassen. »Mag sein, dass ich die Position und das Namensschild habe. Aber die Seele muss Frieden haben.« Tränen rannen ihr übers Gesicht.

Ich spürte, dass ihre Gefühle von einem sich öffnenden Bewusstsein für die Bedeutung ihres spirituellen Wegs zeugten, dass sich darin die Intensität und der Wert ihrer Reise zur eigenen Wahrheit zeigte.

»In vier Jahren wird sie erwachsen sein und aus dem Haus gehen«, sagte Bev unter Tränen. »Ich würde es als Riesenverlust empfinden, wenn unser Verhältnis bei ihrem Abschied noch das gleiche wäre wie jetzt. Ich habe das Gefühl, sie würde als Erwachsene ins Leben hinausgehen, ohne zu wissen, dass ich für sie da bin – nicht in dem Sinne, dass sie mich braucht, sondern auf eine ganzheitliche, spirituelle Weise. Dies ist meine letzte Chance, etwas in Ordnung zu bringen, was fast von Anfang an zwischen uns fehlte.«

Dies war weder die Antwort, die sie hören wollte, noch die Antwort, die sie sich ihrer Ansicht nach wünschen sollte. Aber sie hatte gehört und vernommen, was ihre innere Stimme offenbarte – die uneingestandene Wahrheit, die sie bremste, am Weiterkommen hinderte und in einem geistigen Hamsterrad aus Zweifeln und Unentschlossenheit festhielt. Indem sie lernte, mit liebevollem und offenem Herzen den Chancen und Verlusten zu lauschen, die in beiden Richtungen lagen, fand sie ihren eigenen Weg. In einem Klima der Liebe und der Akzeptanz, wenn wir den Prozess weder beschneiden noch verleugnen, lernen wir, in unser spirituelles Bewusstsein hineinzuspüren. Wir stellen fest, dass wir unseren Weg vielmehr suchen, als ihn uns zu bahnen. In einer profanen, materialistischen Welt erschaffen wir selbst den Sinn. Doch in dem von mir entwickelten Rahmen spirituellen Bewusstseins wird er uns *offenbart* und wir stehen in einer Wechselbeziehung dazu. Wir stehen im Dialog mit dem Leben. Oft dienen Zeiten des Zweifels, der Schwierigkeiten und der Niedergeschlagenheit als Tor zu einem erwachten Leben.

Dies war eine echte Abkehr von konventionellen Behandlungsmodellen. Wir waren darauf geschult, unsere Patienten zu diagnostizieren und das Problem zu beheben. Ich entdeckte gerade, welchen therapeutischen Nutzen es hatte, wenn man sich auf die Art und Weise einstellte, wie Patienten die Welt offenbaren.

Zur damaligen Zeit gab es zwei große Hürden bei der Heilung psychischer Erkrankungen: Diagnose und Behandlung. Vor diesen Herausforderungen stehen wir noch heute. Einige der maßgeblichen Urheber des *Diagnostischen und Statistischen Handbuchs Psychischer Störungen (DSM-5)* verfassten auch eine Arbeit zur »Verlässlichkeit der Diagnose«.[19] Sie fanden heraus, dass die Diagnosen von zwei qualifizierten Ärzten, die bei einer Patientin oder einem Patienten eine psychische Störung diagnostizieren, oft stark voneinander abweichen. Wie groß die Unzuverlässigkeit ist, hängt von der Erkrankung ab. So deckten sich die Diagnoseergebnisse bei Schizophrenie in etwa acht bis neun von zehn Fällen und bei einer bipolaren Störung ohne Manie in sechs bis sieben von zehn Fällen. Doch wenn bei einem Patienten eine schwere depressive Episode diagnostiziert wurde, erhielt er von einem anderen Arzt in beinah 70 Prozent der Fälle eine andere Diagnose. Bei den Arten von Depression, die keine klaren Anfangs- oder Endepisoden haben oder bei denen es sich um eine Mischung von gängigen Symptomen wie Angst handelt, ist die Übereinstimmung sogar noch geringer. Psychische Probleme und ihre Symptome äußern sich bei jedem Menschen anders. Darüber hinaus erscheinen auch die Erkrankungen unterschiedlich – je nachdem, wer sie betrachtet. Ein Drittel der Patientinnen und Patienten, die eine Praxis für allgemeine Psychiatrie aufsuchen, werden bei ihrem ersten Besuch keine verlässliche Hauptdiagnose erhalten.

Es mangelt uns an Präzision und Effektivität bei der Identifikation dieser weit verbreiteten und quälenden Krankheiten – genau wie bei ihrer Behandlung. Nur bei der Hälfte der Behandelten verschwinden die Symptome innerhalb eines Jahres, nachdem sie sich in Behandlung begeben haben. Trotzdem bekommen immer mehr Menschen Medikamente gegen psychische Erkrankungen. Ungefähr jeder zehnte US-Amerikaner nimmt ab dem Jugendalter Antidepressiva.[20] Bei Frauen mittleren Alters ist der Anteil sogar noch höher: 23 Prozent – fast ein Viertel – der Frauen zwischen 40 und 59 Jahren nehmen Antidepressiva. Die beträchtliche Zunahme bei den verordneten Medikamenten trägt nur wenig dazu bei, den starken weltweiten Anstieg von Angst und Depression zu bremsen.

Der große Anteil der verordneten Medikamente gibt vor allem deshalb Rätsel auf, weil nicht einmal ein Drittel der Menschen, die Antidepressiva nehmen, innerhalb des vergangenen Jahres beim Psychiater oder Psychotherapeuten war und über zwei Drittel von ihnen die Kriterien einer Depression nicht erfüllen.[21] Selektive Serotonin-Wiederaufnahmehemmer dienen als Palliativum für das Leben und lindern zwar die Symptome eines Stimmungstiefs, setzen aber nicht an der Wurzel des Leidens an. Wir haben uns zu einer Kultur entwickelt, in der die Menschen massenweise Medikamente schlucken – was uns nicht heilt und das Problem in manchen Fällen sogar noch verschärft. Die Einnahme von Antidepressiva in der Schwangerschaft erhöht das Risiko von Autismus sowie einer Beeinträchtigung der Struktur und Konnektivität des Gehirns beim Kind.[22] Bei jungen Erwachsenen, die Antidepressiva wie Prozac und Seroxat in hohen Dosen nehmen, verdoppelt sich das Risiko suizidalen Verhaltens beinah.[23]

Wenn wir besser verstehen könnten, wie sich Angst und Depression – und der Schutzschild der Spiritualität – im Gehirn verhielten, könnten wir Patienten besser diagnostizieren. Wir könnten gezielte Behandlungen anbieten, die nicht nur Linderung brächten, sondern dauerhaft wirksam wären, die einen besseren Schutz bei erheblich geringeren Risiken böten. Wir könnten uns mit vorbeugenden Maßnahmen und verschiedenen schulischen Ansätzen zur ganzheitlichen Entwicklung von Kindern sogar einen Vorsprung verschaffen und damit die Möglichkeit eröffnen, dass die nächste Generation weniger leiden müsste und von einer umfassenderen Sicht auf das Leben profitieren könnte.

Doch es sollte noch ein paar Jahre dauern, bis die hochpräzisen bildgebenden Verfahren und statistischen Techniken zur Verfügung standen, die uns differenzierte Einblicke in die Funktionsweise des Gehirns ermöglichten. Da ich meine Fragen bezüglich der neuroanatomischen und physiologischen Aspekte der Spiritualität nicht weiterverfolgen konnte, setzte ich meine Forschungen zum spirituellen Bewusstsein im klinischen Bereich fort. Ich konzentrierte mich dabei besonders auf Angst und Depression als Tore zum Erwachen.

Eines Morgens saß Kathleen McKinley in meinem Büro. Sie war zierlich, elegant und makellos in Designermode gekleidet. Der Ausdruck auf ihrem herzförmigen Gesicht und in ihren grünen Augen hatte etwas Strenges, Wachsames. Ihr blondes Haar war von grauen Strähnen durchzogen. Sie sah umwerfend und durchsetzungsstark, aber auch angegriffen und unnahbar aus. Sie wirkte orientierungslos, als hätte ihre Macht sich zersetzt. Als sie zu sprechen begann, stiegen ihr die Tränen in die Augen.

»Ich erlebe gerade, wie sich meine schlimmsten Ängste bewahrheiten«, sagte sie.

Ihr Mann, ein gefeierter Filmregisseur, hatte ihr soeben mitgeteilt, dass er eine Affäre mit einer seiner Kostümbildnerinnen habe. Er war verliebt, wollte die Scheidung.

»Ich habe mich so sehr bemüht, unsere Kinder vor zerrütteten Verhältnissen zu bewahren«, sagte Kathleen und wischte sich die Tränen aus den kleinen Fältchen in ihren Augenwinkeln.

Kathleen war eine hervorragende Journalistin und viel in der Welt herumgekommen. Sie hatte ihre beruflichen Ambitionen hintangestellt, um zwei Kinder großzuziehen und ihren Mann zu Beginn seiner Karriere zu unterstützen. Ihr oberstes Ziel im Leben war es, dafür zu sorgen, dass ihre Kinder eine bessere Kindheit hatten als sie. Ihre Eltern hatten ständig gestritten und sich scheiden lassen, als sie noch klein war, um sich anschließend mit Alkoholproblemen und den Ansprüchen ihrer neuen Familien herumzuschlagen. Kathleen hatte ihnen als junger Mensch nicht nahegestanden. Sie waren nicht übergriffig gewesen, aber sie spürte stets, dass sie abgelenkt waren und sie vernachlässigten. Als Erwachsene arbeitete Kathleen hart daran, das Gefühl zu heilen, dass sie nicht gut genug war und niemand sie liebte. Sie tat alles für ihre Familie – ermöglichte ihren Kindern stets die besten Lehrer und Chancen, achtete in allen Bereichen auf höchste Qualität und schenkte ihnen das perfekte Leben, das ihr als Kind so sehr fehlte. Ihr Sohn war inzwischen auf der Highschool, ihre Tochter schloss gerade die Grundschule ab; beide waren hervorragend in Musik und Sport. Doch sie fürchtete, das Zerwürfnis mit ihrem Mann könnte ihr Glück und ihre Sicherheit zerstören.

»Die Welt, die sie kannten, hat sich gerade in Luft aufgelöst«, sagte sie.

»Was ist mit Ihnen?«, fragte ich. »Was bedeutet diese Scheidung für Sie?«

Sie umklammerte die Armlehnen ihres Sessels, dann hob sie eine Hand zur Brust. »Ich weiß es nicht«, sprach sie. »Es ist seltsam, aber ich weiß es nicht. Ich wusste immer, was ich will, aber jetzt ist das anders.«

Ihre Angst ging tiefer als der Verrat ihres Mannes, tiefer als das Gefühl des Verlassenseins. Es ging dabei um die Frage, wie sie künftig leben sollte. Der Fall, vor dem sie sich und ihre Kinder unter so großen Mühen hatte schützen wollen, war eingetreten. Wie also war die Welt gemacht? Wie würde sie sich darin zurechtfinden? Worum ging es wirklich im Leben – in *ihrem* Leben?

Dies waren spirituelle Fragen, und sie befand sich in einer Situation, die für die Lebensmitte typisch ist. Das alte Dasein bricht zusammen. Es trägt – oder genügt – nicht mehr. Diese Erfahrung ist uns in unserer Kultur so vertraut, dass wir ihr sogar einen Namen gaben – Midlife-Crisis – und ihre Symptome kennen: Affären, Segelboote, Sportwagen, leichtfertige Geschäftsentscheidungen, die impulsive Jagd nach etwas Neuem, Besserem, Vollerem, bevor die Uhr abläuft. Ich habe gelernt, es als »Midlife-*Chaos*« zu bezeichnen. Die Welt wird neu geordnet. Oft verschaffen sich gerade die Angelegenheiten, vor denen wir uns verstecken oder die wir unbedingt kontrollieren wollen, in der Lebensmitte Geltung. Vielleicht stellen wir fest, dass die Dinge wegbrechen, die wir für unsere Grundfesten gehalten und auf die wir gebaut haben, oder dass wir uns mit unseren Entscheidungen immer weiter von unseren wahren Zielen und Wünschen entfernt haben. Wie Kathleen werden wir ruckartig aus dem Status quo gerissen und zu einer Abrechnung gezwungen. Wir müssen verstehen, dass der gewohnte Umgang mit den Unwägbarkeiten des Lebens – der Versuch, das Ergebnis zu kontrollieren – nicht mehr funktioniert.

Was war meine Aufgabe als diejenige, die Kathleen Führung gab? Wie konnte ich ihr helfen, den Zustand der Krise und der nächtlichen Panikattacken zu überwinden? Wie konnte ich sie darin unterstützen, ihre Wahrnehmung davon zu verändern, dass sie allein und nicht liebenswert war und ihre Kinder im Stich gelassen hatte?

Die derzeit besten Behandlungsmodelle – Formen der kognitiven Verhaltenstherapie – lehren, dass unsere Angst und unser Leiden die Folge verzerrter Gedanken und verzerrter Grundvorstellungen der Welt sind. Wir verfügen über gewohnheitsmäßige Möglichkeiten, um Sinn zu schaffen und die Welt zu ordnen, und manchmal ist die Art und Weise, wie wir andere oder uns selbst betrachten, nicht ganz im Lot. Wir finden Heilung, indem wir lernen, unsere schädlichen Denkgewohnheiten zu erkennen und zu ändern. Hätte ich bei Kathleen die klassische kognitive Verhaltenstherapie eingesetzt, hätte ich sie dabei unterstützt, ihre grundlegenden Überzeugungen im Hinblick auf Liebe, Sicherheit und Selbstwert zu prüfen und zu ändern.

Das Problem ist, dass die kognitive Verhaltenstherapie zwar unser Selbstwertgefühl stärken und dazu beitragen kann, dass wir mehr Auftrieb und Hoffnung empfinden, aber weder unser Leben noch unsere Sicht auf die Welt erweitert. Mag sein, dass wir ein besseres Verhältnis zu uns selbst entwickeln, aber wir stecken nach wie vor in der selbstbezogenen kleinen Welt unseres Egos fest. Wie Susan Nolen-Hoeksemas Arbeit über das Grübeln so schön zeigt, können depressive Frauen durchaus positive Gedanken haben. Sie empfinden sie nur nicht so intensiv wie Frauen, die nicht depressiv sind. Sie befreien sich auch nicht aus dem Klammergriff der Grübelei.

Die traditionelle kognitive Verhaltenstherapie konnte Kathleen helfen, ihr Denken zu verändern – nicht aber ihre grundlegende Perspektive. Sie würde nach wie vor in einem selbstbezogenen System nach Wachstum und Heilung streben. Ich wollte Kathleen bei einer tieferen, umwälzenderen Heilung unterstützen –

den Schutz und die Kraft des Erwachens entfachen und der explosionsartigen Heilung Nahrung geben, wenn spirituelles Bewusstsein zu einer Neuordnung unseres Lebenssinns führt.

Ich bat Kathleen um eine Bestandsaufnahme des Chaos. Wir begannen mit ihrem Körper. Sie beschrieb die brennende Wut in ihrer Brust und das schwindelerregende Gefühl des freien Falls, das ihr den Magen umdrehte, als hätte man ihr den Boden unter den Füßen weggezogen. Im Anschluss bat ich sie darum, mich mit zu sich nach Hause zu nehmen. Sie ging im Geiste mit mir durch die Zimmer, zeigte mir die Müslischalen in der Spüle – weil sie keine Lust mehr hatte zu kochen –, die leeren Kleiderbügel auf der Seite des Schranks, die ihrem Mann gehört hatte, und das unberührte Kissen auf seiner Seite des Betts. Sie weinte, als sie die Wut ihres Sohnes und die Verzweiflung ihrer Tochter schilderte, dass ihre Kinder sie traurig und besorgt ansahen und im Zimmer ihrer Tochter die ganze Nacht das Licht brannte, weil sie sich plötzlich im Dunkeln fürchtete. Sie sprach von dem halbfertigen Puzzle auf dem Esszimmertisch, den Schulbuchstapeln auf dem Wohnzimmerboden und davon, dass ihre Kinder sich nicht mehr zum Hausaufgabenmachen zurückzogen, sondern lieber bis zum Schlafengehen zusammenblieben und in ihrer Nähe auf dem Teppich oder dem Sofa herumlümmelten.

Auf einmal öffnete Kathleen die Augen und schaute mich überrascht an. »Meine größte Angst ist Wirklichkeit geworden«, sagte sie. »Aber wir sind okay. Unsere Familie ist zerbrochen, aber es hat uns nicht zerstört.«

In der darauffolgenden Woche bat ich sie um eine Bestandsaufnahme ihres alten Lebens, dessen Verlust sie so sehr gefürchtet hatte. Als sie seine Beschaffenheit und seine Muster in Augenschein nahm, traten seine Grenzen deutlich hervor. Sie hatte ihre journalistische Karriere aufgegeben, die sie liebte. Sie war nicht mehr auf Reisen gegangen. Sie hatte aufgehört, sich mit Freunden zu treffen.

»Da war immer so viel zu tun«, sagte sie. »Aber ich weiß eigentlich nicht so recht, warum. Was habe ich schon gemacht? Ich steigerte mich in winzige Details hinein und lief mir deswegen die Hacken ab.« Sie schüttelte den Kopf. »Beim College-Eignungstest erzielte mein Sohn auf Anhieb 35 Punkte. Das ist fantastisch. Trotzdem karrte ich ihn den ganzen Sommer lang von einem Nachhilfelehrer und -kurs zum anderen, damit er noch einmal versuchen konnte, die maximal möglichen 36 Punkte zu erreichen. Und wofür? Er konnte nicht als Betreuer ins Jugendcamp. Er konnte keinen Angelausflug mit seinem Großvater machen. Ich machte mir solche Sorgen um Erfolg und Überleben. Und während ich alles tat, um jedes Detail perfekt hinzubekommen, war das Leben, das ich für sicher *gehalten* hatte, alles andere als das.«

Ihr wurde klar, dass ihre Ehe schon lange vor der Scheidung problematisch und schmerzhaft geworden war. Jahrelang war sie wie erstarrt und betäubt gewesen. Und voller Angst.

»Ich glaube, ich hatte schon länger das Gefühl, dass so etwas passieren würde«, sagte sie. »Irgendwie habe ich es geahnt und ignoriert. Ich zog mich zurück, schottete mich ab, um nicht verletzt zu werden.«

Ich erinnerte mich an den Traum in der Nacht vor dem Termin, bei dem ich erfuhr, dass das Herz unseres Kindes aufgehört hatte zu schlagen, und ein Schauer lief mir über den Rücken. Wie ich versucht hatte, ihn auszumerzen, mein inneres Wissen ins Dunkel zurückzudrängen, mich an meine *Wunschrealität* zu klammern. Alles andere in meinem Leben, was ich erreichen oder von außen hatte kontrollieren wollen, hatte ich bekommen: die Abschlüsse, die Karriere, die Ehe und die Freunde, die ich wollte. Dann stellte sich heraus, dass ich das Einzige, was mir wirklich wichtig war, was wirklich zählte, weder kontrollieren noch planen konnte. Jahrelang wusste ich nicht, wie ich lockerlassen sollte – wie ich aufhören sollte zu versuchen, die Realität mit meinem Willen oder mit Gewalt an meine Wünsche anzupassen.

Kathleen begann, das zu tun, was mir nicht gelungen war. Sie fand im Laufe der Monate heraus, dass der Verrat, der Verlust und die Ungewissheit der Scheidung zwar furchtbar wehtaten – aber viel weniger als die blinde, beschränkte Art zu leben, für die sie sich entschieden hatte, bevor alles zerbrochen war. Inzwischen verfügte sie über eine umfassendere Sicht und zeichnete eine neue Karte der Realität. Aus ihrer neuen Perspektive sah sie die Dinge anders. Ich bat sie zu beobachten, was ihr nun ins Auge fiel, und sich genau anzusehen, was das Leben ihr zeigte und was sie vielleicht überraschte.

»Ich bin aktiver«, sagte sie. »Ich bitte um Hilfe und hole mir Unterstützung von Menschen nah und fern, die ich aus den Augen verloren hatte.«

Ein anderes Mal rief sie: »Ich habe so viele Menschen, die für mich da sind! Überall ist Liebe. Menschen sind Träger der Liebe.«

Sechs Monate nach Behandlungsbeginn bekam sie aus heiterem Himmel einen Anruf und das Angebot, für einen Interessenverband zu arbeiten, der Frauen in Not unterstützte. »Dabei hatte ich mich noch nicht mal beworben!«, sagte sie. »Ich empfinde eine enorme Unterstützung, so als würde die Welt für mich sorgen.«

Als Kathleen sich vom Leben eher beschützt und geleitet fühlte, erkannte sie allmählich, wie sie mit ihrem eigenen Verhalten zum Zerfall ihrer Ehe beigetragen hatte. Ihr Mann hatte den größten Anteil daran gehabt, aber auch sie spielte eine Rolle dabei.

»Ich hatte solche Angst davor, ungeliebt und allein zu sein, dass ich manchmal richtig gemein zu ihm war«, sagte sie. »Ich habe ihn weggestoßen.«

Sie holte zu Präventivschlägen aus, um sich vor dem Gefühl des Ungeliebtseins zu schützen. Doch die waren sozusagen »nach hinten losgegangen«.

»Die ganze Angelegenheit ist eine Lektion in Liebe«, meinte sie. »Ich konnte die Liebe nicht sehen. Ich habe sie zerstört. Dabei war ich die ganze Zeit über liebenswert gewesen. Und wir leben in einer liebevollen Welt.«

Mit ihrem Bewusstsein veränderte sich auch ihr Verhalten. Sie nahm das Jobangebot des Interessenverbands an, ging wieder auf Reisen und gönnte sich mehr Zeit draußen in der Natur. Sie überarbeitete die Maßstäbe, an denen sie früher ihren Wert und ihre Leistung gemessen hatte – daran, den perfekten Klavierlehrer für ihre Tochter zu finden, die optimale Abendgesellschaft zu geben und ihrem Sohn dabei zu helfen, die höchste Punktzahl beim College-Eignungstest zu erzielen. Sie fand enorme Erfüllung im Kontakt zu anderen Menschen und darin, sie zu unterstützen, Wochenenden am Meer oder in den Bergen in der Nähe der Finger Lakes zu verbringen, an spirituellen Retreats teilzunehmen.

»Ich bin ein spiritueller Mensch. Das war schon immer so«, sagte sie. »Aber ich verbarg es tief in meinem Inneren. Ich habe die Meinung meines Mannes übernommen, dass Spiritualität nicht seriös sei und es keine Beweise dafür gebe. Aber meine Großmutter war spirituell, und inzwischen spüre auch ich diese Gewissheit in mir – dass ich auf der Welt sicher bin, dass ich nicht allein bin, dass alles gut wird.«

Oberflächlich betrachtet hatte sich nach Abschluss der Behandlung bei Kathleen nicht viel verändert. Sie lebte immer noch in Pelham im US-Bundesstaat New York (obwohl sie umgezogen war) und kümmerte sich nach wie vor hingebungsvoll um das Wohl ihrer Kinder. Doch etwas in ihr hatte sich verändert. Sie war von ihren alten Mustern abgerückt – davon, sich Sorgen zu machen, an die Autorität ihres Mannes zu appellieren, ihr Leben nach ihrer Vorstellung davon formen zu wollen, wie es sein »sollte«, und alles verhindern zu wollen, was wehtun könnte. Sie hatte eine neue Grundhaltung entwickelt und nahm das Leben, wie es war. Sie sah auch die Affäre ihres Mannes – die Krise, die sie zu der Therapie veranlasst hatte – in einem völlig anderen Licht.

Vor der Scheidung, als sie der Auffassung gewesen war, ihr Leben ganz allein in der gewünschten Weise gestalten zu müssen, konnte sie die grundlegende Einheit des Lebens nicht spüren. Sie war isoliert, gestresst und strebte nach Kontrolle. Obwohl sie ihrer Familie treu ergeben war und alles für sie tat, steckte sie in einer ausschließlich auf den Nutzen ausgerichteten (utilitaristischen) Beziehungsvorstellung fest und war bestrebt herauszufinden, *was andere ihr angetan hatten* oder *für sie tun konnten.* Ihre Rolle als Frau und Mutter bestand ausschließlich darin, ein Gefühl von Sicherheit zu erzeugen und zu versuchen, die Liebe und Sicherheit hervorzubringen, nach der sie sich selbst so sehr sehnte. Sie hatte wunderbare Absichten, aber sie betrachtete Beziehungen als Transaktionen, und nachdem ihr Mann eine Affäre angefangen und sie verlassen hatte, fühlte sie sich sehr allein und isoliert, was ihre Vorstellung bestätigte, dass man Liebe entweder hatte oder nicht.

Während sie sich erholte, spürte sie allmählich die Liebe im Gefüge des Lebens und gewann das Gefühl, dass das Leben mit ihr und für sie arbeitete.

»Ich kann jetzt eine Gewissheit in mir spüren«, sagte sie ein Jahr nach ihrer ersten Sitzung. »Dass ich auf der Welt sicher bin, dass ich nicht allein bin, dass die Dinge ein gutes Ende nehmen.«

Sie sah mich erstaunt und überrascht an.

»Ich hätte niemals vorhersagen können, dass es eine Befreiung für mich sein würde, von ihm verlassen zu werden«, sagte sie. Sie selbst wäre nicht gegangen, hätte niemals ein anderes Leben gewählt. Aber die Scheidung war genau das, was sie brauchte, um wieder aufgeschlossener zu werden.

»Mein Leben lang dachte ich, meine Aufgabe bestünde darin, die perfekte Sandburg zu bauen und sie dann zu beschützen«, resümierte sie. »Doch als sie schließlich einstürzte, konnte ich endlich alles sehen, was jenseits davon lag – den Strand, das Meer, die Wellen.«

Die Wellen kommen, und die Sandburg zerfällt. Wir empfinden Verlust, Trauma, Leid. Wir bekommen das, wovor wir uns am meisten fürchten, was wir am wenigsten wollen. Selbst wenn wir die Burg unbedingt schützen wollen, können wir den Wechsel der Gezeiten nicht verhindern. Klammern wir uns zu sehr an unser Bedürfnis nach Kontrolle, kann uns alles vernichten. Wir sind so spröde, zerbrechlich und »einsturzgefährdet«, dass jedes Risiko zu groß, jede Hürde unüberwindbar erscheint. Das Bedürfnis, alles richtig zu machen, zerfrisst uns in einem Maße, dass wir den größeren Sinn für unser Tun aus den Augen verlieren und nicht sehen, dass Verlust Erneuerung möglich macht.

KAPITEL 10

Ein völlig anderes Leben

»Du wirst es nicht glauben«, sagte meine Freundin und Forscherkollegin Dr. Suniya Luthar eines Nachmittags im Jahr 2008. Wir saßen in ihrem Büro an der Universität und balancierten ungeschickt die Salate aus der Cafeteria auf unseren Knien. Wir hatten uns getroffen, um darüber zu sprechen, wie man den deutlichen Anstieg der Depressionszahlen bremsen könnte, den die Psychologen überall in den Vereinigten Staaten verzeichneten.

Ich kannte Suniya seit meinem Studium in Yale, wo sie als Lehrassistentin das Psychopathologieseminar unterrichtete, das ich besuchte. Für mich als neunzehnjährige Studentin war es eine Inspiration gewesen, diese lebhafte und begeisternde Frau zu sehen, die so hell strahlte, dass sie praktisch funkelte, und die gleichzeitig durch und durch Wissenschaftlerin war. Bei Suniya gab es keinen Small Talk. Sie war intelligent, leidenschaftlich und hatte eine gestochen scharfe Sicht auf die Welt. Sie war eine Wissenschaftlerin par excellence: Um einem Rätsel oder Problem auf den Grund zu gehen, folgte sie der Spur der Zahlen. Ihre anfänglichen Forschungen an der Schnittstelle zwischen Armut und psychischer Gesundheit hatten zur Gründung der Head-Start-Programme beigetragen und als Vorbild für die lebensverändernde und -verbessernde Macht der Wissenschaft gedient. Inzwischen war sie Psychologieprofessorin an der Columbia University und nach wie vor mit Forschungen beschäftigt, die dazu dienten, das Wohl von Kindern und ganz besonders von Jugendlichen im unterversorgten städtischen Raum zu unterstützen. Weil die Häufigkeit von Depressionen im Alter zwischen zwölf und achtzehn Jahren sprunghaft stieg, war es von entscheidender Bedeutung, dass wir uns auf die Jugendlichen konzentrierten, wenn wir die Ausbreitung der Epidemie eindämmen wollten.

Während wir unseren faden Salat kauten, informierte mich Suniya über die neueste überraschende Wendung bei ihrer Forschung. Auf der Suche nach einer Vergleichsgruppe zu der städtischen Jugendpopulation, die sie untersuchte, hatte sie begonnen, die Jeunesse dorée in wohlhabenden Vororten von New York City, San Francisco und anderen US-Großstädten anzusehen. Aber als sie mehr über diese wohlhabenden Vergleichsgruppen aus den Vorstädten in Erfahrung brachte, stellte sie fest, dass die »reichen« oder »privilegierten« Kinder in mehreren Bereichen deutlich schlechter abschnitten als die finanziell schlechter gestellten Altersgenossen. Suchtmittelmissbrauch, Angst und Depressionen waren bei ihnen erheblich häufiger, und obwohl sie über finanzielle Mittel verfügten und ihnen körperlich keine Gefahr drohte, fühlten sie sich verletzlicher und ängstlicher.

Diese Erkenntnis überraschte viele Psychologen. Im Großen und Ganzen hatten die wohlhabenden Kinder engagierte Eltern, die sie unterstützten; sie besuchten hervorragende Schulen, hatten die Mittel für außerschulische Aktivitäten und Reisen und kamen in den Genuss zahlreicher schulischer, beruflicher und sozialer Chancen. Sie hatten immer zu essen und konnten sich gefahrlos auf den Straßen bewegen. Warum waren sie so depressiv?

Suniya ging in die Schulen, um Kinder zu befragen. Dabei wurde sie auf ein soziales Klima aufmerksam, das ihrer Ansicht nach das psychische Leid erklärte. Zum einen machten die meisten wohlhabenden Kinder die Beobachtung, dass die Liebe ihrer Eltern und Familien an Bedingungen geknüpft war. Sie sagten etwas wie: »Papa kommt zu meinen Fußballspielen, aber er kommt nicht zum Abendessen mit der Familie.« Oder: »Mama fragt: ›Wie ist der Mathetest gelaufen?‹ Aber sie fragt nicht: ›Wie fühlst du dich?‹« Die Kinder beklagten häufig, sie fühlten sich wie Wirtschaftsgüter. Ihre Aufgabe war es, im schulischen, sportlichen und musikalischen Bereich Leistung zu bringen und sich die Anerkennung ihrer Eltern zu verdienen. Diese beschäftigten sich endlos mit Zeugnissen, Pokalen und Ranglisten. Aber niemand sagte: »Ich bin so glücklich, dich zu sehen.«

»Wenn sie schwache Leistungen bringen, fühlen sie sich unzulänglich«, sagte Suniya. »Und wenn sie *tolle* Leistungen bringen, haben sie ständig Angst, dass sich das ändern könnte. Sie nehmen scharenweise irgendwelche nicht verordneten Medikamente oder Substanzen, nur um diese chronische Angst bezüglich ihres Werts zu lindern.«

Unter Gleichaltrigen herrschte ein ähnlich schlechtes soziales Klima. Bei der Untersuchung der Variablen für Beliebtheit fand Suniya heraus, dass die Faktoren, die bei Mädchen mit Beliebtheit einhergingen, ein schlanker Körper und der Einsatz zwischenmenschlicher Aggression waren, um Dominanz herzustellen – also im Grunde, dass sie »gemein« waren. Bei Jungen waren es Suchtmittelmissbrauch und das Ausnutzen von Mädchen. Maßstab für den eigenen Wert waren die Ziffer auf der Waage, die Liste der sexuellen Eroberungen, die Bilanz aus Gewinnen und Verlusten, Erfolgen und Misserfolgen.

Suniya befand sich mitten in einer Längsschnittstudie und begleitete Jugendliche, bis sie erwachsen waren, das heißt im Alter zwischen 12 und 24 Jahren. Sie bat mich um meine Mitarbeit und darum, die Studie um einige spirituelle Messwerte zu erweitern.

Ein paar Jahre später kamen sie und der Student Sam Barkin zu mir ins Büro, um erste Ergebnisse zu präsentieren.[24] Sie hatten herausgefunden, dass die Spiritualität bei den wohlhabenden Jugendlichen signifikant schwächer ausgeprägt war als in der Gesamtbevölkerung. Nur 15 Prozent der Kinder aus den besonders ressourcenstarken Vororten gaben an, über eine persönliche spirituelle Identität oder Praxis zu verfügen. Dieser Wert beträgt weniger als ein Viertel des bei Meinungsumfragen veröffentlichten landesweiten Werts.

Sie hatten auch entdeckt, dass bei den 85 Prozent der Stichproben, die nicht spirituell waren, das Soziopathierisiko mehr als das Zehnfache des nationalen Werts betrug. Da sie in einer Kultur sozialisiert worden waren, die ihren Wert daraus ableitete, wie dick oder dünn sie waren oder ob sie in der letzten Schulaufgabe eine Eins oder eine Zwei geschrieben hatten, besaßen sie kein Fundament aus bedingungsloser Liebe oder einem Gefühl der Verbundenheit. Sie waren einsam und isoliert aufgewachsen, benutzten andere und wurden von ihnen im Spiel um den Erfolg benutzt.

Ich stieg über die Stapel aus Büchern und Arbeiten auf dem Boden, um aus meinem kleinen Bürofenster zu sehen. Die Wolken schoben sich auseinander, und das schwache Licht der Wintersonne ergoss sich über Backsteine, Beton und kahle Bäume. Studierende eilten von einem Gebäude zum nächsten, die Rücken von der Last der schweren Rucksäcke gekrümmt, die Köpfe zum Schutz vor dem Wind eingezogen.

»Da ist noch mehr«, sagte Sam. »Die 15 Prozent, die sich als spirituell betrachten, erleben nicht das gleiche gewaltige Ausmaß an Ängsten, Depressionen und Suchtmittelmissbrauch wie der Rest der Kohorte.«

Die gewonnenen Querschnittsdaten bewiesen nicht, dass

Spiritualität die psychische Gesundheit *verbessert*. Aber sie zeigten einmal mehr den starken Zusammenhang zwischen Spiritualität und geringerem Leid. Wer spirituell ist, ist immun und gegen das anderenfalls erhöhte Risiko geschützt.

Wieder ein paar Jahre später erhielt ich die Ergebnisse bezüglich des Zusammenhangs zwischen spiritueller Entwicklung und psychischer Gesundheit bei den Kindern, die Suniya seit ihrem zwölften Lebensjahr begleitet hatte und die jetzt 24 Jahre alt waren. Die meisten von ihnen hatten inzwischen das College abgeschlossen, waren berufstätig oder studierten noch weiter. Wir sahen, dass diejenigen, die mit achtzehn Jahren hohe Spiritualitätswerte gehabt hatten, selbst wenn sie im Studium unter Zweifeln und Depressionen litten, letztlich mit einer starken Spiritualität daraus hervorgingen. Bei diesen jungen Erwachsenen, die schon als Achtzehnjährige spirituell gewesen waren und sich ihre Spiritualität im Laufe der Zwanziger bewahrt oder wiederbelebt hatten, war die Wahrscheinlichkeit erheblich geringer, dass sie depressiv waren oder Suchtmittel missbrauchten, und sie war erheblich höher, dass sie in gesunden Beziehungen lebten und sich gemeinnützigen Organisationen oder Gemeinschaften anschlossen. Ein starker spiritueller Kern schenkte diesen jungen Menschen ein völlig anderes Leben.

Ich wollte herausfinden, inwiefern sich unser Leben mit dem Faktor Spiritualität anders entfaltet. Dazu entwickelte ich zusammen mit meiner Kollegin Myrna Weissman, deren Daten ich in meiner Studie zur generationenübergreifenden Übertragung von Spiritualität verwendet hatte, eine Analyse des langfristigen klinischen Verlaufs, um das Verhältnis zwischen Spiritualität und Depressionen an der Schwelle zum Erwachsenwerden zu untersuchen.[25]

Die Sechzehnjährigen, die in meiner Studie zur generationenübergreifenden Übertragung von Spiritualität zur Stichprobe der zweiten Generation gehörten, waren inzwischen 26 Jahre alt. Innerhalb dieses Zehnjahreszeitraums konzentrierten wir uns auf die beiden Parameter »Depression« und »Entstehung von Spiritualität«. Wir bestimmten mithilfe eines strukturierten diagnostischen Interviews namens »Schedule for Affective Disorders and Schizophrenia – Lifetime« (dt. etwa »Fragebogen zu affektiven Störungen und Schizophrenie im Laufe des gesamten Lebens«), welche Probanden die Kriterien einer schweren Depression erfüllten. Um etwas über die Entstehung von Spiritualität herauszufinden, stellten wir die bewährte Frage, wie wichtig ihnen Religion oder Spiritualität persönlich waren. Sie war nach wie vor die beste Möglichkeit, um Spiritualität zu messen, was meiner Ansicht nach daran liegt, dass sie direkt auf das im Alltag gelebte Empfinden spirituellen Bewusstseins abzielt. Änderungen bei dieser Antwort zwischen dem 16. und dem 26. Lebensjahr halfen uns festzustellen, ob der spirituelle Kern im Laufe der Zeit stärker geworden oder verkümmert war.

Angesichts der bisherigen Erkenntnisse zur schützenden Wirkung der Spiritualität erwarteten wir, dass bei den jungen Erwachsenen mit einer starken persönlichen Spiritualität die Depressionswahrscheinlichkeit geringer war. Stattdessen zeigten sich zwei verblüffende Ergebnisse.

Erstens: Bei denjenigen, die mit 26 Jahren eine starke persönliche Spiritualität besaßen, war die Wahrscheinlichkeit, dass sie in der Vergangenheit depressiv gewesen waren, *2,5-mal so hoch*. Man könnte auch sagen, dass die Entwicklung von Spiritualität weniger eine Alternative zur Depression als vielmehr eine Lebensweise zu sein scheint, die sich parallel zu oder aufgrund der Schwierigkeiten entwickelt.

Zweitens: Diejenigen, die mit 26 Jahren eine starke persönliche Spiritualität besaßen, waren innerhalb der nächsten zehn Jahre zu *75 Prozent* gegen das erneute Auftreten einer schweren Depression geschützt. Bei denjenigen, die sehr spirituell waren und schon einmal eine schwere Depression erlebt hatten, war die Schutzwirkung der Spiritualität gegen das erneute Auftreten von Depressionen sogar noch größer: Sie betrug erstaunliche *90 Prozent*. Hier handelte es sich um Menschen, die ein hohes familiäres Depressionsrisiko hatten und in Haushalten aufgewachsen waren, über denen dunkle Wolken der Depression hingen. Sie schienen auf eine spirituelle Reaktion konditioniert zu sein, wenn sie in ihrer späten Jugend oder als junge Erwachsene schmerzliche Verluste erlitten, Enttäuschungen erlebten oder unerwünschte Erfahrungen machten. Es war, als verbessere ihre Sensibilität für und ihre Vertrautheit mit dem psychischen Leid ihre Fähigkeit zu einer tieferen spirituellen Reaktion auf die Herausforderungen des Lebens. Stark gefährdete Personen, die spirituelle Kraft für den Umgang mit Leid aufbauten, waren bei der nächsten Begegnung mit Kummer oder Enttäuschung vor der Abwärtsspirale geschützt, da sie eine spirituelle Reaktion darauf entwickelt hatten.

Mir wurde klar, dass mein anfängliches Verständnis der epidemiologischen Daten – dass Spiritualität ein Schutzfaktor gegen psychisches Leid ist – ein wenig allgemein war. Das neue Ergebnis legte nahe, dass spirituelles Bewusstsein weniger ein Puffer ist, der verhindert, dass man jemals mit Leid konfrontiert wird. Vielmehr lockt das Leiden das spirituelle Bewusstsein hervor und baut damit den spirituellen Kern auf, der uns auf die nächste Begegnung damit vorbereitet. Offenbar diente die Auseinandersetzung mit Momenten des Schmerzes und der Leere tatsächlich als Katalysator für die Entstehung von Spiritualität.

Ich dachte an meine eigene Depression zu Beginn des Studiums und die Fälle der Studierenden, die ich betreut hatte und die durch eine entwicklungsbedingte Depression gegangen waren. Könnte es sein, dass wir eine biologische Uhr haben, die uns in Verzweiflung, Verwirrung, Kummer und Depression stürzt? Und dass wir, indem wir Fragen stellen und die Leere und die Angst spüren, isoliert zu sein oder keine Aufgabe zu haben, zu einer tieferen Verbundenheit mit dem Leben gelangen? Könnte es sein, dass die Möglichkeit zur Vertiefung unserer Spiritualität ebenso Teil unserer körperlichen Entwicklung ist wie der Umstand, dass unsere Haare irgendwann grau werden oder wir die Fähigkeit zum Kinderkriegen erst bekommen und dann wieder verlieren? Möglicherweise verstärkt unsere Biologie unsere spirituelle Wahrnehmungsfähigkeit in gewissen Lebensphasen, wie es schien. Unsere Studie zeigt: Wenn wir auf das plötzliche Aufbranden unseres hochfahrenden spirituellen Lebens reagieren, sind wir für die nächste Lebensphase gerüstet. Anderenfalls erhöht sich die Wahrscheinlichkeit, dass wir depressiv werden – dass wir einen anhaltenden Hunger nach Liebe, Verbundenheit und Transzendenz verspüren und nicht wissen, wie wir ihn zähmen sollen.

Wir haben die Wahl, wie wir an das Leben herangehen wollen – besonders an wichtigen Wendepunkten in der Jugend, der Lebensmitte und in Zeiten von Trauma und Verlust. Wir können die existenziellen Fragen und das Hochfahren unseres spirituellen Bewusstseins ignorieren. Wir können Arzneimittel schlucken, die den Schmerz dieser Fragen dämpfen, oder Substanzen nehmen, die uns eine vorübergehende Atempause – oder eine künstliche Version der ersehnten Transzendenz – verschaffen. Wir können uns aber auch öffnen und zulassen, dass neuer Sinn entsteht und wir uns gewahr werden, geliebt, beschützt und Teil des Ganzen zu sein.

Ich dachte an eine Highschool-Schülerin, die ich im Rahmen meiner Interviews in ähnlich wohlhabenden Gegenden wie denjenigen in Suniyas Studien kennengelernt hatte. Ich saß in Hannahs ordentlichem Zimmer in dem eleganten, im Kolonialstil erbauten Haus ihrer Familie in einem Vorort von New York und sprach mit ihr über die Feinheiten des Highschool-Lebens. Sie war Tänzerin und trainierte fünfmal die Woche. Sie war lebhaft und anmutig. Aber sie zeigte auch Anzeichen einer ängstlichen Depression. Ihre Fingernägel waren bis aufs Nagelbett abgekaut, die Haut an ihren Fingern war wund und stellenweise blutig. Während sie über ihren Alltag sprach, fiel mir auf, dass sie immer wieder ins spirituelle Bewusstsein wechselte und zwischen Isolation und Verbundenheit schwankte.

»Mädchen in meinem Alter betrachten ihren Körper sehr kritisch«, sagte sie. »Was sie wiegen und wie sie aussehen.« Sie schüttelte den Kopf und lachte. »Ich fühle mich in meinem Körper wohl und brauche trotzdem jeden Morgen eine Dreiviertelstunde, um mir die Haare zu machen und mich zu schminken! Es ist allerdings nicht so, als würde ich morgens beim Aufstehen denken: ›Heute werde ich wahrscheinlich gut aussehen.‹«

Ich bat sie, mehr über die Unsicherheit zu erzählen, die sie bei sich und anderen beobachtete. Woher kam sie?

»Wir sind eben eine Kultur, die sehr stark urteilt«, sagte sie. »Wenn du ein Junge bist, machst du abfällige Bemerkungen über Mädchen. Du sagst Sachen wie ›Die lässt sich echt gehen‹. Und wenn du ein Mädchen bist, nimmst du deine Schwächen genauestens unter die Lupe. Meine Freundinnen machen ständig Bemerkungen wie ›Früher hatte ich so einen tollen Hintern, aber jetzt sieht man nichts mehr davon, weil meine Oberschenkel so gewaltig sind; ich muss aufhören zu essen‹ oder ›Ich habe null Kurven, ich sehe aus wie ein Junge und bin so unproportioniert‹.

Du schaust in den Spiegel, und dein erster Gedanke ist: ›Ich bin abstoßend.‹«

Sie sagte, ihre Lehrer und Eltern hätten ebenfalls falsche Erwartungen an die Kinder. Es fiele ihr schwer, sich darüber klarzuwerden, was sie mit ihrem Leben anfangen wollte – weil ihr Kopf so voll mit der Kritik und den Forderungen anderer Menschen sei.

Ich wollte wissen: »Hattest du schon einmal eine spirituelle Erfahrung?«

Sie nickte heftig und lächelte. »Ja! Wenn ich mich irgendwo in der Natur befinde oder einfach nur draußen bin und einen schönen Augenblick genieße. Einmal machte unsere Familie Urlaub an der Küste, und ich stand am Ufer und schaute aufs Meer hinaus. Plötzlich hatte ich das Gefühl, wie eine Welle zu sein. Ich kann es schlecht beschreiben. Auf einmal fühlte sich alles ganz langsam an, wie ein Film in Zeitlupe, fließend wie ein Traum, und plötzlich war ich mit etwas Größerem verbunden. Ich dachte: ›Ich bin hier. Ich habe das Gefühl, *einfach nur ich* zu sein.‹ Das passiert nicht oft, aber wenn es geschieht, fühle ich mich um Klassen klüger. Als wäre alles möglich. Ich liebe dieses Gefühl!« Sie lächelte noch einmal und zuckte dann mit den Schultern. »Aber das ist nicht wissenschaftlich, und ich glaube an die Wissenschaft und die Evolution und alles.«

Ich war beeindruckt, wie mühelos Hannah eine spirituelle Erfahrung abgerufen, wie intuitiv sie ihre Bedeutung erfasst hatte, und wie lebendig sie diese beschrieb – und wie rasch sie sich wieder davon distanzierte. Sie brachte Ehrfurcht zum Ausdruck, um sie sofort wieder zu verleugnen. Irgendwann hatte Hannah gelernt, dass dieser spirituelle Daseinszustand nicht richtig echt war, dass er nicht wirklich zählte.

Die neuen Daten zeigten, dass ihr Leben sehr unterschiedlich verlaufen würde – je nachdem, ob sie ihre Spiritualität pflegte oder aufgab. Wenn es ihr gelang, das Gefühl transzendenter Einheit, das sie am Meer empfunden hatte, anzunehmen und zu vertiefen, würde sie später nicht zu Depressionen neigen. Wenn sie ihr spirituelles Selbst zum Schweigen brachte, wuchs die Wahrscheinlichkeit, dass die Depression zurückkam.

Meine drei epidemiologischen Studien zeigten eine glasklare und unbestreitbare Schutzwirkung der Spiritualität – keine weitere Interpretation war vonnöten. Doch die Ergebnisse beruhten auf sehr allgemeinen, zweidimensionalen Daten, die wir noch dazu aus großer Höhe aus der Vogelperspektive betrachteten. Um eine Erklärung für das Muster zu finden, würde ich erheblich näher an Körper und Gehirn heranzoomen müssen. Die auf Selbsteinschätzung beruhenden Daten boten zwar einen guten Überblick über die Grundbedingungen des menschlichen Lebens. Aber sie gaben keine Hinweise darauf, was man konkret für die Patienten tun konnte. Als klinische Psychologin hatte ich untersucht, was tatsächlich zur spirituellen Entwicklung gehört, und wie wir Kliniker unseren Patientinnen und Patienten spirituelles Bewusstsein vermitteln oder sie dazu anleiten konnten. Als Wissenschaftlerin musste ich verstehen, ob der Zusammenhang zwischen Spiritualität und psychischer Gesundheit auch auf physischer Ebene sichtbar war. Waren Depression und spirituelle Entwicklung im Grunde Ausdruck einer gemeinsamen Physiologie? Konnte man, ausgehend von Kenneth Kendlers Entdeckung einer angeborenen Spiritualität, den biologischen Mechanismus hinter der spirituellen Veranlagung, einen weiteren Hinweis auf Spiritualität in unserem Körper, unserem Gehirn oder unseren Genen ausfindig machen?

KAPITEL 11

Auf Spiritualität programmiert

Im Jahr 2009 begannen Forschende im Labor meines Kollegen Dr. Brad Peterson an der Columbia University damit, die gleichen Fragen im Hinblick auf die Depression zu stellen, die ich zur Spiritualität stellte: Gibt es eine physiologische Grundlage für Depression? Ist sie im Gehirn zu sehen?[26] Brad und sein Team gingen von der Annahme aus, man könne möglicherweise einen eingefahrenen Weg erkennen, nicht nur bestimmte Hirnaktivitäten, sondern auch bestimmte Hirnstrukturen könnten mit einer Depression sowie anderen affektiven Störungen und psychischen Erkrankungen verbunden sein. Brads Labor leistete einen fantastischen Beitrag zur Forschung in diesem Bereich und nutzte bildgebende Verfahren, um sich die Hirnstruktur von 131 Probanden aus Myrna Weissmans umfangreicher Datenstichprobe anzusehen. Die Untersuchten waren zwischen sechs und 64 Jahre alt. Die eine Hälfte von ihnen hatte eine familiäre Vorbelastung für Depression, die andere nur ein geringes Risiko.

Bei den Probanden mit depressiven Eltern und Großeltern war *die rechte Hirnrinde (Kortex) im Vergleich signifikant dünner* – bis zu 28 Prozent. Auch bei Menschen mit hohem Depressionsrisiko war die äußerste Schicht dieser Hirnregion erheblich dünner. Brad sagte, das Außergewöhnlichste an diesem Befund sei für ihn, »dass man noch zwei Generationen später etwas davon sieht, und zwar sowohl bei den Kindern als auch bei den Erwachsenen.

Es ist sogar dann sichtbar, wenn die Nachkommen selbst noch nicht erkrankt sind«.

Er meinte, dieses Dünnerwerden der Hirnrinde sei nicht unbedingt eine familiäre oder genetische Veranlagung – es könne »die Folge davon sein, dass sie mit kranken Eltern oder Großeltern aufgewachsen sind. Studien zeigen, wenn Eltern depressiv sind, verändert dies die Umgebung, in der Kinder aufwachsen«.

Die dünner werdende Region – die Hirnrinde – ist der Teil des Gehirns, in dem emotionale Reize verarbeitet werden. Er ist vor allem für das logische Denken, das Planen und die Laune wichtig. Eine dünnere Hirnrinde beeinträchtigt unsere Fähigkeit, die Welt wahrzunehmen, uns darin zurechtzufinden und uns selbst klar zu sehen. Brads Team zeigte im materiellen physiologischen Bereich, was bislang nur auf klinischer Ebene bekannt gewesen war: dass sich bei einer Depression das Wahrnehmungsfeld verengt und sich unsere Sicht auf unsere Beziehung zu unseren Mitmenschen und der Welt im Allgemeinen verzerrt – dass die Gedanken kreisen, wobei wir den größeren Zusammenhang nicht erkennen.

Wenn biologische Signalwege der Depression sichtbar waren, konnte man vielleicht auch biologische Signalwege der Spiritualität sehen?

Im Jahr 2011 bekam ich unerwartet eine einmalige Gelegenheit. Meine langjährige Kollegin Myrna, die ihre generationenübergreifenden Daten so großzügig mit mir und Brad teilte, hatte sich an die John Templeton Foundation gewandt. Diese Organisation unterstützt die wissenschaftliche Suche nach Antworten auf die »großen Fragen«. Myrna knüpfte an die Auszeichnung an, die ich für die epidemiologische Arbeit bekommen hatte, welche ich zusammen mit ihrem Team entwickelt hatte, und fragte nach, ob man ihrem Labor möglicherweise Mittel für die Untersuchung der neuronalen Korrelate der Depression zur Verfügung stellen würde. Man bot ihr eine Finanzierung an und verlangte, dass man die »Frau für Spiritualität und Religion« – also mich – in die Forschung einbezog.

Damit ging für mich ein Traum in Erfüllung. Wir würden die ergiebigen Daten aus Myrnas seit 35 Jahren laufender Studie nutzen können – eine drei Generationen umspannende Stichprobe, zu der sowohl Menschen mit großem genetischem Depressionsrisiko als auch solche aus tiefen spirituellen Erblinien gehörten.

Myrna begleitete die gleiche Kohorte von Frauen aus New Haven schon so lange, dass sie inzwischen Kinder und Enkel bekommen hatten. Die älteste Generation war so alt wie meine Eltern, die zweite Generation so alt wie ich. Vielleicht waren wir in den gleichen Cafés gewesen, als ich dort studierte, oder hatten uns Konzerte der gleichen Bands im Toad's Place angesehen. Ich fühlte mich mit der »G-2«-Gruppe verbunden, weil ich zur gleichen Zeit und am gleichen Ort durch eine entwicklungsbedingte Depression gegangen war und, wie viele dieser Frauen, ein Aufkeimen der Spiritualität erlebte. Ich erkannte meine eigene Geschichte in den ihren wieder, denn das sind die Datensätze immer für mich – menschliche Geschichten. Nun hatten wir zum ersten Mal sowohl die finanziellen Mittel als auch die Stichprobe, um den Zusammenhang zwischen Depression und Spiritualität in der gleichen Kohorte von Frauen zu untersuchen, die ich über weite Strecken meines Lebens als Wissenschaftlerin begleitete.

Langsam entschieden wir über das Design der Studien. Wir beschlossen, die Hinterhaupts-, Scheitel- und Praecuneusregion zu untersuchen – die Hirnregionen, bei denen andere Forschende einen Zusammenhang mit Depressionen festgestellt hatten. Der Hinterhauptslappen befindet sich im hinteren Bereich des Kopfes und wird meist als Zentrum der visuellen Wahrnehmung im Gehirn betrachtet. Der etwas weiter oben platzierte Scheitellappen unterstützt uns bei der Orientierung im Feld der Sinnesinformationen. Der Praecuneus ist der Teil des Scheitellappens, der bei der Reflexion zum Einsatz kommt.

Wir konzentrierten uns auf die für Wahrnehmung, Orientierung und Reflexion zuständigen Hirnregionen und scannten Menschen mit hohem und geringem Depressionsrisiko im MRT. Anschließend verglichen wir die Hirnstrukturen der Probanden mit hohem Depressionsrisiko, die von einer starken persönlichen Spiritualität berichtet hatten, mit denen der stark gefährdeten Probanden, auf die das nicht zutraf.

»Was genau werden wir deiner Ansicht nach finden?«, neckten mich meine Kolleginnen und Kollegen. »Glaubst du *wirklich*, dass wir etwas sehen werden?«

Ich wusste es nicht. Aber die Aussagekraft der epidemiologischen Daten und die ersten Bildgebungsstudien zur Depression deuteten an, dass auch unsere MRT-Studie ein klares Ergebnis liefern konnte. Und ich vertraute darauf, dass die Zahlen uns zeigen würden, was der Wahrheit entsprach.

Aber ich war in keiner Weise auf das vorbereitet, was wir an jenem Tag nach achtzehn Monaten Arbeit an der Studie sahen, an dem sich das MRT-Team traf, um die neuen Ergebnisse zu sichten. An jenem Tag, an dem unser Datenanalyst Ravi die zu einem Gesamtbild zusammengefügten Daten der hochspirituellen und der wenig spirituellen Gehirne herumgereicht hatte, und wir den ersten atemberaubend klaren Blick auf das erwachte Gehirn werfen konnten.

Die Studienteilnehmer, für die Spiritualität und Religion eine große Bedeutung hatten, verfügten über eine gesündere neuronale Struktur als diejenigen, für die Spiritualität und Religion von mittlerer, geringer oder unwesentlicher Bedeutung waren.[27] Als ich den Ausdruck des Gehirns betrachtete, welches das MRT-Team später als »rotes Gehirn« bezeichnen würde – das hochspirituelle Gehirn mit den breiten, ausgedehnten Bereichen mit dicker Hirnrinde –, erblickte ich das physische Gegenstück zu den Entdeckungen, die ich in den vergangenen zwanzig Jahren in meiner klinischen und epidemiologischen Arbeit gemacht hatte. Das rote Gehirn hatte etwas mit der Schutzwirkung der Spiritualität zu tun. Damit, dass manche von uns in entwicklungsbedingten Risikophasen besser vor einer Depression geschützt sind. Damit, dass wir auf eine Weise kämpfen und zweifeln können, die unser spirituelles Bewusstsein vertieft und entscheidet, wie wir das Leben sehen und jeden Augenblick erleben möchten.

Das Ergebnis eröffnete einen neuen Zugang zum Verständnis der Psyche. Bei spirituell bewussten Menschen quer durch alle Glaubenstraditionen – einschließlich derjenigen, die keiner Glaubenstradition angehörten – schien sich das Gehirn gegen die seit langer Zeit bestehenden neurologischen Strukturen der Depression schützen zu können.

Einer der Schritte, die mir bei der Veröffentlichung von Forschungsergebnissen in wissenschaftlichen Fachzeitschriften besonders gefallen, ist der sogenannte Peer-Review-Prozess – die Begutachtung durch Kollegen. Dabei werden Artikel, die für eine Veröffentlichung in Betracht kommen, zur externen Analyse an mindestens zwei Wissenschaftler geschickt. Die wissenschaftliche Gemeinschaft ist sich im Allgemeinen einig, dass *jeder* Artikel von einer Zusammenarbeit profitiert und sich viele Artikel durch zusätzliche Analyse- oder Prüfungsschritte verbessern lassen. Weil unsere MRT-Studie zum erwachten Gehirn derart bahnbrechend und so weit von allem entfernt war, was davor in der Zeitschrift *JAMA Psychiatry* erschienen war, mussten wir besonders sorgfältig sein. Unsere Studie durchlief eine komplette zweite Begutachtungsrunde, um sicherzustellen, dass die strenge Analyse absolut wasserdicht war.

Die Begutachtung ist immer anonym. Je weitreichender oder neuartiger die Erkenntnis, desto größer ist die Wahrscheinlichkeit, dass der Artikel von renommierten, erfahrenen Spitzenwissenschaftlern ihres Fachgebiets begutachtet wird. Das Entscheidende am wissenschaftlichen Validationsprozess aber ist, dass es bei der Begutachtung um die wissenschaftliche Methode und die Analyse der Daten, nicht um Personalien, kulturelle Trends oder gar gemeinsame wissenschaftliche Interessen geht. Die Arbeit wird ausschließlich auf der Grundlage ihres wissenschaftlichen Werts beurteilt.

Aber ich erinnerte mich an das Stirnrunzeln bei der Präsentation, die ich fünfzehn Jahre zuvor auf der Fallkonferenz gehalten hatte. Selbst strenge Wissenschaftler waren nicht in der Lage gewesen, die Daten unbeeinflusst von ihren Vorurteilen zu betrachten, dass Spiritualität eine Krücke oder ein kulturelles Artefakt sei. Würden wir unsere Arbeit mit der Ermahnung der Kollegen zurückbekommen, dass wir nach einer verborgenen Variablen suchen sollten, die das rote Gehirn erklärte?

Doch die Gutachten waren voll mit klaren, durch und durch wissenschaftlichen Einsichten und sprachen kleinere Punkte, die man noch klären konnte, und ergänzende statistische Folgestudien an. Einer der Gutachter regte bezüglich unserer Erkenntnisse, dass die Hirnrinde von Menschen mit sowohl ausgeprägter als auch dauerhafter Spiritualität dicker war – die also über einen längeren Zeitraum hinweg eine starke Spiritualität hatten –, an: »Könnten Sie prüfen, ob eine dicke Hirnrinde vor dem Ausmaß der Symptome einer Depression schützt?« Das heißt, ob ein rotes

Gehirn nicht nur langfristig vor der schlimmeren Diagnose einer schweren Depression schützte, sondern ob seine Empfindsamkeit ausreichte, um alltägliche leichte bis mittelschwere Depressionssymptome zu lindern? Wir analysierten die Daten noch einmal unter Berücksichtigung einer Depressionsskala, um auch die Depressionssymptome einzubeziehen. Dabei stellten wir fest, dass eine dicke Hirnrinde in der Tat nicht nur vor dem periodischen Auftreten diagnostizierbarer depressiver Episoden, sondern auch vor akuten und weniger ausgeprägten Depressionssymptomen schützt. Ohne das rundum wissenschaftliche Verfahren der Begutachtung hätten wir diese Tatsache vielleicht nie entdeckt.

Ein weiterer Gutachter bemerkte, dass die Hirnrinde bei der Hochrisikogruppe besonders dick war, und bat uns darum, diesen Datenpunkt genauer zu untersuchen. Warum war bei hochspirituellen Menschen mit großem familiärem Depressionsrisiko eine stärkere Verdickung der Hirnrinde festzustellen als bei hochspirituellen Menschen mit geringem Depressionsrisiko? Mein brillanter Kollege Craig Tenke stellte die Hypothese auf, das Gehirn stärker gefährdeter Personen reagiere vielleicht sensibler auf den Einfluss von Spiritualität. Es war eine große Erkenntnis, dass diejenigen, die besonders anfällig für Depressionen sind, durch Spiritualität möglicherweise auch tiefer bereichert werden, dass neben einer Anfälligkeit für Depressionen auch eine spirituelle Sensibilität existiert, die zu einer deutlicheren Stärkung der Neuroanatomie führt. Aber auch Menschen mit geringem Depressionsrisiko profitierten von Spiritualität. Allerdings war für diejenigen, bei denen ein hohes Risiko für eine Depression oder ein Dünnerwerden der Hirnrinde bestand, die Spiritualität noch wichtiger. Vielleicht sind es unsere Künstler, Autoren, Glaubensführer, Schamanen und Musiker, die besonders empfindsam auf Erfahrungen reagieren.

Inspiriert von den neuen Erkenntnissen aus dem Peer-Review-Prozess, untersuchte unser Team einen weiteren Aspekt bei der Gruppe mit dem hohen genetischen Depressionsrisiko. Wir baten Studienteilnehmende, ins Labor zu kommen, die Augen zu schließen und sich einfach zu entspannen, während sie im Bereich des Hinterkopfs unweit der Scheitel- oder Parietalregion – dem rückwärtigen Bereich, in dem ihre Hirnrinde dicker gewesen war – an einen Elektroenzephalografen (EEG) angeschlossen waren.[28] Mit dem EEG bestimmten wir die vom Gehirn ausgehende Energie. Bei den Probanden mit starker persönlicher Spiritualität gab das Gehirn im hinteren Bereich eine Wellenlänge ab, die sich als Alpha-Welle mit großer Amplitude erwies (Alpha-Wellen liegen im Bereich von acht bis zwölf Hertz). Diese Wellenlänge wird auch vom hinteren Bereich des Gehirns meditierender Mönche bei bestimmten Formen der Praxis abgestrahlt und insbesondere bei den Menschen angekurbelt, die ihre Depression mit selektiven Serotonin-Wiederaufnahmehemmern behandeln. Allerdings verschwinden bei ihnen die Alpha-Wellen mit großer Amplitude im hinteren Teil des Gehirns wieder, sobald sie die Medikamente absetzen. In unserer Studie war die Messung von Alpha-Wellen mit großer Amplitude bei den Probanden, die *sowohl* eine starke persönliche Spiritualität hatten *als auch* von einer schweren Depression genesen waren, ganz besonders ausgeprägt. Einmal mehr sahen wir eine erstaunliche Verflechtung von Depression und Spiritualität im Gehirn.

Die jahrzehntelange Suche war vorüber, und sofort tauchten Fragen auf, welche die Forschungen in eine neue Richtung lenkten. Wir hatten einen kurzen Blick auf das erwachte Gehirn erhascht. Wir hatten festgestellt, dass die Scheitelregion – im Bereich des Hinterkopfs, etwa dort, wo der untere Teil einer Baseballmütze oder die jüdische Kippa sitzt – eine wesentliche

Rolle bei der Aktivierung unseres spirituellen Bewusstseins spielt. Außerdem hatten wir ein umgekehrtes »Kindling« entdeckt – eine Möglichkeit, wie das Gehirn im Laufe des Lebens oder über Generationen hinweg einen Puffer gegen das Bollwerk der Depression aufbauen und sich davor schützen konnte.

Allem Anschein nach waren Depression und Spiritualität zwei Seiten derselben Medaille – gänzlich unterschiedliche Erfahrungen, die in Wirklichkeit wichtige physiologische Gemeinsamkeiten haben. Ich hatte mich auf epidemiologischer und klinischer Ebene lange gefragt, ob manche Depressionstypen womöglich symptomatisch für die spirituelle Sehnsucht eines Menschen und eine Aufforderung an das spirituelle Selbst waren zu erwachen. Nun konnten wir auf materieller, physiologischer Ebene sehen, dass die Spiritualität ein fest im menschlichen Gehirn verankertes Bewusstsein und ein spirituell aktives Gehirn langfristig gesünder ist. Auf einmal wirkte die Depression nicht mehr wie eine Krankheit, zumindest nicht immer. Sie wirkte eher wie eine Sensibilität oder eine Wahrnehmungsfähigkeit – ein Klopfen an der Tür, das von der Chance auf ein Erwachen des Gehirns kündete.

KAPITEL 12

Zwei Arten von Bewusstsein

Wir hatten den Sitz der Spiritualität im Gehirn gefunden und die strukturellen Vorteile eines erwachten Gehirns kennengelernt. Nun fragte ich mich, wie wir unsere Spiritualität und ihre schützende Wirkung für unser Gehirn und unser Leben aktivieren konnten. Ich wollte versuchen, Spiritualität im Augenblick des Erlebens zu beobachten. Auf diese Weise wollte ich herausfinden, ob wir die mit dem spirituellen Bewusstsein verbundenen neuronalen Vorgänge in Echtzeit verfolgen konnten.

Gleichzeitig begannen auch andere Labore in aller Welt damit, menschliche Gedanken, Gefühle und Erfahrungen mithilfe der funktionellen Magnetresonanztomografie (fMRT) in bestimmten Hirnregionen zu verorten. Die Magnetresonanztomografie (MRT) misst und lokalisiert die von Wasserstoffatomen im Körper ausgestrahlten Radiofrequenzsignale, um die Anatomie abzubilden. Die fMRT dagegen misst die Durchblutung des Gehirns, um die Gehirnaktivität in Echtzeit abzubilden. Da sich die Durchblutung in den aktiven Gehirnregionen erhöht, lassen sich mit einem solchen Scan aufgrund der veränderten Durchblutung der verschiedenen Hirnregionen Veränderungen der neuronalen Aktivität feststellen.

In Yale fand ich wunderbare Unterstützung im Bereich der Bildgebung des zentralen Nervensystems. Mark Potenza und Rajita Sinha hatten bereits jahrzehntelang auf dem Gebiet von Stress und Sucht geforscht. In jüngerer Zeit hatten sie gemeinsam mit Rajitas besonderer Untersuchungsmethode gearbeitet. Diese beruht auf der Erkenntnis, dass bei Menschen, die detailliert eine persönliche Erfahrung beschreiben, die Schilderung dieser Erfahrung die gleichen neuronalen Korrelate erzeugt wie die Erfahrung selbst. Wir wollten Rajitas Methode der persönlichen Schilderung so anpassen, dass wir die neuronalen Korrelate spiritueller Erfahrungen im fMRT sehen konnten. Dank dieser neuartigen fMRT-Studie wurden aus den epidemiologischen Untersuchungsergebnissen zu einem starken persönlichen Glauben und den neueren Erkenntnissen über das strukturell widerstandsfähigere erwachte Gehirn Aufnahmen, die live im Scanner zu sehen waren. Wir arbeiteten ein ganzes Jahr daran, die Daten für das Design einer innovativen Studie zusammenzutragen, mit der sich die neuronalen Korrelate spiritueller Erfahrungen dadurch identifizieren ließen, dass die Probanden im Scanner drei verschiedene persönliche Erfahrungen in allen Einzelheiten schilderten: ein belastendes und ein entspannendes Ereignis sowie eine spirituelle Erfahrung.[29]

Angesichts der Tatsache, dass bei älteren Jugendlichen und jungen Erwachsenen *sowohl* Spiritualität *als auch* Depressionen keimen, entschieden wir uns für die Arbeit mit Probandinnen und Probanden im Alter zwischen 18 und 27 Jahren.[30] Sie wurden angewiesen, alle drei Geschichten so detailliert wie möglich zu erzählen; sie sollten erklären, wo sie gewesen waren, wer noch anwesend gewesen war, was sie getan, wie die Umgebung ausgesehen hatte, und was sie körperlich empfunden hatten, während sich das Ereignis entfaltete.

Etwa die Hälfte der persönlichen spirituellen Geschichten handelte von einem Augenblick des Gebets oder einem Erlebnis während eines Gottesdienstes. Dabei standen oft Geräusche (Glocken, betende oder singende Stimmen) und das Gefühl im Mittelpunkt, dass sich die Grenzen zwischen dem eigenen Selbst und anderen Menschen oder dem eigenen Selbst und der Welt auflösten. Bei grob der anderen Hälfte der persönlichen Erfahrungen ging es nicht ums Beten oder den Gottesdienst, sondern um Augenblicke spirituellen Bewusstseins in der Natur – an einem Strand, auf einem verschneiten Gipfel oder an einem Teich in einem städtischen Park. Diese Schilderungen enthielten oft Bemerkungen über das Licht oder den Himmel sowie das Gefühl, eins mit der Umgebung zu sein, zum Beispiel »Du bist ein Teil von allem, was dich umgibt, und alles ist ein Teil von dir«, »Du bist mit den Bäumen, den Felsen und dem Himmel verbunden« oder »Du bist nur ein winziger Punkt im Universum, und doch ist das ganze Universum in dir«. Einige spirituelle Schilderungen handelten weder vom Gebet noch von der Natur, sondern von einer Erfahrung der Transzendenz während einer Sportveranstaltung oder beim Musizieren. Auch hier lag die Betonung auf dem Gefühl, in etwas Größerem aufzugehen – über den Körper hinauszuwachsen und mit der Musik oder der jubelnden Menge zu verschmelzen.

Unabhängig davon, ob die spirituelle Erfahrung weltlicher oder religiöser Natur war, ob sie unter einem Dach oder im Freien, in der Einsamkeit oder in Gesellschaft anderer stattfand, wiesen alle spirituellen Geschichten wichtige thematische und physische Gemeinsamkeiten auf. Alle Probanden verspürten Wärme im Körper. Sie waren ruhig, energiegeladen und fühlten sich lebendiger. Ihr Herz schlug schneller, ihre Sinne waren geschärft, ihre bohrenden Zweifel verschwanden. Emotional erlebten sie Klarheit, Ehrfurcht, Offenheit, Frieden und Einheit. Sie spürten auch eine starke Verbundenheit mit und manchmal sogar eine überwältigende Liebe für andere Menschen, eine höhere Macht oder ihre Umgebung. Grenzen lösten sich auf. Sie empfanden nicht nur ein Gefühl der Leichtigkeit oder des Friedens oder eine Abwesenheit von Schmerz oder Unruhe. Es war nicht nur ein schöner Tag, an dem die Sonne schien und die Blumen dufteten und sie glücklich waren. Mit der körperlichen und emotionalen Erfahrung war eine besondere Bedeutung verbunden: das Gefühl, eins mit der Umgebung oder dem Göttlichen zu sein, das Gefühl, die eigene individuelle Stimme oder Identität gehe in etwas Größerem auf, das sie umgab oder über sie hinausging. Sie erzählten von unmittelbar empfundenen Erfahrungen des Einsseins, von Augenblicken, in denen ihnen bewusst war, dass sie sich von einem Punkt in eine Welle verwandelten. Sie sprachen auch von Momenten schlagartigen Bewusstseins, von Augenblicken plötzlicher Führung, in denen ein Problem, ein Konflikt oder eine Frage in einer Einsicht oder Erkenntnis aufging: »Und dann wurde mir klar, dass ich beschützt werde und Gott einen Plan für mich hat.« Oder: »Und plötzlich wusste ich, dass ich ein Teil allen Lebens bin und meinen Weg finden werde.«

Die Entspannungsgeschichten waren im Gegensatz dazu körperlich und emotional neutral. Die Probanden erzählten davon, wie sie unter einer warmen Decke im Bett gelegen, gelesen oder Musik gehört, sich im Liegestuhl in der Sonne gerekelt hatten. Diese Erfahrungen waren angenehm, aber nicht mit einer besonderen Bedeutung verbunden.

Ich hatte vermutet, dass die belastenden Geschichten davon handeln würden, wie sie auf eine große Leistung hinarbeiteten oder eine Herausforderung bewältigten und zum Beispiel Mandarin lernten oder die Aufnahmeprüfung für das Jurastudium machten. Doch bei den Schilderungen aller belastenden Ereignisse – ob sie vom zwanghaften Bemühen um einen bestimmten Job, eine bestimmte Position oder einen bestimmten Menschen, der Jagd nach einem verlockenden Ziel oder dem Kampf gegen eine Verletzung des Egos oder einem Moment der Angst handelten – ging es weniger um die Bewältigung von Herausforderungen als vielmehr um das zähe Ringen um Kontrolle angesichts der Ungewissheit: »Ich will diesen Job, diese Verabredung, die Aufnahme an diese Schule unbedingt. Werde ich es schaffen?« – »Wie bekomme (und behalte) ich, was mir am wichtigsten ist?« – »Wird auch für mich genug da sein?« Der Stress schien nicht allein von dem Hindernis oder dem Konflikt, sondern auch davon auszugehen, dass die Erfahrung die Menschen zwang, das Gefühl von absoluter Kontrolle oder Meisterschaft oder ihren Selbstwert infrage zu stellen. Er war offenbar auf die große Angst der Betreffenden zurückzuführen, dass sie das, wonach sie sich am meisten sehnten, nicht hatten oder nicht bekommen konnten. Anders als bei den spirituellen Erfahrungen und den Entspannungserfahrungen kamen in den belastenden Geschichten neben sich überschlagenden Gedanken auch körperliche Empfindungen wie Wellen der Panik, Muskelverkrampfungen, Zähnezusammenbeißen, ein schweres oder flaues Gefühl im Magen oder in der Brust sowie ein allgemeines Gefühl von Leere, Erschöpfung, Ausgelaugtsein vor. Während die spirituellen Schilderungen einen Durchbruch an Klarheit oder Erkenntnis, eine plötzliche Neuordnung des Sinns enthielten, hatten die belastenden Geschichten etwas Blockiertes, Kreisendes, Grüblerisches an sich. Es strömten keine neuen Informationen ein. Es kamen keine neuen Erkenntnisse an.

Es war frappierend, wenn man die Schilderungen der Probanden unmittelbar hintereinander las. Der gleiche Mensch, der extreme Isolation und Ungewissheit empfand, war auch zu Gefühlen tiefer Einheit und Klarheit imstande. Ich konnte es kaum erwarten, ihre Hirntätigkeit zu sehen, während sie im Scanner ihren eigenen Erfahrungen lauschten. Würden wir Zusammenhänge oder Muster bei den Erfahrungen von Stress oder spirituellem Bewusstsein erkennen? Wie würden unsere Ergebnisse im Vergleich zu den Netzwerken des Gehirns abschneiden, die andere Labore unlängst mit Depressionen in Verbindung gebracht hatten?

Zwei Wochen nachdem die Probanden von ihren belastenden, entspannenden und spirituellen Erfahrungen berichtet hatten, kamen sie ein weiteres Mal ins Labor, um sich die Aufnahmen ihrer drei Geschichten anzuhören, während sie im Scanner lagen. Als ich die Dateien des Teams öffnete, konnte ich sehen, wie auf den fMRT-Aufnahmen rote, blaue und gelbe Äste aufleuchteten, die für verbundene Schaltkreise im Gehirn standen.

Während der belastenden Erfahrungen zeigten die Gehirne der Teilnehmer eine starke Aktivierung von Insellappen und Streifenkörper – den Bereichen des Frontallappens, die als Motivations- und Belohnungszentren des Gehirns dienen. Wenn Sie die Hand oben auf die Kopfmitte legen, haben Sie in etwa die Position von Insellappen und Streifenkörper. Diese Hirnregionen helfen uns, aktiv auf Ziele oder Belohnungen hinzuarbeiten. Doch bei übermäßiger Beanspruchung verhalten sich Insellappen und Streifenkörper wie eine Gangschaltung, die klemmt, und fordern uns auf: »Ich muss das haben. Ich muss es festhalten. Ich muss das schaffen.« Oder: »O nein, es ist nicht genug, ich brauche mehr!« Es sind die Bereiche, in denen wir Gefühle von Angst und Gier empfinden, und die neuronalen Netze, die uns in den Suchtmittelmissbrauch und die Sucht treiben, wenn sie aus dem Gleichgewicht geraten. Während der belastenden Schilderungen waren alle Gefühle – Angst, Grauen,

Bedauern, Wut, Verzweiflung, Unsicherheit, Hilflosigkeit, blockiert oder außer Kontrolle zu sein, fliehen oder verschwinden zu wollen, ein übertriebenes Streben nach mehr – mit einer gesteigerten Aktivität des Insellappens und des Streifenkörpers verbunden.

Bei den spirituellen Geschichten kamen vier klare Muster zum Vorschein. Zuerst kam die Deaktivierung, das Herunterfahren des sogenannten Ruhezustandsnetzwerks (Default Mode Network) – der »Grübelmaschine« und des Bereichs, der uns bei Depressionen oft dazu verleitet, endlos über uns nachzudenken, und der so dazu führt, dass wir uns von der Wahrnehmung des gegenwärtigen Augenblicks entfernen. Als im Ruhezustandsnetzwerk die Lichter ausgingen, war das wie eine visuelle Darstellung davon, dass sich das kleine, kontroll- und selbstsüchtige Selbst verabschiedete und zurückzog.

Des Weiteren gab es klare Aktivierungsmuster im ventralen Aufmerksamkeitsnetzwerk. Unser Gehirn verfügt über ein dorsales und ein ventrales Aufmerksamkeitsnetzwerk, die in einer dynamischen Wechselbeziehung stehen. Das dorsale ist unsere Top-down-Aufmerksamkeit und filtert eingehende Sinnesinformationen und Wahrnehmungen. Das ist zwar dahingehend hilfreich, dass es unsere Konzentration auf der zu erledigenden Aufgabe hält, aber es filtert auch unerwünschte Informationen heraus. Wird dieser einschränkende Filter entfernt, übernimmt unser ventrales Aufmerksamkeitsnetzwerk oder unsere Bottom-up-Aufmerksamkeit. Wir stellten fest, dass spirituelle Erfahrungen das ventrale Aufmerksamkeitsnetzwerk aktivieren, uns aufnahmefähig für Informationen jenseits unseres unmittelbaren Bewusstseins oder unserer bewussten Kontrolle machen und unerwartete, aber persönlich bedeutsame Wahrnehmungen ermöglichen. Mit dem ventralen Aufmerksamkeitsnetzwerk empfangen wir die plötzlichen Durchbrüche der Erkenntnis, die alle spirituellen Geschichten gemeinsam haben – das Aufblitzen von Klarheit und Einsicht.

Wir sahen, dass bei spirituellen Erfahrungen auch das frontotemporale Netzwerk anspringt. Dieses Netzwerk ist an der Verarbeitung des inneren Bildes anderer Menschen sowie der Beziehungsverbundenheit beteiligt, etwa wenn wir von unserer Mutter in den Arm genommen werden oder einen Menschen umarmen, mit dem wir eine Liebesbeziehung führen. Diese Erkenntnis ist ein deutlicher Hinweis darauf, dass spirituelle Zustände von einem Gefühl enger Verbundenheit begleitet sind. Darüber hinaus entdeckten wir eine subkortikale Aktivierung wie bei der Verarbeitung von positiven und belohnenden Gefühlen, etwa Liebe und Glückseligkeit, die sich von den positiven Gefühlen einer entspannenden Erfahrung unterscheiden.

Zuletzt konnten wir auch eine stärkere Aktivierung des posterioren Gyrus cinguli und eine schwächere Aktivierung des unteren Scheitelläppchens feststellen, wo wir die Empfindung der Trennung zwischen uns und anderen verarbeiten. Dem Scheitellappen sind zwei entscheidende Denkfunktionen zugeordnet: die Wahrnehmung und Einordnung von sich und anderen in Raum und Zeit sowie die Zuordnung von Handlungskompetenz, wobei eine Aktivierung des linken Scheitellappens signalisiert, dass die Handlungskompetenz außerhalb der eigenen Person verortet wird. Die Ergebnisse der fMRT-Untersuchungen zeigten, dass der Scheitellappen in einem Zustand der Spiritualität von einer gleichbleibend starken zu einer pulsierenden oder nachlassenden Aktivität übergeht. Ein aktiver Scheitellappen ist dafür verantwortlich, dass man sich als getrennt wahrnimmt. Bei einer spirituellen Erfahrung weichen harte, feste Grenzen auf. Während das Gefühl der Trennung schwindet, öffnen wir uns gegenüber Empfindungen der Transzendenz und der Verbundenheit. Dieses Muster legt nahe, dass bei einer spirituellen Erfahrung die Identifikation mit dem eigenen Körper nachlässt und die Grenzen zwischen uns und anderen verschwimmen. Wir gehen zu einem weniger scharf umgrenzten, weiter gefassten Selbstempfinden über. Wir nehmen uns als Teil eines Ganzen wahr.

Alles in allem offenbarte unsere Studie drei entscheidende Möglichkeiten, wie sich spirituelle Erfahrungen im Gehirn zeigen:[31]

---

1. als unwillkürliche Neuausrichtung der Aufmerksamkeit,
2. als Gefühl der Liebe oder des Gehaltenseins, das dem einer innigen Bindung oder Verbundenheit entspricht, und
3. als das Gefühl, sowohl ein Individuum als auch Teil des größeren Ganzen zu sein.

Zum ersten Mal konnten wir im Scanner sehen, dass spirituelles Erwachen *sowohl* ein das Selbst transzendierendes Bewusstsein *als auch* Beziehung impliziert, und dass spirituelle Erfahrungen ein Gefühl von Einheit oder Nähe erzeugen – *unabhängig davon*, ob es dabei ausdrücklich um Beziehungen geht. Wenn wir uns selbst nicht so wichtig nehmen oder nicht nur an uns denken, empfinden wir ein Gefühl von Verbundenheit. Wir verwandeln uns von einem Punkt in eine Welle.

Wir hatten die Bereiche gefunden, wo dieser Übergang vom Punkt zur Welle passiert – wo wir mit dem erwachten Bewusstsein verbunden sind: *Im ventralen Aufmerksamkeitsnetzwerk sitzt die Erkenntnis, dass die Welt lebendig ist und mit uns kommuniziert; im frontotemporalen Netzwerk sitzt das Gefühl, dass wir von anderen Menschen und dem Leben selbst liebevoll und herzlich umarmt werden; und im Scheitellappen sitzt das Wissen, dass wir zählen, dazugehören und niemals allein sind!*

Als ich auf die Farbverteilung der Scans starrte, kam mir der Gedanke, dass ich hier nicht nur die Darstellung einer Möglichkeit sah, wie wir uns auf der Welt wohler und sicherer fühlen konnten und die Perspektive des »kleinen Selbst« in einer weiteren und umfassenderen Sicht der Welt aufging. Ich beobachtete auch den mysteriösen Prozess hinter der Entstehung von Gedichten, Sinfonien und Innovationen – mit Präsenz in der Realität, Offenheit für neue Wahrnehmungen und Informationen sowie der Fähigkeit, Wahrnehmungen in Ideen, Einsichten, Sinn und Handeln zu verwandeln. Wir hatten die neuronale Andockstelle für Liebe, Einheit und Führung gefunden.

Zwei Tatsachen schienen mir besonders einflussreich und bedeutsam zu sein: erstens, dass die Momente intensiven spirituellen Bewusstseins biologisch identisch waren, ob sie nun ausdrücklich religiöser Natur waren oder nicht – dass sie physiologisch gleich waren, ob die Erfahrung in einem Gotteshaus oder auf einer Waldwanderung in der »Kathedrale der Natur« stattgefunden hatte. Sie zeigten die gleiche Stufe empfundener Intensität und dieselben Signalwege der Aktivierung im fMRT – die identischen aktiven neuronalen Korrelate. Dies war der Beweis dafür, dass das Gehirn jedes einzelnen Menschen über ein spirituelles Element verfügt, das wir jederzeit und überall aktivieren können. Seit vielen tausend Jahren führt die Menschheit sogenannte Religionskriege und trägt religiöse Konflikte aus. Doch hier konnte ich glasklar sehen, dass alle Menschen den gleichen spirituellen Teil des Gehirns nutzen. Menschen aller Religionen sowie nichtreligiöse, aber spirituelle Menschen aktivieren dieselben neuronalen Korrelate spiritueller Wahrnehmung!

Und wie es schien, konnte man sich zweitens dafür *entscheiden*, sie zu aktivieren. Ein und dasselbe gesunde, junge, erwachsene Gehirn konnte Stress – Isolation, Hilflosigkeit, Sorge, Sucht und Gier – empfinden oder der Spiritualität dienen. Dem gleichen Menschen mit dem von außen betrachtet gleichen Leben, Intelligenzquotienten, sozioökonomischen Status, Freunden, Genen, Familie und Umfeld konnte die Welt hell und voller Überfluss oder karg und leer erscheinen. Was die Probanden sahen und erlebten, hing davon ab, wie sie ihr eigenes Innenleben ordneten. Der gleiche Mensch konnte infolge der Entscheidung über seine Wahrnehmung entweder wach oder ausgelaugt sein.

Die fMRT-Studie zeigte, dass jeder Mensch zu jeder Zeit Zugang zu zwei Arten von Bewusstsein hat: dem zielgerichteten und dem erwachten Bewusstsein. Es liegt bei uns, welches wir aktivieren.

Das *zielgerichtete Bewusstsein* ist die Auffassung, unsere Aufgabe bestünde darin, unser Leben zu organisieren und zu kontrollieren. Im zielgerichteten Bewusstsein ist unsere größte Sorge: *Wie bekomme – und behalte – ich, was ich will?* Diese Art von Bewusstsein ist hilfreich – und oft unumgänglich. Sie schenkt uns die für das Erreichen von Zielen nötige Konzentration und das Engagement. Sie ermöglicht es uns auch, unsere Aufmerksamkeit und unsere Energie auf eine bestimmte Aufgabe zu richten – für eine Prüfung zu lernen, ein Projekt abzuschließen, pünktlich irgendwo zu erscheinen und eine bestimmte Fertigkeit zu trainieren. Sie erlaubt die klare Konzentration und die geradlinige Ausführung, die wir brauchen, um unsere Ziele umzusetzen und zu erreichen. Sie ist eine nützliche und unerlässliche Form der Wahrnehmung.

Doch wenn wir uns zu oft oder ausschließlich unseres zielgerichteten Bewusstseins bedienen, übernimmt es die Kontrolle, verändert unsere Hirnstruktur und bahnt Depression, Angst, Stress und Gier den Weg. Ein aus dem Gleichgewicht geratenes zielgerichtetes Bewusstsein hat einen engen Fokus, lässt sich nicht vom größeren Zusammenhang leiten, verfolgt zwanghaft den immer gleichen Weg oder die gleiche Idee, ist nie zufrieden und oft einsam und isoliert.

Es hilft uns auch nicht dabei, uns unerwünschten Resultaten zu stellen. Wenn wir unser Leben ausschließlich mit dem zielgerichteten Bewusstsein lenken, sind wir oft frustriert oder verzweifelt, wenn sich die Dinge anders entwickeln als geplant oder erhofft. Sogar wenn es den Anschein hat, als laufe alles wie beabsichtigt, haben wir das Gefühl, wir müssten ganz allein dafür sorgen, dass Gutes geschieht oder Schlechtes verhindert wird. Das Leben ist eine passive Bühne, auf der wir agieren und versuchen, die Menschen und Dinge nach unseren individuellen Zielen und Wünschen zu steuern. Dies kann dazu führen, dass wir uns isoliert fühlen, nicht aufhören können zu grübeln oder ein hartnäckiges Gefühl von Furcht, Stress oder gar Leere empfinden.

Wenn wir ausschließlich unser zielgerichtetes Bewusstsein einsetzen, bekommen wir mit der Zeit ein Wahrnehmungsproblem. Wir haben ein stark übertriebenes Gefühl von Kontrolle und sind gleichzeitig vom Herzschlag der Menschen in unserem Umfeld isoliert. Dies ist eine einsame, atomistische und grundsätzlich leere Art zu leben. Wir können alles haben und uns dennoch fühlen, als hätten wir nichts. Diese Empfindung von Leere veranlasst uns nur dazu, *noch mehr zu wollen* und uns *noch mehr anzustrengen* – sodass wir in einem Kreislauf aus Motivation und Belohnung gefangen sind. Ein überschießendes zielgerichtetes Bewusstsein wird zu Gier und Sucht: Wir brauchen immer höhere Dosen, um uns gut zu fühlen, aber keine noch so starke Kontrolle und kein noch so großer Erfolg werden das Verlangen stillen.

Wenn wir zum *erwachten Bewusstsein* wechseln, nutzen wir andere Teile des Gehirns und sehen im wahrsten Sinne des Wortes *mehr*, da wir Informationen aus mehreren Wahrnehmungsquellen integrieren. Wir betrachten uns nicht als unabhängige Schöpfer unseres Wegs, sondern als *Suchende*. Wir lassen den Blick weit über die Landschaft schweifen und fragen uns: »Was will mir das Leben gerade zeigen?« Im erwachten Bewusstsein können wir mehr Möglichkeiten und Chancen erkennen, eine stärkere Verbundenheit mit anderen empfinden, die Zusammenhänge zwischen den Ereignissen in unserem Leben verstehen, offener für kreative Sprünge und Einsichten sein und das Gefühl haben, stärker mit unserer Lebensaufgabe und dem Sinn unseres Daseins im Einklang zu sein.

Im erwachten Bewusstsein verlieren wir unsere Ziele weder aus den Augen, noch geben wir sie auf. Aber wir legen die Scheuklappen ab. Wir klammern uns nicht mehr an *ein* Ziel. Wir verstehen, dass das Leben eine dynamische Kraft ist, auf die wir uns einstellen und mit der wir interagieren können. Ich kämpfe nicht mehr allein gegen die Welt oder trample darauf herum, sondern höre auf das, was das Leben zu sagen hat – weil ich weiß, es holt mich dort ab, wo ich gerade stehe. Ich habe immer noch Wünsche, Sehnsüchte und Ziele, erlebe immer noch Enttäuschungen und Verletzungen. Aber ich schwimme mit dem Fluss des Lebens, indem ich aufmerksam beobachte, wo sich Türen öffnen und schließen.

Im erwachten Bewusstsein richtet sich unser Blick auf bedeutsame Ereignisse. Im zielgerichteten Bewusstsein empfinden wir den Fremden, der uns im Bus anspricht, vielleicht als lästig, aufdringlich oder sehen ihn einfach nicht. Im erwachten Bewusstsein hören wir möglicherweise, was er sagt – und erkennen sogar, inwiefern es für unser Leben von Bedeutung ist. Das Leben ist keine passive Plattform mehr, auf der wir uns um die Erfüllung unserer Bedürfnisse und Wünsche bemühen. Es ist ein lebendiger, bewusster Dialog, der ein paar interessante Überraschungen bereithält. Wenn wir unser erwachtes Bewusstsein aktivieren, verschwinden die Schwierigkeiten im Leben nicht. Aber wir können unseren Kummer und unseren Kampf mit neuen Augen sehen. In das Gefüge des Lebens ist die Empfindung des Wissens eingebunden, dass wir nie wirklich allein sind.

Wie gesagt ist das zielgerichtete Bewusstsein wichtig. Es hilft uns, uns in Bewegung zu setzen und den Ball kreuz und quer übers Feld zu jagen. Doch um zu entscheiden, wohin wir den Ball spielen müssen, um das ganze Spielfeld zu sehen, um uns der anderen Spieler bewusst zu sein, um die Folgen und die Auswirkungen unserer Entscheidungen zu verstehen – und um zu erkennen, warum wir überhaupt spielen –, brauchen wir das erwachte Bewusstsein. Man könnte auch sagen, dass wir die wichtigsten Entscheidungen im Leben nicht nur aus dem zielgerichteten Bewusstsein heraus fällen können. Wir nehmen die Realität nur dann korrekt wahr, wenn wir beide Grundarten des Bewusstseins nutzen. Wir treffen tagtäglich unzählige Entscheidungen, und wir entscheiden besser, wenn wir die Wahrnehmungsfähigkeit aktivieren, die uns den größten, besten und aufschlussreichsten Überblick verschafft. Unser Handeln muss sich aus den Lehren speisen, die uns *beide* Arten des Bewusstseins vermitteln.

Wir wussten bereits, dass das spirituelle Gehirn gesünder ist, und nun konnten wir sehen, woran das liegt. Wir konnten sehen, aus welchen neuronalen Elementen sich das erwachte Bewusstsein zusammensetzt. Und wir konnten sehen, dass spirituelles Erwachen eine Entscheidung ist, die wir jeden Augenblick treffen können, eine Entscheidung, wie wir die Welt und uns selbst sehen möchten.

KAPITEL 13

Integration ist der Schlüssel

Um Isaiah zu finden und das erwachte Gehirn zu entdecken, brauchte ich sowohl das zielgerichtete als auch das erwachte Bewusstsein. Es ging nicht ohne In-vitro-Fertilisation, Beharrlichkeit, wissenschaftliches Arbeiten und statistische Analysen. Ich konnte mich nicht zurücklehnen und darauf warten, dass ich ein Kind bekam oder eine wissenschaftliche Lösung erhielt. In beiden Fällen waren konsequente Bemühungen und eine kritische Wahrnehmung vonnöten. Aber das zielgerichtete Bewusstsein allein war nicht genug. Auch mein erwachtes Bewusstsein half mir auf meinem Weg. Indem ich offen war für Synchronizität – für den Waisenjungen im Fernsehen, den Entenembryo, die Großmutter mit der Enkelin im Sonntagsstaat in der U-Bahn. Indem ich dem Ruf folgte – und meine Forschungen bei der Fallkonferenz präsentierte und nach Iowa flog. Indem ich auch dann auf mein inneres Wissen vertraute, wenn dies den Plänen oder Vorlieben von anderen Menschen oder gar mir selbst widersprach. Ein kreatives, dynamisches Wechselspiel zwischen dem zielgerichteten und dem erwachten Bewusstsein hatte meinen Weg erhellt und mir Klarheit verschafft.

Integration ist der Schlüssel. Wenn wir uns ausschließlich unseres zielgerichteten Bewusstseins bedienen, sind wir im Haben und Nichthaben gefangen. Wir messen Sinn und Erfolg am Ergebnis, an der Erfüllung unseres Verlangens und daran, wie genau wir uns an einen vorgegebenen Plan oder Kodex halten. Das macht das Leben anstrengend und eng. Doch wenn wir ausschließlich aus dem erwachten Bewusstsein heraus leben, fehlt uns jede Bodenhaftung, und wir haben viele plötzliche Einsichten, aber keinen Zugang zu dem Bereich, in dem wir sie in die Tat umsetzen könnten. Wir leiden, weil wir weder vernünftige Entscheidungen fällen noch Lösungen finden oder erkennen können, wie es weitergeht.

Wir können nicht ausschließlich im Zustand des erwachten Bewusstseins leben. Elena ist in den Vereinigten Staaten geboren und in einem typisch amerikanischen Umfeld aufgewachsen, hochgebildet und erfolgreich. Sie ließ das Vorstadtleben hinter sich, um buddhistische Nonne zu werden und in einem Zentrum fernab von der Welt zu leben, wo sie drei Jahre, drei Monate, drei Wochen und drei Tage lang meditierte. Während ihrer Ordination als Nonne hatte sie tiefe mystische Erfahrungen, und ihre Spiritualität vertiefte sich. Aber als es an der Zeit war, das Zentrum zu verlassen und nach Hause zurückzukehren, erklärte man ihr nicht, wie sie wieder in den Alltag zurückfinden konnte. Nach fast vierzig Monaten ununterbrochener kontemplativer Einsamkeit war sie nach ihrer Rückkehr verwirrt. Sie wurde von Licht und Geräuschen bestürmt. Alltägliche Gespräche und Erledigungen wirkten verstörend.

Eines Morgens bei Tagesanbruch erwachte sie daheim in der Vorstadt in der Gewissheit, dass Seine Heiligkeit der Dalai Lama sie rief. Sie packte ihre Koffer, zog ihre safranfarbene Robe an und wartete draußen auf dem Rasen, dass er sie abholte. Die Sonne stieg höher, und es wurde Mittag. Schließlich dämmerte der Abend, die Sonne ging unter, und Elena wartete noch immer in der Überzeugung, der Dalai Lama sei auf dem Weg zu ihr. In einem spirituellen, erwachten Sinne war es durchaus möglich, dass der Dalai Lama sie aufforderte, der Welt auf eine bestimmte Weise zu dienen oder ganz allgemein ihre Praxis und ihre Verpflichtung gegenüber dem spirituellen Leben zu vertiefen. Doch sie hatte so viel Zeit in einem Zustand erwachten Bewusstseins verbracht, dass sie nicht mehr unterscheiden konnte, auf welcher Ebene der Realität sie dieser spirituelle Ruf erreichte. Sie dachte tatsächlich, dass gleich ein Wagen am Straßenrand halten und der Dalai Lama sie bitten würde einzusteigen. Ohne die Hilfe ihres zielgerichteten Bewusstseins bei der effektiven Entschlüsselung und Umsetzung ging das Geschenk des erwachten Rufs verloren.

Wenn es an Integration fehlt und wir uns entweder im zielgerichteten oder im erwachten Bewusstsein befinden, gelingt es uns nicht, vollen Gebrauch von den neuronalen Fähigkeiten zu machen, die unsere Gesundheit bestmöglich unterstützen. Wie aber können wir das zielgerichtete Bewusstsein in der Praxis mit dem erwachten Bewusstsein verbinden? Wie kann diese Integration im Alltag aussehen? Wie hilft sie uns dabei, uns Ziele zu stecken und Entscheidungen zu treffen, in Beziehung zu Freunden, Partnern, Familien, Kollegen und Gemeinschaften zu sein, Traumata oder belastende Erfahrungen zu heilen, die Welt besser zu machen?

Das Team in Yale, das uns unterstützte, nutzte noch ein weiteres bildgebendes Verfahren, die sogenannte Diffusions-Tensor-Bildgebung, um den Zusammenhang zwischen den Faserbahnen in der weißen Substanz und verschiedenen spirituellen Orientierungen – unterschiedlichen Standpunkten oder Grundhaltungen – zu erforschen. Im Grunde misst die Diffusions-Tensor-Bildgebung, wie gut die Datenautobahn zwischen verschiedenen Hirnregionen ausgebaut ist. Sie untersucht Umfang und Richtung der Diffusion von Wasser im Gehirn und zeigt, wo es fließt und wo es tröpfelt. Wasser diffundiert leichter und schneller dorthin, wo etablierte myelinisierte Strukturen bestehen: Indem man sich den Weg des Wassers ansieht, kann man häufig genutzte Bahnen im Gehirn erkennen und seine Konnektivität messen – welche Teile miteinander kommunizieren und welche isoliert sind.

Wir befragten die Probanden ausführlich zu ihrem Leben, und sie füllten validierte Fragebögen zu ihren verschiedenen spirituellen und religiösen Erfahrungen einschließlich ihrer religiösen Orientierung, ihres täglichen spirituellen Bewusstseins oder ihrer täglichen spirituellen Praktiken sowie der Rolle aus, die Fragen und Zweifel in ihrem spirituellen Leben spielten. Wir bestimmten auch, wie sehr sie sich eines spirituellen Konstrukts bedienten, das mit langfristigem spirituellem Wohlergehen verbunden ist: der Eigenschaft, neurologische Fähigkeiten und Fähigkeiten der Wahrnehmung zur Sinnsuche einzusetzen. Charakteristisch für diese *suchende Haltung* ist eine Tendenz, sich im Leben auf den Weg zu machen: nach Lösungen für wichtige persönliche Entscheidungen und große existenzielle Fragen zu suchen, Zweifel positiv zu bewerten und offen für Veränderungen zu sein – oder besser gesagt dafür, die Dinge mit neuen Augen zu sehen und neue Erfahrungen zu nutzen, um Veränderungen herbeizuführen. Auf unserer Suche sind wir offen für die Botschaften des Lebens, nehmen diese Entdeckung ernst und nutzen aktives Lernen als Grundlage für unsere Entscheidungen und unser Handeln – unsere ganz persönliche Gebrauchsanweisung.

Mithilfe der Diffusions-Tensor-Bildgebung untersuchten wir die Diffusion von Wasser im Gehirn von 24 jungen Erwachsenen.[32] Dabei stießen wir auf einen Zusammenhang zwischen einer der Kerneigenschaften einer suchenden Haltung – der Bereitschaft, die eigenen religiösen und spirituellen Ansichten unter die Lupe zu nehmen – und einer starken Integrität der weißen Substanz von mehreren Faserbahnen im Gehirn; unter anderem solcher, die Hirnregionen in beiden Hemisphären miteinander verbinden. Anders ausgedrückt: Die Gehirne der Probanden, die ihr Leben als Suche beschrieben – und in ihrem spirituellen Leben bereit waren, überraschende Antworten anzunehmen und ihre Ansichten zu ändern –, waren besser vernetzt als die Gehirne derjenigen, die weniger offen für Veränderungen waren.

Eine gute Vernetzung zwischen und innerhalb von Hirnregionen ist ein Zeichen von Gesundheit. Es bedeutet, dass der präfrontale Kortex mit dem Scheitellappen verbunden ist. Dass die linke und die rechte Gehirnhälfte miteinander verbunden sind. Dass Informationen fließen. Dass kein Bereich isoliert ist oder von einem anderen übernommen wurde – und dass das Gehirn offen für aktuellen Input ist, statt immer die gleiche alte ausgeleierte Schallplatte zu spielen. Dass es einen regen Austausch zwischen Denken, Wahrnehmung, Orientierung und Reflexion gibt statt der mit einer Depression verbundenen, unscharfen und ermüdenden Kurzsichtigkeit des Grübelns, wenn wir immer nur das Gleiche sehen, Trauma und Elend immer wieder durchleben. Im Zustand der Suche sind viele Formen der Wahrnehmung und des Wissens aktiv, die alle zusammenwirken. Das Gehirn kann die von unterschiedlichen Regionen auf unterschiedliche Weise codierten Informationen umfassend und integriert nutzen.

Interessanterweise ist bei einigen Netzwerken des Gehirns, die bei einer suchenden Haltung hervorragend vernetzt sind, die Vernetzung bei einer Depression gestört.[33] Es kommt zu einer, wie es im Wissenschaftsjargon heißt, internen Hyper- und externen Hypokonnektivität des Ruhezustandsnetzwerks, das wichtige persönliche Erinnerungen und emotionsgeladene Reflexionen verarbeitet. Das heißt, das Gehirn wendet sich von der Umwelt ab und konzentriert sich übermäßig stark auf innere, oft selbstbezogene Gedanken. Es schränkt sich ein, statt wichtige Informationen aus der Außenwelt aufzunehmen. Es beginnt, sich mit sich selbst zu beschäftigen und zu grübeln, und leitet keine Ideen oder Informationen mehr zur Beurteilung und zur Entscheidung über das weitere Vorgehen an die Kommandozentrale weiter. Wenn wir an einer Depression leiden, richten wir die Antenne unserer Wahrnehmung nicht auf die Welt, sondern nach innen.

Eine Depression beeinträchtigt auch das Salienz-Netzwerk. In einem gesunden, suchenden Gehirn arbeiten die Amygdala, der ventrale Streifenkörper, der dorsale anteriore Gyrus cinguli und der Insellappen zusammen, um emotionale sowie besonders auffällige, hervortretende (saliente) Reize zu verarbeiten, Motivation und Verhalten zu steuern. In einem depressiven Gehirn reißt die Amygdala die Kontrolle über das Netzwerk an sich, und der Belohnungsschaltkreis bricht zusammen. Wir werden ängstlich, reagieren schnell emotional und achten verstärkt auf negative Reize. Selbst wenn von außen Informationen einströmen, die uns zeigen, dass wir in Sicherheit sind und geliebt und geschätzt werden, sinkt die Wahrscheinlichkeit, dass wir sie wahrnehmen. Bei einer Störung des Salienz-Netzwerks misslingt auch die Weitergabe von Informationen an die Kommandozentrale im Gehirn. Es fehlt die Kontrollinstanz, die unsere Aufmerksamkeit auf wichtigeren Dateninput lenkt oder eine negative Schlussfolgerung korrigiert. Das Salienz-Netzwerk fordert das kognitive Kontrollnetzwerk nicht dazu auf, Ziele, Ideen und Wahrnehmungen zu beurteilen. Letzteres wird sogar selbst gestört. Die Anbindung der lateralen Bereiche des präfrontalen Kortex verschlechtert sich, was Informationsverarbeitung und Emotionsregulation erschwert.

Bei einer Depression sind Teile des Gehirns nicht richtig reguliert und angebunden. Sie funktionieren nicht optimal und arbeiten nicht zusammen. Aber im Zustand der Suche ist das Gehirn kohärent und gut verbunden, sind seine Regionen und Netzwerke in Harmonie. Im Grunde *stellt das suchende Gehirn die Verbindung zwischen dem zielgerichteten und dem erwachten Bewusstsein her.*

Wenn wir die beiden Arten des Bewusstseins integrieren, *sehen wir buchstäblich mehr.* Anna Antinori und ihr Team an der University of Melbourne zeigten, wie Offenheit für neue Erfahrungen – der Big-Five-Persönlichkeitsfaktor mit der größten neurologischen Ähnlichkeit zu einer Haltung der Suche – unsere Wahrnehmung der Welt verändert.

Antinori warb über hundert freiwillige Testpersonen an, und bei einigen von ihnen wurde ein hohes Maß an Offenheit für neue Erfahrungen gemessen – dem mit einer suchenden Haltung und Kreativität assoziierten Persönlichkeitsfaktor. Sie testete die Probanden auf ein Phänomen namens »binokuläre Rivalität«, indem sie ihrem linken und ihrem rechten Auge jeweils ein anderes Bild zeigte und feststellte, wie sie die beiden einander widersprechenden Bilder wahrnahmen. Wenn dem einen Auge ein grüner und dem anderen ein roter Farbfleck gezeigt wurde, wechselten die meisten Teilnehmer zwischen den beiden Bildern hin und her und nahmen immer nur eine Farbe wahr, nicht beide gleichzeitig. Doch die Probanden mit einem hohen Wert im Bereich der Offenheit für neue Erfahrungen verfügten über eine visuelle Wahrnehmung, die den anderen nicht zugänglich war:[34] Statt zwischen den beiden Farben hin- und herzuwechseln, sahen sie einen einheitlich rot-grünen Fleck. Sie konnten zwei miteinander konkurrierende Reize gleichzeitig wahrnehmen.

Unsere Aufmerksamkeitsnetzwerke filtern ununterbrochen

alle Sinnesinformationen, die in unser Bewusstsein dringen. Unser Gehirn entscheidet, was wir sehen und was wir ignorieren. Im Zustand der Suche sind uns mehr Wahrnehmungen zugänglich. Die Welt wirkt voller. Wir nehmen nicht »entweder oder«, sondern »sowohl als auch« wahr. Es strömen mehr Informationen ein, es stehen mehr Wahrnehmungsmöglichkeiten zur Verfügung, und es sind mehr Werkzeuge griffbereit, damit wir uns einen klaren Reim darauf machen können. Wir bedienen uns des erwachten Bewusstseins, um neue Informationen aufzunehmen: Wir fangen die einströmenden Eindrücke spontan ein, nehmen sie wahr und bewerten sie. Unser Salienz-Netzwerk meldet sich zu Wort und teilt uns mit, wenn eine potenziell wichtige Information eingegangen ist, die wir dann an unser zielgerichtetes Bewusstsein weiterleiten, mit dem wir sie beurteilen und entscheiden, was wir tun werden.

Die Suche ist ein ständiger Wechsel zwischen dem erwachten und dem zielgerichteten Bewusstsein. Wir können mithilfe des zielgerichteten Bewusstseins die treibende Frage stellen und über das erwachte Bewusstsein die Antwort empfangen. Auch das Gegenteil ist möglich: Wir werden von einer Erfahrung des Erwachens inspiriert und können ihre Bedeutung für und ihren Platz in unserem Leben anschließend mit dem zielgerichteten Bewusstsein erschließen. Dieses dynamische Wechselspiel begünstigt innovatives, kreatives Denken. Über die Suche können wir Probleme auf eine völlig neue Art und Weise lösen, ob es dabei um wichtige persönliche Entscheidungen, berufliche Herausforderungen oder größere Lebensaufgaben wie Enttäuschung, Verlust und Trauma geht. Die Haltung der Suche macht aus dem Leben eine kreative Reise voller unerwarteter Überraschungen, getragen von Liebe, Verbundenheit und Führung. Wir müssen lediglich beschließen, die Momente des Gewahrseins zu nutzen, die wir bereits erleben, das Aufblitzen von Intuition oder Einsicht ernst zu nehmen und das ständige Wechselspiel zu würdigen, während es neuen Sinn und Führung hervorbringt. Es ist in uns angelegt, dass wir erwachen, uns verändern und ausdehnen, sogar durch Traumata.[35] Wenn wir diesem Ruf – oft mit spiritueller Hilfe – folgen, können wir unser gewaltiges Potenzial für ein inspiriertes Leben verwirklichen.

Ich möchte ganz klar sagen, dass es allem Anschein nach verschiedene Arten sogenannter Depressionen gibt. Diese Kategorie ist sehr weit gefasst und inkludiert verschiedene Gruppen von Symptomen und inneren Erfahrungen. Die Macht des erwachten Gehirns liegt darin, dass es einen Weg durch eine bestimmte Art von depressiver Erfahrung bietet, indem es uns dazu ermutigt, die Tür zu spirituellem Wachstum und aufkeimender Spiritualität aufzustoßen. Zweifellos profitieren einige Arten der Depression von einer medikamentösen Behandlung oder traditionellen Therapie ohne spirituelle Dimension. Doch keine dieser klassischen Behandlungsmethoden allein erfüllt das Versprechen des »Klopfens an der Tür« einer entwicklungsbedingten Depression. Diese Art von Depression ist ein »Ruf der Seele«, eine spirituelle Aufforderung zu einem vollständigeren Leben, zu tieferer Liebe und zur Öffnung für den Dialog mit dem heiligen Universum. Wenn wir diese Art der Depression – ob in einer typischen Lebensphase wie der Jugend oder Lebensmitte oder infolge von Schwierigkeiten oder einem Trauma – mit unserer inneren Weisheit erspüren, ist sie ein Aufruf zu lebenslangem Erwachen.

Je mehr wir den Wechsel zwischen dem zielgerichteten und dem erwachten Bewusstsein üben, desto stärker stimmen wir uns auf ein inspiriertes Denken, Fühlen und Verhalten ein. Während wir den eigenen heiligen Weg entdecken und erkennen, wie er mit dem anderer Menschen und dem Leben selbst verschlungen ist, entsteht eine Fülle nicht nur von Lösungen, sondern auch von Staunen in unserem Leben. Das Allerwichtigste aber ist, dass die Suche nicht nur den wenigen vollendeten und erleuchteten Menschen, den Mönchen, Geistlichen und spirituellen Lehrern vorbehalten ist. Sie ist jedem von uns zugänglich. Wir sind für diese Art zu leben geschaffen.

Meine wissenschaftliche Laufbahn begann als Reise mit dem Ziel, die schützende Wirkung der Spiritualität zu verstehen – aufzudecken, inwiefern Spiritualität als Puffer gegen Angst, Depression und Suchtmittelmissbrauch wirkt und wie sie das Gehirn beeinflusst. Beim Blick unter die Motorhaube entdeckten wir drei grundlegende Möglichkeiten, die Weisheit unseres erwachten Gehirns auf unseren Alltag zu übertragen: über *erwachte Aufmerksamkeit*, *erwachte Verbundenheit* und ein *erwachtes Herz*. Auf den nachfolgenden Seiten werde ich Geschichten und Übungen vorstellen, die uns helfen sollen, diese spirituellen Kerndimensionen zu entwickeln, das Gehirn gesünder zu machen und ein erfolgreiches, verbundenes und inspiriertes Leben zu führen.

KAPITEL 14

Erwachte Aufmerksamkeit

Ich fahre sehr gern ein paar Kilometer flussabwärts von zu Hause Kajak auf dem Saugatuck River. Eines Nachmittags war ich allein auf dem Wasser. Ich bewegte mich schnell in der Mitte des Flusses, als ein Schwarm Gänse laut schreiend auf mich zugeschwommen kam, und die Tiere ihre Hälse zur rechten Uferseite reckten. Sie schnatterten aufgeregt. Wäre ich weiter im zielgerichteten Bewusstsein geblieben und hätte mich an einer zielorientierten Top-down-Aufmerksamkeit festgehalten, hätte ich die lauten Gänse ignoriert – sie womöglich sogar als »störend« empfunden – und wäre mit vollem Tempo in der Flussmitte weitergefahren. Stattdessen vernahm ich ihren Ruf und folgte der bewussten Ausrichtung ihrer Hälse. Ich paddelte kräftig nach rechts und entging nur knapp einem riesigen Betonblock, dem Überbleibsel einer alten Brücke, der sich direkt unter der Wasseroberfläche befand. Wenn ich dagegengekracht wäre, hätte das mein Kajak zum Kentern gebracht – oder Schlimmeres. Im Zustand des zielgerichteten Bewusstseins betrachtet man Tiere maximal als fühlende Wesen. Im erwachten Bewusstsein erscheinen sie als wachsame Führer.

Wenn wir ausschließlich vom zielgerichteten Bewusstsein getrieben werden, ist die Wahrscheinlichkeit groß, dass Selbstfixierung und Gier uns einschränken und wir weniger empfindsam für das Feld des Lebens sind, das uns umgibt. Über das erwachte Bewusstsein öffnen wir weitere Wahrnehmungskanäle. Wir lernen nicht nur zu sehen, was sich in unserem Leben zeigt, sondern auch einen Sinn darin zu erkennen. Wir sehen mehr und können das, was wir sehen, besser nutzen.

Um das angeborene erwachte Bewusstsein zu aktivieren, müssen wir zunächst unser kleines Ego beruhigen und unser zielgerichtetes Bewusstsein dämpfen, damit es sich zeigen kann. Es gibt zahlreiche bewusste Möglichkeiten, dies zu tun – durch Chanten, Beten, kreativen Ausdruck, Meditation und vieles mehr.

Eine Möglichkeit, ins erwachte Bewusstsein zu wechseln, ist die Achtsamkeitspraxis, und es gibt mannigfache wissenschaftliche Forschungsarbeiten zur Neuroanatomie der Achtsamkeit.[36] Wenn wir uns bewusst aus dem Klammergriff unseres Denkens befreien, geschehen zwei wichtige Dinge im Gehirn: Wir aktivieren den dorsolateralen präfrontalen Kortex sowie den anterioren Gyrus cinguli und deaktivieren den posterioren Gyrus cinguli, also den Start des Ruhezustandsnetzwerks. Achtsamkeit unterstützt uns mit anderen Worten dabei, die Steuerzentrale im vorderen Bereich des Gehirns hochzufahren, um die Aufmerksamkeit zu bündeln und zu stärken und das Ruhezustandsnetzwerk zurückzufahren, um den negativen Einfluss außer Kontrolle geratener Gedanken zu lindern. Wir reduzieren den Lärm des Grübelns und bereiten unser Bewusstsein auf neue Einsichten vor.

Achtsamkeit dämpft nachweislich unsere Neigung zu übertriebenen emotionalen Reaktionen, korrigiert ein verzerrtes Selbstbild und lockert die Fesseln der Abhängigkeit. Im Rahmen einer Studie bedienten sich Menschen, die das Rauchen aufgeben wollten, der Achtsamkeitspraxis, um sich von ihrem Verlangen zu lösen.[37] Die Kontrolle der Aufmerksamkeit durch Achtsamkeit ließ das Verlangen nicht verschwinden, aber sie unterbrach die Schleife des gewohnten Verhaltens, indem sie es den Teilnehmenden ermöglichte, das Verlangen zu spüren, aber ihr Verhalten dennoch zu ändern und sich gegen die Zigarette zu entscheiden. Indem die Achtsamkeit das zwanghafte Denken unterbricht und beruhigt – den dorsolateralen präfrontalen Kortex und den anterioren Gyrus cinguli hoch- und den posterioren Gyrus cinguli herunterfährt –, bringt sie uns an die Schwelle einer neuen Wahrnehmungsfähigkeit.

Dies gilt auch für die Zeit, die wir in der Natur verbringen. Gregory Bratman ist Umweltforscher an der University of Washington und untersucht, wie die Umwelt das menschliche Wohlbefinden beeinflusst.[38] Da ihm der Zusammenhang zwischen der zunehmenden Urbanisierung und der Häufung psychischer Erkrankungen Sorgen bereitete, wollte er den Einfluss der Natur auf unser Fühlen und Denken messen. Er untersuchte die Auswirkungen eines fünfzigminütigen Spaziergangs in der Natur oder in einer städtischen Umgebung. Dabei stellte er fest, dass der Naturspaziergang signifikante, messbare Vorteile hatte: Angst, Grübeln und negative Gemütszustände ließen nach, positive blieben erhalten, und die Leistung des Arbeitsgedächtnisses nahm zu. Mit einer weiteren Studie untersuchte er die Wirkung eines neunzigminütigen Spaziergangs in der Natur oder in einer städtischen Umgebung. Dabei fand er heraus, dass die Teilnehmenden nach dem Naturspaziergang nicht nur selbst von einem Rückgang des Grübelns berichteten, sondern auch eine geringere Aktivität im subgenualen präfrontalen Kortex zeigten, wodurch die Gedanken zur Ruhe kamen und das innere Geplapper verstummte.

Achtsamkeit und die Begegnung mit der Natur sind Beispiele für eine »beruhigende« Praxis und bereiten unser Gehirn auf das spirituelle Bewusstsein vor.[39] Man könnte auch sagen, indem wir für Ruhe sorgen, erweitern wir unsere Möglichkeiten und gelangen bis an seine Tür. Sobald wir auf der Schwelle stehen, können wir den nächsten Schritt tun. Wir können uns in erwachter Aufmerksamkeit üben.

Eine gute Möglichkeit, unsere erwachte Aufmerksamkeit zu aktivieren, besteht darin, dass wir uns der Synchronizität in unserem Alltag bewusst werden. Die Erfahrung des Theologen und Kämpfers für soziale Gerechtigkeit Reverend Walter Earl Fluker veranschaulicht sehr schön, wie sich der goldene Faden der Synchronizität durch sein Leben zieht.

Er wuchs in South Side Chicago auf, wo seine Eltern gelandet waren, nachdem sie mit Mitte vierzig die gepachtete Farm in Mississippi verlassen hatten. Sein Vater war vier Jahre lang zur Schule gegangen, seine Mutter konnte den eigenen Namen nicht schreiben. Auf den Straßen war es für den spindeldürren Bücherwurm Walter gefährlich. Doch immer wieder wurden Helfer, wie er sagt, für ihn postiert.

Da war zunächst Mrs Watley, eine ältere Nachbarin, deren Mann in einer Druckerei arbeitete. Eines Tages hielt sie Walter auf dem Heimweg von der Schule auf. Sie schenkte ihm Papier und ein Set gespitzter Bleistifte, die nach sauberem Holz rochen. Er ging nach Hause, setzte sich an den Küchentisch und begann zu schreiben – seine erste Erinnerung ans Gedichteschreiben.

Dann war da seine Lehrerin Alice McClaskey, die in einer schwierigen Zeit in sein Leben trat, als er sich an der Berufsfachschule langweilte, sich Sorgen um seine Eltern machte, die mehrmals auf offener Straße ausgeraubt worden waren, und Angst um seinen großen Bruder hatte, der zum Militär eingezogen und nach Vietnam geschickt worden war. Mrs McClaskey machte ihn mit der Literatur und im Besonderen mit Shakespeare vertraut und gab ihm »Raum, ich selbst zu sein«, wie er sagte. Sie starb während seines letzten Schuljahrs, und er schrieb ein Gedicht für sie. Er wurde gebeten, es beim Gedenkgottesdienst an der Schule vorzutragen, wo eine weitere Helferin – Adelaide Ward – sein Interesse am Dichten und Schreiben bemerkte und ihm ein Praktikum in einer Agentur für Industriewerbung in der Innenstadt verschaffte, in der ansonsten ausschließlich Weiße arbeiteten.

Dann wurde er zum Militär eingezogen. Obwohl er nicht studiert hatte, gelang es ihm, sich den Posten des Sekretärs des Militärgeistlichen in Fort Riley im US-Bundesstaat Kansas zu sichern. Eine seiner Aufgaben war es, jeden Sonntag bei der Herstellung eines Mitteilungsblatts auf altem Lithografiepapier zu helfen. Der Geistliche baute auch häufig Meditationen eines Mannes namens Howard Thurman ein. Er hörte jahrelang nichts mehr von Thurman und dachte auch nicht mehr an ihn, bis er das Theologische Seminar in Illinois besuchte, sich wegen einer Scheidung grämte und versuchte, die Aufmerksamkeit seiner schönen Wohnungsnachbarin zu erregen. Nachdem er zwei Jahre lang unter allen nur erdenklichen Vorwänden an ihre Tür geklopft hatte, um sie auf sich aufmerksam zu machen, bat sie ihn schließlich in ihre Wohnung. Dort hing ein großes Poster an der Wand, auf dem stand: »Solange ein Mensch einen Traum in seinem Herzen trägt, kann er die Bedeutung des Lebens nicht vergessen.« Es war signiert von Howard Thurman.

Als Walter und Sharon anfingen, miteinander auszugehen, erhielt Howard Thurman eine Einladung an das Theologische Seminar, an dem Walter studierte, und Walter wurde ausgewählt, Thurman am Flughafen abzuholen. Sharon bereitete ein gemeinsames Abendessen vor, und Walter fand heraus, dass sie Thurmans Patentochter war. Thurman betrachtete Walter mit prüfendem Blick und fragte: »Also, wer sind Sie? Was haben Sie mit Ihrem Leben vor?« Als Sharon Walter später nach Atlanta mitnahm, um ihn ihren Eltern vorzustellen, gesellten sich eines Abends auch Howard und seine Frau Sue Bailey Thurman hinzu. Damit begann eine weitere Beziehung zu einem wichtigen Mentor.

In seinem letzten Studienjahr war Walter noch immer auf der Suche nach seiner Berufung. Sollte er das Theologiestudium abschließen oder Jura studieren? Was war seine Bestimmung? Er flehte immer wieder um eine Offenbarung, aber nichts geschah. Auf seiner verzweifelten Suche nach Führung schrieb er Thurman einen Brief. Er bekam eine handgeschriebene, von Kritzeleien übersäte Antwort: »Du bist wie ein kleiner Junge unter dem Weihnachtsbaum, der so viele Geschenke bekommen hat, dass er nicht weiß, welches er zuerst aufmachen soll. Es kommt darauf an, dass du wartest und dem Klang der Authentizität lauschst, der in dir ist. Wenn du ihn hörst, wird es deine Stimme sein, und es wird die Stimme Gottes sein.«

»Als ich diese Worte las, bebte der Boden unter meinen Füßen«, sagte Walter. »Ich hatte keine Ahnung, was das alles bedeutete – aber ich wusste, dass es stimmte.«

Als Walters Bewerbung um ein weiterführendes Studium an der Northwestern abgelehnt wurde, wo Sharon an ihrer Promotion arbeitete, begann er mit einer Doktorarbeit an der Boston University. Eines Morgens im April hörte er beim Erwachen Thurmans Lachen und schrieb ihm einen Brief, in dem er ihm für alles dankte, was er getan hatte, um ihn auf seinen Weg zu führen. Eine Woche später besuchte ihn Sharon in Boston. Sie saßen gerade auf der Treppe der Episcopal Divinity School in Cambridge, als ein Kommilitone auf sie zukam und sagte: »Heute Morgen ist Howard Thurman gestorben.«

Der größte Teil der gesammelten Werke und Schriften Thurmans fand an der Boston University ein dauerhaftes Zuhause. Walter arbeitete damals noch an seiner Promotion und beschloss, sich in seiner Doktorarbeit den von Howard Thurman und Martin Luther King jr. entwickelten Gemeinschaftskonzepten zu widmen. Als Herausgeber der Reihe *The Papers of Howard Washington Thurman* beauftragte Walter später Wissenschaftler damit, Thurmans gesamtes Lebenswerk zu lesen und zu ordnen, und so sollte ihn Thurman auch während der nächsten vierzig Jahre seines intellektuellen und beruflichen Lebens leiten.

»Wir suchen nicht nach Führern und nach Synchronizität«, sagte Walter. »Sie kommen zu uns. Wenn wir offen sind, werden wir diese Erfahrung machen.«

Sogar Hindernisse erscheinen oft zur rechten Zeit, um uns etwas Wichtiges zu lehren. Ich dachte mir die Übung »Drei Türen« aus, um Folgendes zu zeigen: Durch die Brille des zielgerichteten Bewusstseins sehen wir Felsbrocken, die unseren Weg blockieren. Doch wenn wir unser erwachtes Bewusstsein aktivieren, erkennen wir, dass diese Felsbrocken in Wirklichkeit Stufen sind, die uns den weiteren Weg weisen. Ich entwickelte diese Übung, um erwachte Aufmerksamkeit aufzubauen, und führte sie schon mit Anwälten und Bankern aus, mit Generälen der U.S. Army, Studierenden der Columbia University, obdachlosen Jugendlichen in New York City sowie Patientinnen und Patienten, die daran arbeiteten, ihr Leiden zu überwinden und Wohlbefinden aufzubauen. Die Übung ist für alle Menschen gleichermaßen wichtig und wirksam, weil sie unsere Aufmerksamkeit auf den Weg des Lebens lenkt:

1. Zeichnen Sie eine Linie für Ihren Lebensweg auf ein Blatt Papier oder in Ihr Tagebuch.
2. Betrachten Sie einen Punkt, an dem Sie vor einem Hindernis standen: einem Verlust, einer Enttäuschung, einem Todesfall; eine Situation, in der Ihnen das, was Sie wollten – eine Arbeitsstelle, eine Beziehung, eine Auszeichnung oder ein Erfolg, die Zusage einer bestimmten Schule –, so gut wie sicher und zum Greifen nah erschien. Doch mit einem Mal schlug die Tür unvermutet zu. Sie bekamen nicht, was Sie wollten oder zu bekommen glaubten. Zeichnen Sie die zugeschlagene Tür auf Ihrem Lebensweg ein.
3. Überlegen Sie nun, was infolge dieses Verlusts oder dieser Enttäuschung geschehen ist und was anderenfalls nicht geschehen wäre. Weil die Tür sich geschlossen hat und Sie nicht auf Biegen und Brechen versucht haben, sie wieder aufzustemmen, und weil Sie innegehalten und sich umgesehen haben, entdeckten Sie eine neue Tür, die Ihnen zuvor nicht aufgefallen war. Welche neue Einsicht, Verbindung oder welcher Weg hat sich gezeigt, welche neue Tür ist aufgegangen, als die erste sich schloss? Zeichnen Sie die offene Tür ein, die in eine neue Landschaft entlang des Wegs führt.
4. Können Sie einen Boten oder Helfer ausmachen, der wissentlich oder unwissentlich eine Rolle dabei gespielt und Sie in irgendeiner Weise unterstützt oder geleitet hat? Das kann jemand gewesen sein, dem Sie noch nie zuvor begegnet sind, oder jemand, den Sie gut kannten, den Sie persönlich gesehen haben oder der Ihnen geschrieben hat, an den Sie in einem entscheidenden Augenblick gedacht haben. Welche Boten oder Helfer haben Sie auf die offene Tür hingewiesen? Zeichnen Sie den oder die Boten auf dem Weg ein.

5. Wiederholen Sie die Schritte 2 bis 4 noch zweimal, bis es auf Ihrem Lebensweg drei Türen gibt, die sich schlossen, und drei Türen, die sich öffneten, einschließlich der Menschen, die unterwegs aufgetaucht sind, um Ihnen den Weg zu weisen.

Diese Übung hilft uns, drei konkrete Beispielsituationen ausfindig zu machen, in denen uns das ventrale Aufmerksamkeitsnetzwerk eine neue Vision ermöglichte. Wenn wir sehen, wie die Türen in unserem Leben auf- und zugehen, und wenn wir erkennen, wer auf unserem Weg auftauchte, können wir besser verstehen, dass Verluste und Enttäuschungen unser Leben oft nicht bedrohen, sondern vertiefen.

Wie Walter Earl Fluker sagte: »Zuweilen tauchen auch dann Führer auf, wenn wir gar nicht bereit sind, uns führen zu lassen. Wenn wir auf stur schalten, gelingt es ihnen trotzdem irgendwie, uns ihre Botschaft mitzuteilen.«

Letztendlich, so sagt er, seien synchronizistische Erfahrungen »Momente der Verzückung, in denen ich am meisten ich selbst bin«.

Je offener wir dafür sind, uns von Synchronizität leiten zu lassen, desto besser können wir das Leben als kreativen Akt leben und es so führen, dass es sich selbst offenbaren kann.

Wenn wir unser ventrales Aufmerksamkeitsnetzwerk erwecken, erweitern wir damit nicht nur unsere Perspektive, sondern auch unsere Wahrnehmung dessen, was wir als echte, lebensverändernde Information bewerten.

Generalmajor Thomas L. Solhjem ist der Leiter des U.S. Army

Chaplain Corps, der US-Militärseelsorge. Er sagt, der bewusste Einsatz erwachter Aufmerksamkeit helfe ihm, seine – wie er sie nennt – »Verabredungen mit Gott« einzuhalten. Er sagt: »Der Ort, an dem du sein sollst, ist nicht immer der, an den dich dein Einsatz führen würde.«

Einmal, als er bei den United States Army Rangers diente, war gerade eine große Operation im Gange. Aus pragmatischen Gründen hätte er sich eigentlich dafür entscheiden müssen, die B-Kompanie zu begleiten, da sie größer war. Doch er ließ sich bei seiner Entscheidung von erwachter Aufmerksamkeit leiten, betete um Führung und fragte: »Wo brauchst du mich?« Als er sein zielgerichtetes Bewusstsein herunterfuhr und sein erwachtes Bewusstsein aktivierte, spürte er die starke Überzeugung, dass er mit einem der Hubschrauber unterwegs sein sollte, die Menschen evakuierten.

Deshalb war er zur Stelle, als der Hubschrauber unter Beschuss geriet und der Bordtechniker in den Kopf getroffen wurde. Er wurde zusammen mit drei weiteren verletzten Rangern in ein kleines Flugzeug mit voller OP-Ausstattung gebracht. Solhjem hielt den Kopf des Mannes, während der Arzt versuchte, ihn wieder zusammenzuflicken. Schließlich sagte der Arzt zu ihm: »Ich habe getan, was ich konnte, Kaplan. Jetzt sind Sie an der Reihe.«

»Also haben wir in diesem Flugzeug für diese vier Seelen gebetet«, sagt Solhjem. »Sie haben alle überlebt. Wäre ich bei diesem Einsatz woanders hingegangen, hätte ich diese Verabredung mit Gott verpasst.«

Solhjem erklärt, wenn er über seine erwachte Aufmerksamkeit spüre, dass er geleitet werde, höre er »keine Stimme von oben«. Es sei vielmehr »ein inneres Empfinden. Du lauschst dir selbst, lauschst den Eingebungen, die du bekommst und die dich in die richtige Richtung drängen. Es ist mehr als bloße Einsatzplanung.«

Er fügt hinzu: »Wenn ich von dem Bedürfnis, dass etwas außerhalb von mir oder etwas in mir nach Verbundenheit verlangt, geleitet werde, wenn ich aufmerksam auf die Realität achte, die mir entgehen könnte, falls ich nicht aufpasste, erziele ich die besten spirituellen Ergebnisse und werde vom Leben am üppigsten belohnt. Und mir wird klar, dass ich das nicht allein geschafft habe.«

Inzwischen arbeitet er als oberster religiöser und spiritueller Berater der Führungsspitze der US-Armee im Pentagon. Während er rund um den Globus fliegt, um den Angehörigen der U.S. Army spirituelle Führung anzubieten, achtet er auch darauf, Zeit zum »Herumlaufen« einzuplanen – Zeit, um einfach in dem Vertrauen darauf durch das größte Bürogebäude der Welt zu laufen, dass er zufällig auf den Menschen stoßen wird, dem er begegnen soll, und dass sich ein Gespräch entspinnen wird. Dann wird er im Ring E, auf der Latrine, in einem weit entfernten Militärlager, -posten oder -stützpunkt wahrscheinlich jemanden treffen, der auf seine Frage »Wie geht es Ihnen? Wie geht es Ihnen *wirklich*? Wie geht es Ihrer Seele?« vielleicht erwidert: »Ich habe ein paar Probleme mit meinem Teenager.« Oder: »Mein Mann ist krank.« Dank einer bewussten Praxis erwachter Aufmerksamkeit hält er seine Verabredungen mit Gott mit dem Gefühl der Vorfreude und der Erwartung ein, dass sie einem höheren Zweck dienen.

In den Vorstellungen des 20. Jahrhunderts vom Geist wird die Fantasie als etwas beschrieben, was wir selbst erschaffen. Fantasie ist Erfindung. Illusion. Doch im Zustand erwachten Bewusstseins ist die Fantasie weniger ein Akt der Schöpfung als der Wahrnehmung – eine Möglichkeit, Informationen zu erhalten. So wie wir die Hitze einer Herdplatte spüren, wenn wir mit der Hand zu nah an den Ofen kommen, nehmen wir – über das Sehen, das Hören oder einen anderen unserer Sinne – Bilder wahr, die es uns ermöglichen, eine Wahrheit zu erkennen. Wenn wir uns der geführten Visualisierung bedienen, können wir höchst therapeutische, nützliche oder wegweisende Informationen bekommen.

Mithilfe von Visualisierungen können wir Menschen, eine heilige Präsenz oder andere Lebewesen in unser Bewusstsein einladen. Ich erlebte wunderbare heilende Veränderungen, wenn Menschen mit Visualisierungen arbeiteten, deren Beziehung zu anderen Personen in eine Sackgasse geraten war, ob diese noch lebten oder schon tot waren. Im Hinblick auf die Selbsterkenntnis konnte ich beobachten, dass die folgende einfache und altbewährte Visualisierung zu bedeutenden Entdeckungen führt:

> Schließen Sie die Augen und fahren Sie Ihr zielgerichtetes Bewusstsein mit langen, gleichmäßigen Atemzügen herunter.
> Machen Sie Platz in Ihrem Inneren. Bitten Sie anschließend darum, dass ein Tier zu Ihnen kommt, und warten Sie ab, was sich zeigt.
> Fragen Sie es: »Was willst du mir mitteilen?«

Diese Visualisierungsübung lieferte dem jungen Schauspieler Darren, der sich von einer jahrelangen Suchterkrankung erholte, wichtige und heilende Informationen. Das Tier, das ihm in den Sinn kam, war ein Chamäleon. Am Anfang ärgerte er sich darüber. »Ein Chamäleon«, sagte er. »Das bin ich wirklich. Ich spiele immer irgendeine Rolle. Ich versuche zu sein, wie die anderen mich haben möchten.« Er konnte das Chamäleon nur durch die

Brille seines zielgerichteten Bewusstseins betrachten – seinen Kampf mit Sucht, Unwürdigkeit und Leere. Seine selbstkritische Wahrnehmung übernahm die Kontrolle. »Ich ziehe immer eine Show ab«, sagte er. »Ich bin nur eine Fassade mit nichts dahinter.«

Doch dann fiel ihm auf, wie hart er mit sich ins Gericht ging. Das Chamäleon und seine Reaktion darauf erbrachten eine neue Erkenntnis und führten ihm seine Gewohnheit vor Augen, sich selbst zu kritisieren. Er setzte bewusst die zielgerichtete Brille ab und fragte: »Und wenn ich das Chamäleon akzeptiere – das einzige Tier auf der Welt, das zu mir gekommen ist?«

Als er sich die Erlaubnis gab, das Bild vom Chamäleon anzunehmen, statt es zu verurteilen, bemerkte er etwas Neues. Ein Chamäleon ist sehr anpassungsfähig. Es ist geistesgegenwärtig und schnell und weiß, wie man in den verschiedensten Umgebungen überlebt. In einem Augenblick blitzartiger Erkenntnis entledigte er sich der alten Auffassung, dass er ein Angeber sei und es allen recht machen wollte, und sah sich und seine Stärken mit neuen Augen – als kreativ und wendig.

Wenn unser ventrales Aufmerksamkeitsnetzwerk aktiv ist, sind wir offen und können Sinn auf eine Art und Weise finden und erschaffen, die unser Wachstum und unsere Heilung fördert. Zuweilen sind die Informationen und Bilder, die wir empfangen, verwirrend – ja sogar unangenehm.

Reverend Walter Earl Fluker befand sich in einer Therapiesitzung, als ein bizarres Bild vor seinem geistigen Auge erschien von einem riesigen Mutteropossum mit vielen Babyopossums, die von ihrem Rücken hingen. Es kam so unerwartet, dass er lachen musste. In der Sitzung hatte er auch den Eindruck, viele Kinder in seinen Armen zu halten, und er fühlte sich überfordert und hatte Angst, sie fallen zu lassen. Dann stieg der Eindruck einer Erinnerung in ihm auf: das Gefühl, als Kind fallen gelassen zu werden. Da er wusste, dass seine Mutter epileptische Anfälle gehabt hatte, ergab dieser alte Sinneseindruck, die längst vergessene Erinnerung des Fallens, sofort einen Sinn.

Aber die Erinnerung war auch beängstigend. Als Akademiker sollte er sich ausschließlich mit strengen erkenntnistheoretischen Strukturen und quantifizierbarer Wahrheit beschäftigen. Und obwohl diese Information mit bekannten Fakten seines Lebens übereinstimmte, erreichte sie ihn auf eine äußerst unquantifizierbare Weise.

Die Erinnerung war auch schmerzlich. Es war beängstigend zu spüren, wie die schützenden Arme ihn losließen und sein Körper hinabfiel. Doch als er das Fallen noch einmal durchlebte, war da ein Gefühl jenseits der Angst, nicht direkt eine Stimme, aber irgendetwas, was ihn umgab und ihm nicht mit Worten, sondern mit Empfindungen vermittelte: »Mach dir keine Sorgen, wir halten dich.« Dies schenkte ihm einen großen und unerklärlichen Frieden.

Eine Woche später reiste er beruflich nach Buffalo. Er nahm seine beiden Söhne mit und besuchte mit ihnen an seinem freien Vormittag das naturwissenschaftliche Museum. Als sie dort um eine Ecke bogen, stolperten sie über das Exponat eines Mutteropossums, an dessen Fell viele Babyopossums hingen – wie in dem Bild, das ihm aus heiterem Himmel in der Therapie in den Sinn gekommen war. Seine Hände zitterten, als er zusammen mit seinen Söhnen las, dass Opossums Beuteltiere sind und ihre Jungen in einem Beutel herumtragen, wo sie heranreifen, bis sie stark genug sind, um sich ans Fell der Mutter zu klammern und schließlich selbstständig zu werden.

Reverend Fluker atmete ein paarmal tief durch, um sich zu beruhigen, und in diesem Augenblick erreichte ihn die Bedeutung des Opossums über sein zielgerichtetes und sein erwachtes

Bewusstsein, über Kopf und Herz. Er war beruflich gerade dabei, ein ethisches Führungsmodell zu entwickeln, und bemühte sich darum, eine Möglichkeit zu finden oder zu schaffen, die künftigen Führungskräften Schutz und Unterstützung bot – jungen Männern und Frauen, die dort herkamen, wo auch er aufgewachsen war. Das Opossum inspirierte ihn blitzartig zur Idee vom »moralischen Brutkasten« – einer Möglichkeit, die dafür sorgte, dass junge Führungskräfte körperlich geschützt, geistig diszipliniert, intellektuell scharfsinnig, psychisch und spirituell heil und moralisch verankert blieben, während sie lernten, wie man Menschen führt. Auf emotionaler Ebene gab ihm das Opossum das Gefühl, dass da eine Präsenz war, die zu ihm sagte: »Hab keine Angst, du bist geschützt.«

»Wir sind isoliert und entfremdet«, sagte er. »Wir fühlen uns fast immer einsam und haben große Angst – weil wir nicht wissen, dass wir beschützt werden.«

Wenn wir unsere Aufmerksamkeit wecken, erhalten wir Zugang zu Wahrnehmungen, die uns helfen, unser Verständnis der Welt zu überarbeiten. Major General Solhjem machte mich mit einigen US-Militärgeistlichen bekannt, die den ihnen anvertrauten Menschen mit erwachter Aufmerksamkeit helfen. Den verwendeten Heilprozess erklären sie wie folgt:

---

1. Schildern Sie das traumatische Ereignis im Detail. Begeben Sie sich in der Erinnerung in die Zeit und an den Ort des Traumas. Durchleben Sie es noch einmal, und aktivieren Sie dabei Ihre Sinneserinnerungen – was Sie gesehen, gerochen, gehört haben und so weiter.

2. Bringen Sie bei der Schilderung im Augenblick der größten Trauer oder des größten Bedauerns Ihre Gefühle von Reue oder Verantwortung zum Ausdruck.
3. Rufen Sie Ihre höhere Macht an – ganz gleich, welche Vorstellung von Transzendenz Sie anspricht. Dieser Schritt kann auch das persönliche Gebet, einen Gebetskreis oder in manchen Traditionen das Auflegen der Hände bedeuten.
4. Beobachten Sie, wie sich der Sinn spontan neu ordnet.
5. Kehren Sie mit dieser neuen Information zu Ihrer Schilderung zurück.

Ein ranghoher Militärgeistlicher erzählte mir von einem Mann, der zehn Jahre in einem Zustand der Traumatisierung verharrte, nachdem ein Unfall geschehen war, bei dem er einen anderen Soldaten – ein Mitglied seiner Gruppe – erschossen hatte. Er war wie betäubt, schottete sich ab, ließ seine Familie nicht an sich heran und wurde von solchen Schuldgefühlen verzehrt, dass er eine zwanghafte Gründlichkeit entwickelte. Er hatte so große Angst davor, einen verheerenden Fehler zu machen, dass er kaum noch funktionsfähig war. Jahrelang stand bei seiner Behandlung das Bemühen im Vordergrund, ihm dabei zu helfen, die zwanghaften Gedanken und Verhaltensweisen zu durchbrechen. Doch das funktionierte nicht – wohl weil ihn seine zwanghaften Tendenzen vor den furchtbaren Gefühlen der Schuld und der Unwürdigkeit beschützten. Als der Militärgeistliche erkannte, dass die Behandlung auf psychischer Ebene erfolglos war, wechselte er auf die spirituelle Ebene. Er verwickelte den Mann in eine Suche.

Zuerst bat er den Soldaten, die Geschichte des quälenden Vorfalls zu erzählen, das Trauma noch einmal zu durchleben.

»Ich bin auf dem Stützpunkt«, begann der Soldat. »Ich habe gerade mein Gewehr gereinigt und neu geladen. Ich höre ein Geräusch und fahre herum. Ein Schuss löst sich. Mein Freund liegt auf dem Boden. Alles ist voller Blut.«

»Wie fühlen Sie sich?«, fragte der Geistliche.

»Furchtbar. Schuldig. Erschrocken. Ich schreie und spüre einen Schmerz, schlimmer als alles, was ich jemals empfunden habe. Mein Körper ist wie gelähmt.«

»Bitten wir nun Gott in diesen Moment«, sagte der Geistliche. Er schlug eine Brücke zwischen den beiden Zeitebenen – dem gegenwärtigen Augenblick und dem traumatischen Augenblick, den der Soldat gerade noch einmal durchlebte –, sprach ein Gebet und bat Gott um Führung. Die beiden Männer beteten zusammen.

Mit einem Mal liefen dem Soldaten Tränen über die Wangen. »Ich habe Gottes Stimme gehört«, sagte er. »Ich habe das Gewehr angeschaut und gesehen, dass es nicht gesichert war. Und Gott sagte zu mir: ›Du hast einen entsetzlichen Fehler gemacht. Du hast es nicht mit Absicht getan. Dir ist vergeben. Allen ist vergeben.‹«

Einem gängigen Irrglauben im Bereich der psychischen Gesundheit zufolge ist es das traumatische oder schmerzliche Ereignis, das uns depressiv werden lässt. Aber psychisches Leid ist weniger die unmittelbare Folge eines Traumas als vielmehr davon, wie es sich in der alltäglichen Erfahrung unseres Lebens breitmacht, wie es unsere Wahrnehmung einschränkt und begrenzt. Heilung geschieht nicht, indem man das Trauma noch einmal durchlebt, wie man Esther Klein auf Unit 6 gezwungen hatte. Heilung geschieht dadurch, dass man das Trauma unter dem Aspekt neuer Einsichten und Informationen betrachtet – indem man die bislang verborgene Wahrheit erhellt.

Andere hatten schon etliche Male versucht, den Soldaten davon zu überzeugen, dass er keine Schuld trug. Doch es war ihm nicht gelungen, das Gefühl völliger Unwürdigkeit zu überwinden. Indem er den unverzeihlichen Moment, das Ereignis, noch einmal durchlebte, das sein Leben zum Stillstand gebracht hatte, und sich dem spirituellen Bewusstsein öffnete, waren neue Informationen eingeströmt und machten eine Neuordnung des Sinns möglich. Er erlebte diese Offenbarung in der spirituellen Sprache, die er kannte. Es hätten aber auch andere Bilder auftauchen können wie bei den Schilderungen der spirituellen Erfahrungen der Probanden unserer ersten fMRT-Studie in Yale: der Klang singender Stimmen, das durch die Bäume fallende Sonnenlicht, der beruhigende Geruch einer Großmutter als Ausdruck größter Heiligkeit oder Güte. In diesem Fall war es die Stimme Gottes selbst, die Vergebung gewährte. Der Soldat glaubte nicht mehr, für alle Zeit böse, schlecht, moralisch schuldig zu sein. Er konnte sein Leben in dem tiefen inneren Wissen weiterleben, dass er Vergebung verdiente.

Der Geistliche erzählte noch eine weitere Geschichte von Heilung und Transformation durch erwachte Aufmerksamkeit. Eine Frau, die vor einigen Jahren vergewaltigt worden war, versuchte dadurch, mit dem Trauma klarzukommen, dass sie Männern gegenüber sehr starre Grenzen zog. Sie schloss aus, dass es je wieder Intimität in ihrem Leben geben könne, weil sie niemandem mehr vertrauen konnte – und weil sie sich schämte, da sie glaubte, irgendwie schuld an dem Übergriff gewesen zu sein. Als sie ihre Geschichte erzählte – von der Verabredung im Restaurant, dem Spaziergang nach Hause, dem Drink, dem Schlafzimmer und dem Übergriff eines Mannes, den sie mochte und dem sie vertraute –, ermutigte der Geistliche sie in ihrer gemeinsamen spirituellen Sprache, ins erwachte Bewusstsein zu wechseln, indem er ein Gebet für ihre vollständige Heilung sprach.

»Gewähren Sie Gott Zutritt zum Schlafzimmer«, sagte er. »Was sehen Sie?«

»Ich sehe ein unschuldiges Mädchen«, erwiderte sie. »Sie wurde verletzt. Gott sagt: ›Es ist nicht deine Schuld.‹«

Das erwachte Bewusstsein eröffnete eine Möglichkeit der Erneuerung, eine völlige Neustrukturierung des Sinns – weg von der immer gleichen alten Leier von Schuld und Scham und hin zu den Eröffnungsakkorden eines neuen Lieds: »Man hat mir wehgetan, und es ist nicht meine Schuld. Ich muss andere nicht wegstoßen.«

Wenn ich an erwachte Aufmerksamkeit denke, muss ich an das berühmte Gemälde an der Decke der Sixtinischen Kapelle von Gott denken, der Adam zum Leben erweckt. Auch uns wird wie Adam durch Bewusstsein Leben eingehaucht. Erwachte Aufmerksamkeit macht offen für Überraschungen, für neue Informationen, die unsere Aufmerksamkeit erregen. Wenn neues Bewusstsein entsteht, ist es, als würde uns das Leben die Hand reichen. Wir sind kein winziges, atomistisches Selbst allein im unergründlichen Universum. Das Leben reicht uns stets die Hand, und mit einem integrierten Bewusstsein können wir die Hand des Lebens sehen, spüren, erkennen und danach greifen – können wir einen ständigen Dialog mit dem Bewusstsein führen, das in uns, durch uns und um uns herum fließt, das Teil des Lebens ist und es gleichzeitig unterstützt. Wenn wir diese Fähigkeit in uns erwecken, wachsen und genesen wir.

KAPITEL 15

Erwachte Verbundenheit

Im Juli 2001, ein paar Monate nach der Schwitzhüttenzeremonie, führte eine Kinderpflegerin Phil und mich durch ein sonniges Spielzimmer im Säuglingshaus Nummer 5 in Sankt Petersburg zu einem großen Kinderbett. Fünf Säuglinge lagen im Kreis auf dem Bauch, ein paar Spielsachen in ihrer Mitte – ein knallblauer Ball, ein Holzbauklötzchen, ein bemaltes Holztier. Eines der Mädchen fing an zu weinen. Ein pausbäckiger Junge schob ihr den Ball erwartungsvoll zu. Als sie den Ball interessiert betatschte, krähte er vergnügt. Der kleine Junge war Isaiah. Unser Sohn.

»Die Kinder trösten sich gegenseitig«, erzählte die Pflegerin. »Wenn eines weint, schieben ihm die anderen Spielsachen zu, um es aufzumuntern.«

Ich hielt meinen Sohn zum ersten Mal, und er lag warm und schwer in meinen Armen. Ich vergrub meine Nase in seinen feinen blonden Haaren, küsste seinen Bauch und seine herrlich runden Wangen. Ich sog seinen frischen Babyduft ein und drückte ihn an mein Herz. Er stemmte seine plumpen Händchen gegen meine Brust und beugte sich zurück, um mich anzusehen. Dann berührte er mein Gesicht. Ich hatte noch nie ein so überwältigendes Aufwallen der Liebe und des Erkennens empfunden. Es gelang mir kaum, ihn loszulassen, um ihn Phil zu geben. Anschließend saß ich da und betrachtete Vater und Sohn fasziniert. Tränen liefen über Phils Wangen.

Unsere Adoptionsvermittlerin berichtete von zwei Briefen, die von der leiblichen Mutter unseres Sohnes eine Woche nach seiner Geburt im Krankenhaus abgegeben worden waren. Im ersten stand: »In einem halben Jahr werde ich wiederkommen und den kleinen Wladislaw abholen. Ich muss erst genügend Geld verdienen.« Im zweiten verzichtete sie auf ihre elterlichen Rechte und schrieb: »Bitte sorgt dafür, dass unser kleiner Wladislaw geliebt wird.« Und nun waren wir da, um ihn zu lieben. Wir waren die Antwort auf die Bitte seiner Mutter, und Isaiah war die Antwort auf unsere.

Man hatte uns gewarnt, dass in Russland bei allen Auslandsadoptionen eine gesetzlich vorgeschriebene Wartezeit einzuhalten sei. Es wurde erwartet, dass wir unseren Sohn kennenlernten und dann ohne ihn nach Hause zurückkehrten. Ich verstand die Gründe für dieses Gesetz. Man wollte sicher sein, dass einem Kind durch die adoptierende Familie keine Gefahr drohte, bevor es in einem fremden Land mit ihr vereint wurde. Diese Wartezeit war theoretisch sinnvoll. Aber jeder Tag, an dem Isaiah nicht bei uns weilte, war ein Tag voller Angst, ihn zu verlieren. Wir waren längst eine Familie. Wir quollen über vor Liebe. Isaiah hatte bereits zehn Monate in einem Waisenhaus verbracht. Warum noch eine Minute länger warten? Es schien mir aus praktischen Gründen unklug zu sein. Ich wollte eine Bindung zu Isaiah aufbauen, bevor sein Geschwisterchen kam, und während die Monate vergingen und der Geburtstermin näher rückte, würde das Reisen für mich immer beschwerlicher werden.

Wir beantragten einen Gerichtstermin, um unser Anliegen vorzubringen, doch die Richterin, die bei diesen Fällen üblicherweise den Vorsitz hatte, sollte am nächsten Tag in den Urlaub fahren. Es wäre niemand für eine Anhörung verfügbar. Unsere Adoptionsagentur führte unzählige Telefonate, um herauszubekommen, ob ein Gericht in einer anderen Stadt in der Angelegenheit entscheiden konnte, und hatte nahezu alle Möglichkeiten abgeklopft, als uns ein Anruf im Hotel erreichte. Die Tochter der zuständigen Richterin hatte einen Wissenschaftspreis gewonnen, und der Familienurlaub war abgesagt worden, damit sie den Preis in der Stadt entgegennehmen konnte. Die Richterin würde unseren Fall am Morgen verhandeln.

Am nächsten Tag stand ich in dem stickigen Gerichtssaal in einem weiten Kleid vor ihr, das bei der Hitze etwas angenehmer war und Platz für die sanfte Wölbung meines Bäuchleins bot.

»Euer Ehren, wir möchten Sie bitten: Bitte verzichten Sie auf die gesetzlich geforderte Wartezeit. Wir möchten unser spirituelles Kind mit nach Hause nehmen.«

Die Richterin betrachtete uns streng. Für einen furchtbaren Augenblick dachte ich, dass sie mich nach meiner Schwangerschaft fragen und die Adoption ablehnen würde, weil wir ein leibliches Kind bekamen. Doch dann sah ich, dass ihre Gesichtszüge angespannt waren, weil sie mit den Tränen kämpfte.

»Kinder brauchen Liebe«, sagte sie und erließ uns die Wartezeit.

Als wir mit Isaiah nach Hause kamen, setzten wir ihn sofort ans Ufer des Saugatuck River. Er sah sich alles genau an: das Licht auf dem Wasser, die dicken, voll im Laub stehenden Bäume, das viele Grün, den Himmel und das Vogelgezwitscher. In den zehn Monaten seines Lebens hatte er das Waisenhaus nur einmal verlassen, als er schleunigst zu einer Tränenwegsoperation ins Krankenhaus gebracht werden musste. Da sich ein bis zwei Frauen um zwanzig Säuglinge kümmern mussten, war es weder sinnvoll noch möglich, die Kleinen hinaus an die Luft oder in die Sonne zu bringen. Deshalb hatte er noch nie einen Baum oder den freien Himmel gesehen. Er rieb seine nackten Füße im weichen Gras. Mit leuchtenden Augen streckte er uns die Ärmchen entgegen, als wollte er uns auf sein Staunen aufmerksam machen, es mit uns teilen. Ich werde diesen Augenblick nie vergessen.

Von dem Tag an, da wir den Waisenjungen im Fernsehen gesehen hatten, lehrte diese Erfahrung uns, dass Liebe noch mehr Liebe erzeugt. In Isaiahs erster Woche daheim richteten unsere Nachbarn eine Willkommensparty auf einem Spielplatz in der Nähe einer alten weißen Holzkirche aus, wie sie für Neuengland typisch sind. Sie tauchten mit bergeweise Essen und Geschenken und Zetteln mit Tipps und Ratschlägen auf – all das, was sie gern gewusst hätten, als sie ein Kind bekommen hatten. Wir waren überrascht und gerührt von der Woge der Wärme und der Verbundenheit, die uns in der Welt der Familien willkommen hieß.

Wenn ich jetzt zur Kontrolle oder zum Ultraschall zur Frauenärztin ging, war Isaiah im Kinderwagen an meiner Seite. Das Baby in meinem Bauch bewegte sich und trat gegen meine Bauchdecke. Isaiah sah mich an, plapperte und strampelte mit den Beinen. Die Tritte in meinem Bauch passten zu den Tritten neben mir.

Ich musste immer noch lernen, nicht in jeder Minute der Schwangerschaft ängstlich die Luft anzuhalten. Doch die Geschichte dieser Empfängnis sorgte dafür, dass sich die Schwangerschaft stark und sicher anfühlte. Isaiahs Ankunft und alles, was ich erlebte, bis wir ihn fanden, hatten mich verändert. Ich wusste, dass ich aus Angst vor dem Verlust der Kontrolle erstarren konnte – oder der Welt die Führung überlassen und ihr die Erlaubnis geben konnte, sich zu entfalten.

Als die Wehen einsetzten, kam meine Mutter sofort aus Boston, um auf den schlafenden Isaiah aufzupassen. Ich fühlte mich von Liebe umgeben, rundum beschützt und unterstützt. Aber als ich in den Wehen lag und die Schmerzen unerbittlich stärker wurden, als Stunde um Stunde verging und es mit der Geburt nicht voranging, und das Baby nicht kam, überwältigte mich die Angst. Ich dachte, mein Körper würde bersten. Ich konnte die Panik in Phils Gesicht erkennen.

Schließlich sagte die Ärztin: »Es besteht ein Missverhältnis zwischen dem Schädel des Kindes und Ihrem Becken. Bei Ihrem Körperbau wird dieses Baby niemals durchpassen. Wir bereiten Sie auf die Operation vor.«

Phil hatte mir einmal von seiner Angst erzählt, dass ich bei der Geburt sterben würde. Er umklammerte meine Hand, als mich die Schwester in den Operationssaal fuhr. Es war verwirrend, dass eine Maske sein Gesicht verdeckte und die Vorhänge über meinem Körper zugezogen wurden und mich von einem Teil meiner selbst abschnitten. Die untere Hälfte meines Körpers fühlte sich taub an. Dann hörte ich ein Baby schreien.

»Sie ist da!«, sagte Phil.

Ehe ich mich's versah, war die Nabelschnur durchgeschnitten, meine Tochter gebadet, und die Schwester hielt sie hoch. Ihr Körper war eine einzige Kurve vom Kopf bis zu den Zehen, und oben auf ihrem Kopf ragte ein Kamm von dicken, flauschigen und kohlrabenschwarzen Haaren in die Luft. Leah. Mein erster Eindruck war, dass meine Tochter sehr mächtig sein musste, wenn sie solche Haare hatte. Die Schwester legte sie liebevoll auf meine Brust, direkt auf mein Herz, und ich wurde von ihrer Wärme und ihrer großen Kostbarkeit durchdrungen.

Ein paar Stunden später lagen Leah und ich in unserem Zimmer im Krankenhaus. Phil war nach Hause gegangen, um ein paar Stunden zu schlafen und daheim zu sein, wenn Isaiah erwachte. Ich war mit Leah allein. Ich starrte sie an – die reine Unschuld, die himmlische Weisheit, die sie aussehen ließ, als sei sie

800 Jahre alt. Wie alle Neugeborenen wirkte sie uralt und nagelneu zugleich. Ich lächelte dieses kleine Wesen mit dem greisenhaften Gesicht an.

»Ich liebe dich«, flüsterte ich.

Sie öffnete die Augen und drehte wackelig den Kopf, bis auch sie mich anschaute. Im Dunkeln sah es aus, als würde sie mich angrinsen und mir mit einem weisen Auge zuzwinkern.

Am nächsten Morgen kam Phil mit Isaiah ins Krankenhaus, damit er seine neugeborene Schwester kennenlernen konnte. »Baby, Baby«, rief er und streckte die Arme nach ihr aus.

»Nur ein Kind, das lieben kann«, hatte ich vor all den Monaten in der Adoptionsagentur gesagt.

Leah umschloss seinen Finger mit ihrer winzigen Faust. Sie sah ihren Bruder an, als seien sie endlich wieder vereint.

Ein weiteres Mal erstaunte mich, wie unwahrscheinlich der Weg gewesen war, der unsere Familie zusammengeführt hatte. Ich dachte an die physikalische Forschung zur Quantenverschränkung – die Beziehung zwischen Teilchen, die so eng miteinander verbunden sind, dass sich die Veränderung des einen auch dann auf das andere auswirkt, wenn eine große Entfernung zwischen ihnen liegt. Wenn die kleinsten Materieteilchen miteinander verschränkt sind, könnte dies auch für Lebewesen gelten? Für eine Frau, die in einem von Rauch erfüllten Zelt in South Dakota sitzt und keinen Ton herausbringt, und einem Säugling, der in einem russischen Waisenhaus erwacht? Für Isaiah und Leah, spirituelle Zwillinge, die auf gegenüberliegenden Seiten des Globus empfangen wurden, aber von Anfang an miteinander verbunden waren?

Ich dachte auch an eine Weiterbildungsveranstaltung der medizinischen Fakultät der Harvard University, die ich ein oder zwei Jahre vor Isaiahs Adoption besucht hatte. Dr. Larry Dossey – ein stattlicher, eindrucksvoller Mann Mitte sechzig, der aussah, als sei er früher einmal Quarterback im Footballteam seiner Highschool gewesen, und der viele Jahre in Dallas als Arzt praktizierte – hielt einen Vortrag über den Einfluss des Gebets und der Intuition in der Medizin: ein für eine strikt schulmedizinische Einrichtung überraschendes und willkommenes Thema. Er verglich die verschiedenen Formen der Intuition, die ihm in medizinischen Zusammenhängen begegnet waren, mit dem besonderen Band, durch das er mit seinem Zwillingsbruder in Verbindung stand – ein typisches »Zwillingsding«, das viele eineiige Zwillingspaare kennen, wenn der eine von ihnen auch dann weiß oder gar mitempfindet, was der andere gerade erlebt, auch wenn sie räumlich voneinander getrennt sind. Es war, als würde der gleiche Gedanke oder das gleiche Gefühl in zwei verschiedenen Gehirnen oder Körpern auftauchen. »Wir Ärzte«, sagte Dr. Dossey, »können die Nichtlokalität des Bewusstseins nicht ignorieren.« Er erklärte weiter, dass unser Bewusstsein in Wirklichkeit Teil eines Bewusstseinsfelds sei, das er als »Einen Geist« bezeichnet.

Überall im Hörsaal schossen die Hände nach oben, und alle stellten Variationen der gleichen Frage: »*Wie funktioniert das?*«

Dossey lächelte. »In der Medizin«, sagte er, »wissen wir häufig, *dass* etwas funktioniert, bevor wir eine Ahnung haben, *wie* es funktioniert.« Bei vielen Medikamenten – Aspirin, Penicillin, Narkosemitteln – stellte sich heraus, dass sie gegen Entzündungen, Schmerzen oder Infektionen wirken, bevor wir den Wirkmechanismus erklären konnten. »Wissen Sie«, fügte er lächelnd hinzu, »ich habe noch nie erlebt, dass ein Patient, der sich einer größeren Operation unterziehen musste, die Narkose verweigerte, weil der Anästhesist nicht ganz genau erklären konnte, wie es funktioniert.«

Genauso ging es mir mit dem *inipi.* Dass ich nicht erklären konnte, was geschehen war, änderte nichts an meiner grenzenlosen Freude und meinem Staunen darüber, dass wir in Kürze zwei Kinder bekommen würden. Dr. Dosseys Worte spukten mir durch den Kopf. *Die Nichtlokalität des Bewusstseins.* In Verbindung mit dem, was wir über Quantenverschränkung wussten, legte die Vorstellung von einem nichtlokalen Bewusstsein nahe, dass zwischen dem Geist bzw. dem Bewusstsein der Menschen eine ebensolche Verbindung und Vernetzung entstehen kann wie zwischen winzigen Teilchen. Vielleicht spürte ich im *inipi* das nichtlokale Bewusstsein – das Gefühl, dass die Frauen im Zelt einen Fokus und ein Bewusstsein sowie die Verbindung zu einer größeren Quelle teilten, die zu nutzen uns die Heilerin geholfen hatte. Besonders bedeutsam fand ich, dass wir kein Mädchen bekommen würden, wie Phil es sich gewünscht hatte, sondern einen Jungen. Die Frauen im *inipi* hatten um Heilung ihrer verlorenen, verschwundenen und leidenden Söhne gebetet, und das Leben schickte uns den Sohn, der *uns* fehlte. Er war nicht einfach aufgetaucht wie ein von der Karte eines Lieferservices bestelltes Essen. Er war über den Dialog und die Verbindung mit anderen und dem Universum zu uns gelangt. Wie funktionierte der Mechanismus dieser Verbindung?

Im Jahr 1987 startete Dr. Jacobo Grinberg, Neuropsychologe an der Nationalen Autonomen Universität von Mexiko, mit einer Reihe von Experimenten, die immer gleich begannen:[40] Zwei Menschen saßen gemeinsam in einem Raum, meditierten zwanzig Minuten lang und konzentrierten sich dabei bewusst darauf, eine starke Verbindung zueinander aufzubauen. Anschließend wurden sie in verschiedene elektromagnetisch abgeschirmte Räume geschickt, wo Grinberg diverse Messungen ihrer Gehirnaktivität vornahm. Er untersuchte zum Beispiel ihre Elektroenzephalogramme und stellte dabei fest, dass sich die Hirnwellenmuster der Teilnehmenden nach dem bewussten Aufbau einer Verbindung allmählich anglichen, obwohl sie sich in unterschiedlichen Räumen befanden und nicht miteinander kommunizieren konnten. In einer anderen Version des Experiments leuchtete der Laborant mit einem hellen Licht in die Augen eines der Teilnehmenden, während sie sich in unterschiedlichen abgeschirmten Räumen befanden. Die hundert zufälligen Lichtblitze waren auf dem EEG als überraschende Spitzen oder Schocks zu erkennen.

Als Grinberg die beiden EEGs verglich – das des Teilnehmers, der den Lichtblitzen ausgesetzt gewesen war, und das des Teilnehmers im abgeschirmten Raum –, machte er die faszinierende Entdeckung, dass die Spitzen in 25 Prozent der Fälle übereinstimmten. Der Teilnehmende, der keinen Lichtblitzen ausgesetzt gewesen war, registrierte dennoch ein Viertel der Blitze *mental*, die der andere *körperlich* registrierte. Es schien, als ginge die elektrische Aktivität des einen Gehirns simultan auf das andere über, ohne dass eine elektrische Verbindung bestand oder ein herkömmliches Signal zwischen ihnen übertragen wurde. Die Überschneidung war zu signifikant, um sie lediglich als Zufall zu erklären. Welcher Mechanismus war dafür verantwortlich, dass Informationen zwischen den beiden Gehirnen übertragen wurden? Es war, als seien sie irgendwie nur ein Gehirn – getrennt und verbunden zugleich.

Die Synchronisation zweier Schwingungen wird als »Entrainment« bezeichnet, etwa wenn zwei Stimmgabeln anfangen, in der gleichen Frequenz zu vibrieren, oder sich zwei Pendel synchronisieren und in der gleichen Geschwindigkeit schwingen (engl. *to entrain* [mitnehmen, mitreißen, einkuppeln]). Grinbergs

Forschungen hatten ein Entrainment der Hirnwellen zwischen empathisch verbundenen Paaren offenbart. Andrew Newberg, Neurowissenschaftler und Forschungsleiter am Marcus Institute of Integrative Health in Philadelphia, fand mithilfe von MRT- und PET-Scans heraus, dass das Entrainment stärker wird, wenn man die Gruppe der Menschen in einem transzendenten Zustand vergrößert.[41] Wenn Menschen – die sich in diesem Fall tatsächlich im gleichen Raum befinden – miteinander beten, beschleunigt dies die Geschwindigkeit, mit der Mitbetende die Nervenbahnen eines Zustands der Andacht aktivieren. Es scheint auch, als würden sie den spirituellen Zustand nicht nur teilen, sondern als sei er sogar ansteckend. Wenn neun Menschen zusammen beten, sind ihre Gehirne synchronisiert, und wenn ein zehnter den Raum betritt, gelangt er ebenfalls schnell in den gleichen synchronisierten spirituellen Zustand. (Dies passt möglicherweise zum jüdischen Gesetz des Minjan, wonach zehn Gläubige anwesend sein müssen, damit ein Gottesdienst stattfinden kann.)

Zahlreiche EEG-Studien ergaben, dass sich die Gehirne zweier Menschen synchronisieren, wenn sie emotional im Einklang sind, einander bei einer Aufgabe spiegeln oder in einem empathischen Zustand emotional miteinander verbunden sind.[42] Die Phasen der oszillierenden Hirnwellen gleichen sich an (sie schwingen gemeinsam auf und ab). Dies gilt besonders für den Bereich der sogenannten Alpha-Wellen (acht bis zwölf Hertz). Erstaunlicherweise geht die Alpha-Synchronisation vom Scheitelbereich aus. Das ist die gleiche Region im hinteren Teil des Gehirns, in der wir bei der Columbia-MRT-Studie mit spirituellen Erwachsenen, die eine Depression überwunden hatten, ein Dickerwerden der Hirnrinde sowie in der Yale-fMRT-Studie über das Live-Erleben spiritueller Erfahrungen Aktivität festgestellt hatten. Wenn wir uns im Alpha-Bereich synchronisieren, reiten wir auf dieser

Welle zu einem geeinten Bewusstsein – zu erwachter Verbundenheit.

Wie funktioniert dieses Entrainment, und welchen Nutzen hat eine solche Art der Verbundenheit?

Eine faszinierende Studie der Universität Haifa unter der Leitung von Pavel Goldstein wollte untersuchen, ob die neuronale Kopplung – oder Resonanz – als Mechanismus der Schmerzlinderung dienen konnte.[43] In wissenschaftlichen Kreisen war bereits bekannt, dass wir die gleichen Hirnstrukturen aktivieren wie ein Mensch, der Schmerzen hat, wenn wir mit ihm fühlen. Man könnte auch sagen, dass Schmerz und das Mitgefühl für Schmerz die gleichen neuronalen Netze aktivieren, nämlich den vorderen Insellappen und den anterioren mittleren Gyrus cinguli auf beiden Seiten. Goldstein und sein Team überlegten: Wenn die Spiegelung ein wichtiger Bestandteil der Empathie war, konnte sie dann auch die Grundlage unserer Fähigkeit bilden, Schmerzen zu heilen und zu lindern?

Goldsteins Team bediente sich einer Technik namens »Hyperscanning«, die es den Forschenden ermöglicht, die Gehirnaktivität von mindestens zwei Menschen gleichzeitig zu überwachen, die in einem Austausch miteinander stehen. Sie beobachteten, was in den Gehirnen von Liebespaaren, bestehend aus einem Mann und einer Frau, vor sich ging, wenn sie sich an den Händen hielten und einander bei Schmerzen trösteten. Aus Gründen der Einheitlichkeit, und weil Frauen nachweislich einen größeren Nutzen aus sozialer Unterstützung ziehen als Männer, wurde den Frauen die Rolle der »Getrösteten« und den Männern die Rolle der »Tröstenden« zugewiesen. Die Paare wurden untersucht, während sie sich an den Händen hielten, ohne Körperkontakt nebeneinandersaßen oder sich in unterschiedlichen Zimmern befanden – mal mit und mal ohne Schmerzen. Scanner zeichneten die neuronale Aktivität beider Partner während des Experiments auf, damit das Team zwei Fragen untersuchen konnte: erstens, ob die liebevolle Berührung die neuronale Kopplung verstärkt, und zweitens, ob ein Zusammenhang zwischen dem Ausmaß der Synchronisation der Gehirne und dem Erfolg des Tröstenden bestand, die Schmerzen seiner Partnerin zu lindern. Alles in allem untersuchte die Studie, ob die Resonanz zwischen zwei Gehirnen ein Faktor ist, der bei der heilenden Kraft der Liebe eine Rolle spielt.

Goldstein und sein Team machten bezüglich des Händchenhaltens bei Schmerzen zwei wichtige Entdeckungen: Die zwischenmenschliche Berührung erhöhte die empathische Genauigkeit des Tröstenden und verringerte das Schmerzempfinden der Getrösteten. Die heilende Berührung verbessert also sowohl unsere Fähigkeit, einen geliebten Menschen zu trösten, als auch unseren Erfolg bei der Linderung seiner Schmerzen. Darüber hinaus spielt offenbar auch ein bestimmtes Netzwerk für Hirnresonanz eine Rolle. Während der Berührung bei Schmerz zeigten die Scanner eine starke Spiegelung oder Synchronie zwischen der Scheitelregion der weiblichen Gehirne und der rechten Hinterhaupts-, Schläfen- und Scheitelregion der männlichen Gehirne. Es schien, als hätten sie den zwei Gehirne umfassenden Schaltkreis der liebevollen Umarmung gefunden, das wohltuende und beruhigende Zusammenkommen in der tröstenden Erfahrung: »Alles ist gut.« Diese Synchronie der Gehirne betrifft in erster Linie den Alpha-Bereich. Es hat den Anschein, als würden sich die Phasen unserer Alpha-Wellen je nach Intensität der Nähe oder Berührung, des Schmerzniveaus oder des Trostbedürfnisses sowie der von den Partnern empfundenen Intimität mehr und mehr angleichen. Welche Bedeutung haben wir füreinander? Wir sind dafür gemacht, einander zu trösten.

Goldstein und sein Team lieferten zwei mögliche Erklärungen für dieses Ergebnis: erstens, dass die soziale Berührung soziales Verständnis vermittelt, was wiederum den Belohnungsschaltkreis im Gehirn aktiviert und dadurch den Schmerz reduziert, und zweitens, dass die zwischenmenschliche Berührung den Schmerz lindert, indem sie die Grenzen zwischen dem Selbst und dem anderen verwischt und damit einen Zustand einender Liebe erzeugt, der dem Tröstenden hilft, sowohl den Schmerz der Getrösteten zu spüren als auch Unterstützung und Fürsorge zu vermitteln. So oder so zeigt die Studie, dass unsere Gehirne gekoppelt werden, wenn wir Mitgefühl empfinden sowie Trost und Fürsorge vermitteln. Sie teilen das Einssein, und dieses Einssein ist eine wichtige Voraussetzung oder ein Mechanismus der Heilung.

Mit einer weiteren innovativen Studie zeigte Dr. Jeanne Achterberg, dass die heilende Kraft der Liebe möglicherweise nicht nur durch Berührung oder körperliche Nähe, sondern auch aus der Ferne übertragen werden kann.[44] Achterberg nutzte die funktionelle Magnetresonanztomografie, um am North Hawaii Community Hospital in Waimea einen möglichen Zusammenhang zwischen heilenden Gedanken, die über eine größere Entfernung hinweg geschickt wurden, und der Aktivierung bestimmter Hirnfunktionen bei den Empfängern der Heilabsichten zu untersuchen. Erfahrene indigene hawaiianische Heilende wählten jeweils einen Menschen aus, mit dem sie in Mitgefühl verbunden waren. Diese Adressaten wurden ins fMRT-Gerät geschoben, und alle Möglichkeiten einer Kontaktaufnahme über die Sinne seitens der Heilenden wurden unterbunden. Die Heilenden wurden in einem anderen Gebäude ebenfalls im Scanner untersucht, während sie den Probanden in willkürlich festgelegten Zwei-Minuten-Intervallen Heilabsichten sandten. Die Empfänger konnten weder vorhersehen noch über die Sinne wahrnehmen, wann die Heilbotschaften geschickt wurden. Dennoch sprangen in zehn von elf Fällen genau dann, wenn die Heilenden die Absicht schickten, bestimmte Areale in den Gehirnen der Empfänger an – eindeutig zuzuordnende Punkte im Bereich des anterioren und des mittleren Gyrus cinguli, des Praecuneus und des Stirnlappens. Die Chancen, dass dies reiner Zufall war, sind geringer als eins zu 10 000. Achterberg schloss daraus, dass sich über Entfernungen hinweg geschickte Heilabsichten unmittelbar auf den Körper des Empfängers auswirken können, dass wir gegenseitig unsere Körper und unsere geistigen Prozesse beeinflussen können, wenn wir miteinander verbunden sind.

Eine synchronistische Erfahrung auf einer Vortragsreise untermauerte diesen Eindruck. Als ich in Provo im US-Bundesstaat Utah eine Vorlesung zum Thema »Spiritualität« als Resilienzfaktor hielt, war es wie ein Schock, den strahlenden und durchdringenden Blicken eines älteren Herrn und einer älteren Dame zu begegnen, die in der letzten Reihe des 400 Personen fassenden Hörsaals saßen. Sie folgten meinem Vortrag mit einer solch strahlenden Aufmerksamkeit, dass es war, als leuchteten sie mich an. Die geballte Freundlichkeit ihrer Blicke schien meinen Körper zu durchdringen, und eine angenehme Wärme sammelte sich in meiner Brust. Sie saßen Schulter an Schulter, lehnten sich mit großer Präsenz und Verbundenheit aneinander. Sie stachen aus dem Meer der Menschen heraus. Von der anderen Seite des riesigen dunklen Raums konnte ich die Liebe sehen, die in ihren Augen funkelte.

Ich musste sie kennenlernen. Nach der Vorlesung rannte ich durch die Reihen. Sie schienen zu spüren, dass ich zu ihnen wollte, warteten auf mich und schüttelten mir dann herzlich die Hand. Dr. Gary Weaver hatte dunkle Haare und hellblaue Augen, und sein stämmiger Oberkörper steckte in einem ordentlich gebügelten Hemd. Seine Frau Colleen trug einen langen Rock mit sattbraunen Cowboystiefeln, und die Spitzen ihrer hellen Haare streiften die Schultern ihrer farbenfrohen Bluse. Sie dankten mir für den Vortrag und sagten, dass die Themen »Spiritualität« und »Resilienz« auch bei ihrer Arbeit eine Rolle spielten.

Ich wurde zu einem kleinen Essen im Kollegenkreis in der Professorenmensa erwartet, das nur für geladene Gäste war. Aber ich wollte nicht gehen, ohne mehr über die Weavers zu erfahren. Da ich spürte, dass sie mich etwas Wichtiges lehren konnten, bat ich meine Gastgeber spontan, sie noch an meinem Tisch unterzubringen.

Gary und Colleen erzählten, dass sie dreißig Jahre lang mit Kindern gearbeitet hätten, die schrecklichen Missbrauch überlebt und selbst zu Tätern geworden waren, schon mehr als dreimal vor dem Richter gestanden hatten und aus der Jugendstrafanstalt in eine Justizvollzugsanstalt für Erwachsene verlegt werden würden, wenn sie ihre letzte Chance vermasselten. Die Weavers waren diese letzte Chance. Wie ich später erfuhr, waren ihre Interventionen bei 85 Prozent der Kinder, die kurz davor standen, lebenslänglich hinter Gittern zu verschwinden, erfolgreich. Ihre Unterstützung ging weit über den klinischen Bereich hinaus. Sie hatten 28 der jungen Männer adoptiert.

»Wie machen Sie das?«, fragte ich. »Wie arbeiten Sie mit ihnen?«

Ich spürte, dass Garys und Colleens Erfolg bei den Jungen, die ihnen vom Gericht zugewiesen wurden, viel mit ihrer strahlenden, funkelnden Liebe und – wie sie nach dem Vortrag angedeutet hatten – mit spirituellem Bewusstsein zu tun hatte. Der restliche Tisch führte eine akademische Diskussion über Forschungsparadigmen, statistische Modelle und die Frage, wo sie ihre nächsten Artikel veröffentlichen sollten. Aber ich wollte nur darüber sprechen, wie Gary und Colleen Weaver den Menschen halfen.

»Wir gehen raus in die Wüste«, sagte Gary vage und mit einem Augenzwinkern. »Ich werde es Ihnen irgendwann einmal zeigen.«

Der Nachtisch wurde serviert. Anschließend brachen die Gäste allmählich auf und warfen ihre weißen Leinenservietten auf Tische und Stühle. Gary, Colleen und ich waren die Letzten, die übrig waren, und saßen noch am Tisch, als die Dessertteller schon abgetragen waren.

»Können Sie es mir jetzt zeigen?«, fragte ich leise. »Wie vermitteln Sie spirituelles Bewusstsein?«

»Wir arbeiten nicht mit einer speziellen Religion«, sagte Gary. »Die meisten der Jungen, mit denen wir arbeiten, haben schlimme Erfahrungen mit Religionsvertretern gemacht.«

Er schwieg eine Weile, dann schnippte er mit den Fingern. »Dann mal los!«

Er führte mich durch die folgende transzendente Visualisierung, die »Rat halten« hieß:

> Setzen Sie sich hin, und schließen Sie die Augen.
> Visualisieren Sie einen Tisch. Bitten Sie nun alle Menschen an Ihren Tisch, die wirklich Ihr Bestes wollen – ob sie noch leben oder bereits tot sind.
> Wenn alle Ihre Gäste an Ihrem Tisch sitzen, fragen Sie, ob sie Sie lieben.
> Bitten Sie nun auch Ihr höheres Selbst an den Tisch – jenen Teil von sich, der größer ist als alles, was Sie jemals getan oder unterlassen

haben, was Sie besitzen oder was Sie missen.
Fragen Sie, ob Ihr ewiges höheres Selbst
Sie liebt.
Bitten Sie nun Ihre höhere Macht an den Tisch –
was immer Sie darunter verstehen. Fragen Sie,
ob Ihre höhere Macht Sie liebt.
Und wenn alle diese Leute am Tisch sitzen,
fragen Sie: »Was muss ich in diesem Augenblick
wissen? Was müsst ihr mir mitteilen?«

Es war ein schneller Weg zu *erwachter Verbundenheit*, zu der Erkenntnis, dass wir in Beziehung zu unseren Ahnen, den geliebten Menschen, unserem höheren Selbst und unserer höheren Macht stehen und diese Beziehungen über die körperliche Präsenz hinausgehen und uns etwas Unverzichtbares und Nützliches schenken. Ihr innerer Rat ist immer für Sie da. Es kann vorkommen, dass zu unterschiedlichen Zeiten unterschiedliche Leute an Ihrem Tisch erscheinen. Sie können ihnen jederzeit und überall Fragen stellen.

Ich habe diese Übung schon unzählige Male mit Studierenden, Eltern, Wirtschaftsführern, Menschen aus dem Technik- und Finanzsektor gemacht, und sie schien allen Auftrieb zu geben und sie zu trösten. Menschen in Eliteeinrichtungen und -berufen sind es gewohnt, sich miteinander zu vergleichen und zu konkurrieren, und diese unerbittliche Selbstbeurteilung lässt ihr Leben oft spröde werden. Ein paar ruhige Minuten der Besinnung genügen, damit sie erwachen und erkennen, wie sehr sie geliebt werden und wie nah die anderen ihnen stehen – einschließlich der Menschen, die längst vergessen oder tot sind.

Wie ich bei meiner klinischen Arbeit immer wieder entdeckte, macht die Aktivierung dieses Bewusstseins liebevoller

Verbundenheit eine tiefgreifende Heilung möglich.[45] Ich erlebte es auch, als ich gebeten wurde, eine klinische Intervention für Covenant House zu entwickeln, eine Unterkunft für obdachlose gefährdete Jugendliche an der West Side Manhattans unweit des Lincoln-Tunnels. Die gleichnamige Organisation bietet Jugendlichen, die sich im Übergang aus dem Pflegeverhältnis oder aus instabilen häuslichen Verhältnissen in die Selbstständigkeit befinden, vorübergehend Unterkunft und Unterstützung sowie berufliche Orientierung.

»Meine Welt ist wie ein Haus, in dem hinter jeder Tür weitere Feuer brennen«, sagte der 28-jährige Randy zu Beginn der Gruppentherapie. Sein Leben war immer wieder von Trennungen zerrissen worden. Er war in Trinidad zur Welt gekommen und sehr früh vom Vater verlassen worden. Nun war auch die Beziehung zu seiner Mutter und seiner Schwester angespannt, mit denen er nach New York gekommen war. Sie wohnten nicht mehr zusammen und sprachen nur selten miteinander. Er hatte starke Ängste, befand sich an der Schwelle zur Diagnose einer schweren Depression und reagierte oft sehr schnell und heftig. Er konnte keinerlei Kritik vertragen, und seine Beziehungen waren extrem konfliktbeladen. Als unser Team Randy zum ersten Mal sah, telefonierte er gerade mit seiner Freundin, die er aus vollem Hals anschrie. Die Wut war seine Art, seinem Schmerz Luft zu machen, und der Versuch, sein Umfeld zu kontrollieren. Er nahm auch häufig Drogen, um sich besser zu fühlen.

Randy nannte drei Ziele für die Gruppentherapie, die aus einer zweistündigen wöchentlichen Gruppensitzung bestand und durch offene Einzeltherapiesitzungen ergänzt wurde: »Ich möchte mehrere Möglichkeiten lernen, wie ich meinen Schmerz und meine Wut überwinden und in etwas Wertvolles verwandeln kann«, schrieb er. »Ich trete morgen einen neuen Job an, und mein Ziel ist es, jeden Tag hart zu arbeiten, um ihn auch zu behalten.« Außerdem erklärte er, dass er lernen wolle, »bessere Beziehungen aufzubauen. Ich habe das Gefühl, dass es mir als Mensch helfen wird zu lernen, andere für das zu lieben, was sie sind, und nicht unbedingt für das, was sie tun«.

Alle Gruppensitzungen begannen mit einer Entspannungsübung und einer geführten Visualisierung. In physiologischer Hinsicht beruhigten diese Übungen das Nervensystem, dämpften das zielgerichtete Bewusstsein und bereiteten die Teilnehmer darauf vor, ihre Heilung entspannter anzugehen und nicht mehr so schnell und überzogen zu reagieren. Nachdem sich alle Teilnehmer im Konferenzzimmer von Covenant House versammelt hatten, suchte sich jeder einen Platz auf dem Boden, um sich friedlich hinzusetzen und die Augen zu schließen. Mein Doktorand Lorne, der mit den Jugendlichen von Gary und Colleen Weaver in der Wüste gearbeitet hatte, schaltete die Neonbeleuchtung aus und sorgte für die richtige Übungsstimmung. Dazu verwendete er eine buddhistische Klangschale, die Ähnlichkeit mit den Klangschalen hatte, die in vielen mystischen Traditionen verwendet werden, um Entspannung und Meditation zu unterstützen.

Während die Schwingungen den Raum erfüllten, bat mein Team die jungen Männer, tief ein- und auszuatmen, zuerst den Bauch und dann die Brust mit Luft zu füllen und wieder vollständig auszuatmen. Dieser an sich schon beruhigende Vorgang erzeugte mithilfe der Klänge auch einen Zustand des Entrainments, der dem Entrainment der Hirnwellen in Jacobo Grinbergs und Andy Newbergs Studien ähnelte. Die Schwingungen der Klangschale synchronisierten die Hirnwellen der Teilnehmer über die Klangwellen, sodass sie ein zutiefst entspannendes Theta-Wellen-Muster aufwiesen – das Äquivalent zur ersten REM-*(rapid eye movement-)*Schlafphase.

Der nächste Teil der Übung führte sie noch tiefer in eine spirituelle Erfahrung hinein. Die jungen Männer sollten sich vorstellen, dass sie ihre Herzen öffneten und spürten, wie die Liebe natürlich hineinströmte und immer mehr wurde, bis sie das Gefühl hatten, dass sie voller Liebe waren. Anschließend schickten sie über ihre Herzen Liebe an einen anderen jungen Mann im Kreis. Die Erfahrung, Liebe zu senden und zu empfangen, erzeugte ein Gefühl erwachter Verbundenheit. Anschließend wurden sie gebeten, mit geschlossenen Augen aus der Empfindung der Liebe heraus ein geistiges Bild ihres höheren Selbst entstehen zu lassen – des Teils, der über das hinausgeht, was wir haben oder nicht haben, was wir erreichen oder nicht erreichen. Er ist unsere reine Essenz, unser Wesenskern und wird weder von unseren eigenen Fehlern noch von dem getrübt, was uns von anderen angetan wurde. Die jungen Männer sollten sich vorstellen, wie ihr höheres Selbst ihrem gegenwärtigen Selbst liebende Güte schenkt.

Diese aktive Absicht der Selbstliebe war für viele eine Herausforderung. Der Versuch, sich Liebe zu geben, förderte negative Grundüberzeugungen zutage – angeknackst, isoliert oder wertlos zu sein. Aber im Laufe der Zeit gelang es ihnen immer besser, sich als von Grund auf gut und liebenswert zu betrachten, und sie wurden sich ihrer Verbundenheit und Resonanz mit anderen deutlicher bewusst.

Als die jungen Männer unmittelbare Resonanz mit ihrem höheren Selbst und miteinander erlebten, waren schon bald nach Programmbeginn erste Veränderungen erkennbar. Nach wenigen Wochen wirkte Randy weniger wütend und abgeschottet. Er sagte, er habe das Gefühl, mehr »Wasser« zur Verfügung zu haben – und er verbrachte tatsächlich mehr Zeit am Wasser, wenn er nach der Arbeit am Hudson River entlanglief. Außerdem besaß er mehr Hilfsmittel, um das Feuer seiner Wut einzudämmen. In der neunten Woche erzählte er, er wolle versuchen, die Beziehung zu seiner Freundin zu kitten. Er sagte, er würde sie um Verzeihung bitten und ihr seine Gefühle der Liebe und der Zuneigung mitteilen.

Als er zur nächsten Gruppensitzung erschien, war er euphorisch. Sein Rücken war gerade, seine Augen leuchteten. Sie hatte ihm verziehen. Das Fundament ihrer Beziehung war wieder fest. Es war das erste Mal, dass er einen positiven Ausgang eines Konflikts erlebte, und das erste Mal, dass er einen Konflikt bewältigte, indem er nicht seine Wut, sondern seine Liebe und emotionale Verletzlichkeit zum Ausdruck brachte.

Doch in der darauffolgenden Woche brach seine Wut wieder durch. Andere Heimbewohner, die nicht an dem Programm und der Gruppentherapie teilnahmen, zettelten eine Schlägerei an und stachelten Randy zum Mitmachen auf. Er war kurz davor, auf einen seiner Mitbewohner loszugehen, als es einem anderen Teilnehmer der Therapiegruppe gelang, ihn zu beruhigen und die Auseinandersetzung zu beenden. In der nächsten Sitzung sprachen wir über den Konflikt – warum er ausgebrochen und wie es gelungen war, die üblichen Gewalttätigkeiten zu verhindern. Die jungen Männer erzählten davon, wie schnell der äußere Stress und die äußeren Ansprüche ihre Fortschritte wieder zunichtemachen konnten. Sie sagten, sie fühlten sich oft wie Krabben, die in einem Eimer gefangen waren und sich gegenseitig am Entkommen hinderten. Sie sagten auch, sie würden gerade lernen, wie wichtig es sei, dem Druck der Kultur der Wut und der Gewalt zu widerstehen; die Herzen zu öffnen, Liebe zu senden und zu empfangen, erwachte Verbundenheit aufzubauen und zu erhalten.

Ein junger Mann formulierte dies sehr eindrucksvoll. »Der Kerl da«, sagte er und zeigte auf einen jungen Mann, der ihm gegenüber auf dem Boden saß. »Früher haben wir uns gehasst.

Wir waren in feindlichen Gangs. Aber jetzt ist er mein Bruder, und wir lieben uns. Als wir heute diese Visualisierung machten, hab ich ihm Liebe geschickt.« Er schlug sich auf die Brust. Der andere Mann schlug sich ebenfalls auf die Brust. Es war unglaublich beeindruckend, den Austausch tiefer Gefühle zwischen diesen harten, abgebrühten jungen Männern zu sehen.

Am Ende des Programms waren ein deutlicher Rückgang bei den Symptomen der Verzweiflung, dem Ausmaß der Depression und der generalisierten Angst sowie klare Verbesserungen bei der allgemeinen zwischenmenschlichen Kompetenz der Teilnehmer zu verzeichnen. Als sie mit dem Therapieprogramm begannen, lebten sie in einer Welt der Isolation und litten, waren wütend auf andere und die Welt im Allgemeinen und verhielten sich anderen gegenüber stets in Opposition. Sie hatten einen Prozess durchlaufen, durch den sie erwachten, und eine andere Lebensweise sowie das Gefühl kennenlernten, sogar mit Mitgliedern rivalisierender Gangs oder mit Menschen eins zu sein, von denen sie sich entfremdet hatten.

Als wir Randy das letzte Mal sahen, war er zum Geschäftsführer des Copyshops befördert worden, in dem er zu Beginn des Gruppentherapieprogramms zu arbeiten begonnen hatte. Seine Punktzahl auf den klinischen Skalen war von klinisch signifikanten auf klinisch unerhebliche Werte gefallen. Er sagte auch, dass seine Wut deutlich zurückgegangen sei.

»Da ist noch was«, merkte er an. »Ratet mal, wen ich am Sonntag angerufen habe. Meine Mama. Ich hatte ewig nicht mehr mit ihr gesprochen, aber ich habe angerufen, um ihr alles Gute zum Muttertag zu wünschen.«

Ich machte immer wieder die gleiche Beobachtung – vom *inipi* in South Dakota bis hin zu einem Richterzimmer in Russland, von den Entrainment-Studien bis hin zu den 28 Söhnen von Gary und Colleen Weaver: Erwachte Beziehungen transformieren und heilen. Statt des Gefühls, in Opposition oder Konkurrenz zu anderen zu stehen, isoliert oder wütend zu sein, haben wir unendlich viele andere Beziehungsmöglichkeiten. Leben und Labor offenbarten das Gleiche: dass uns ein Netz der Liebe miteinander verbindet und uns das Leben selbst liebevoll in den Armen hält.

Gleichzeitig war ich ... so unfassbar, so unendlich müde. Phil und ich waren beide müde. In zehn Monaten hatte Leah nicht eine einzige Nacht durchgeschlafen. Unsere Ruhemöglichkeiten wurden zerschnipselt und wie Konfetti verstreut. Isaiah war gut zwei Jahre alt – ein Kleinkind – und flitzte wie wild herum. Leah fing bereits an, sich hochzuziehen, und es war nur eine Frage der Zeit, bis sie zusammen rumtoben würden. Ich hatte Kopfschmerzen vor Erschöpfung und deshalb, weil ich mich so sehr konzentrieren musste, damit ich keinen von beiden aus den Augen verlor und sie nicht an einer Murmel erstickten oder irgendwo in einen Graben fielen. Phil war so erledigt, dass er einfach mit dem Auto herumfuhr, um wieder einmal etwas von der weiten, offenen Aufmerksamkeit ohne irgendwelchen Lärm oder Ansprüche oder Störungen zu bekommen.

Eines Nachmittags war er gerade mit dem Wagen unterwegs, und die Kinder bauten Türme aus Bauklötzen auf dem Teppich, um sie anschließend wieder umzustoßen, als meine Mutter aus Boston anrief.

»Ich hatte einen Traum«, sagte sie. »Da waren drei Kindersitze auf dem Rücksitz deines Wagens.«

Ich lachte. Ein drittes Kind? Es hatte fünf Jahre gedauert, bis ich Leah empfing. Und wie sollten wir klarkommen? Es hatte den Anschein, als hätte ich nur in dem Augenblick Ruhe, wenn ich im Café Schlange stand. Wenn ich nicht gerade arbeitete, sagte ich mir in allen anderen wachen Momenten pausenlos im Geiste vor, was ich zu tun hatte, um den Faden nicht zu verlieren: »Heb deine Hand, dreh den Wasserhahn auf, füll den Topf mit Wasser, stell ihn auf den Herd, schüttle die Nudeln aus der Schachtel …« Ich musste schon all meine Kraft aufwenden, damit ich auf dem Heimweg nicht von der Fahrbahn abkam.

Aber obwohl die Erschöpfung meinen Blick verengte, waren meine Kinder direkte Portale ins erwachte Bewusstsein. Sie weckten in mir die erhebendste und euphorischste Form der Liebe – nicht nur *für* sie, sondern *mit* ihnen und *durch* sie. Sie verbanden mich mit etwas Größerem. Mit allem Leben. Ich hatte große Ehrfurcht vor Isaiah und Leah – und es lag nicht nur an ihrem wunderschönen, unergründlichen Wesen, dass ich von Wärme durchflutet wurde. Es lag auch an der Art ihrer Gegenwart und ihres Bewusstseins. Meine Kinder zeigten wie die indigenen Heilerinnen und Heiler in Dr. Jeanne Achterbergs Studie ein Höchstmaß an Resonanz und Entrainment. Mit ihren Fähigkeiten der Wahrnehmung weckten sie auch die meinen. Wie an dem Tag, an dem wir Isaiah nach Hause brachten, ihn an den Fluss setzten und er sein Staunen mit uns teilte. Oder in den Momenten, wenn Leah neben mir im Bett lag und mich mit einer solch überwältigenden Liebe ansah, dass ich mich beinah nicht würdig fand, ihren Blick zu erwidern. Und doch hatte mich die Liebe zu meinen Kindern gelehrt, dass jeder Mensch es verdient, geliebt zu werden; dass Liebe unser Geburtsrecht ist. Wir sind dafür gemacht, Liebe zu geben und zu empfangen. Die Erschöpfung war echt – genau wie die ungeheure Führung und Liebe, wie die Verbundenheit, die zwischen uns existierte und über uns hinausging. Die Erschöpfung war keine Wand, die mir den Weg versperrte; sie war eine Öffnung, die mich zu einer bislang ungekannten Größe und Tiefe führte.

In jener Nacht wurde ich plötzlich wach. Ich lauschte reflexartig, ob Leah weinte, aber das Haus war ruhig. Ich hörte, wie Phil atmete und der Fluss draußen rauschte. Dann schien sich der dunkle Raum zu öffnen. Ich konnte das Kommen der tiefen Heiligkeit spüren. Zuerst war da ein göttliches Strahlen, dann diese große, tiefe Präsenz, die schon zweimal zu mir gekommen war.

»Möchtest du, dass ich zu euch komme?«, fragte sie.

Wieder war meine Antwort prompt, intuitiv und so frei und natürlich, als würde ich ausatmen.

»Ja, sehr gern«, erwiderte ich.

»Möchte Phil, dass ich zu euch komme?«, fragte sie.

Wenn ich mit dem Kopf geantwortet, Für und Wider aufgelistet, den Platz in unseren Herzen mit seinen Augenringen verglichen hätte, vielleicht hätte ich gezögert. Aber ich antwortete mit dem Herzen. »Sehr gern«, sagte ich.

Das Leuchten verschwand. Mein Herzschlag beruhigte sich. Ich war schon fast wieder eingeschlafen, als Phil aufwachte und sich zu mir drehte. In dieser Zeit waren wir so müde, dass wir nur selten zueinanderfanden. Aber in jener Nacht wurde er wach und kam zu mir.

Während ich mich am nächsten Morgen bemühte, Isaiah vom Wassernapf des Hundes fernzuhalten und verschüttete Milch und Cheerios vom Hochstuhl wischte, konnte ich es tief in mir spüren: Unser drittes Kind war unterwegs.

KAPITEL 16

Erwachtes Herz

Lila, unser drittes Kind, ließ sich vom Tag ihrer Geburt an nicht aus der Ruhe bringen. Ihr starker Charakter war von Anfang an sichtbar. Wir erholten uns noch im Krankenhaus von der Geburt, als Phil nach uns sah. Es war nicht zu übersehen, wie ihn die Situation zu Hause und die Aussicht überforderten, dass nun auch noch ein Neugeborenes dazukommen würde.

»Du siehst ja erholt aus«, brummte er. Er lief eine Weile im Krankenzimmer auf und ab. Dann sagte er: »Ich hole mir einen Kaffee«, und zog schmollend von dannen.

»Ach, Lila«, sagte ich und starrte in ihr rosiges kleines Gesicht. »Was machen wir nur?«

Sie erwiderte meinen Blick mit unerschrockener Bereitschaft, als wollte sie sagen: »Ist doch alles bestens!«

Sie ärgerte sich nie. Sie sollte die Einzige in unserer Familie sein, die Phil aus einem Stimmungstief holen konnte. Sie parodierte seine verdrießlichen, grüblerischen und selbstkritischen Stimmungen, schlurfte mit geschürzten Lippen herum, schüttelte ernst den Kopf und sagte: »Gar nicht gut. Das ist gar nicht gut«, bis er anfing zu lachen. Lila wurde mit der Bereitschaft geboren, Hell und Dunkel, Gut und Böse zu sehen, und sich dann für die positive Seite zu entscheiden. Sie war furchtlos, lächelte fröhlich, als sei sie zu sämtlichen Schandtaten bereit, und konnte damit alle zum Mitmachen bewegen.

Als Gary Weaver im März 2014 starb, reiste Lila mit mir zu seiner Verabschiedung, zu der wir uns in seiner Kirche in einer winzigen Stadt in der heißen Wüste Utahs versammelten. Hunderte von Menschen kamen zu seiner Beerdigung; sie mussten die große Kirchentür aufmachen, um mehr Platz zu haben – und er reichte trotzdem nicht. Lila saß neben mir und trug ein Rüschenkleid über ihren »Action-Shorts«, wie sie sagte. Sie kniete umgekehrt auf der Sitzfläche der Kirchenbank und drückte den Bauch gegen die Lehne.

»Mama«, sagte sie und ließ den Blick durch den Raum schweifen. »Es sind viele Menschen hier.«

»Ja«, erwiderte ich. »Gary hat das Leben vieler Menschen berührt.« Ich fragte sie, ob sie sich daran erinnern könne, wie Gary und Colleen uns in Connecticut besuchten. Sie hatten Lila aufmerksam zugehört, als sie ausgiebig und in allen Einzelheiten über die anderen Kinder in ihrer Vorschulklasse referierte. Später holte Gary eine Mundharmonika hervor und spielte für uns, während wir tanzten.

Als ich das letzte Mal mit ihr in die Wüste von Utah gefahren war, war sie furchtlos davongesaust, um auf die Felsen im Arches-Nationalpark zu klettern und kopfüber von zwölf Meter hohen Formationen zu baumeln. In dieser weiten Landschaft war sie so zu Hause und so frei, dass ich ihr eine Trillerpfeife umhängen musste, damit sie in der Wüste nicht verloren ging. Im Herzen war sie eine Abenteurerin. Sie bahnte sich zur Hochsaison einen Weg durch den Fluss, lief barfuß und allein über die felsigen Hügel in der Nähe unseres Hauses, suchte begeistert nach »geheimen Höhlen«, in denen vielleicht ein Fuchs lebte. Aber ihr ungezwungenes Verhalten in der Wüste führte ich zum Teil auf die Zeit zurück, die wir bei Gary und Colleen verbrachten und in der wir so lebten wie sie. Gary hatte immer gesagt, Gott sei in der Wüste.

Nun füllten sich die ersten beiden Reihen mit den 28 jungen Männern, die Gary und Colleen adoptiert hatten – den Jungen, die ihnen vom Gericht zugewiesen worden waren, die sie großgezogen und denen sie Führung gegeben hatten. Sie waren inzwischen in ihren Dreißigern und Vierzigern: Ehemänner und Väter, Lehrer, Naturschützer, Therapeuten und Geschäftsleute. Ohne Gary Weavers Hilfe würden sie vielleicht immer noch hinter Gittern schmoren – ohne Chance auf die Beziehungen und das Engagement, die für sie selbst und für ihre Gemeinschaften eine so große Bedeutung und Stütze geworden waren. Unter ihnen war auch Lorne, der bei mir studiert hatte.

Damals, als Lorne noch Doktorand war, zeigte unsere erste gemeinsame EEG-Studie an der Columbia University: Menschen, die durch eine Vertiefung der Spiritualität von einer Depression genesen, strahlen im posterioren Bereich des Gehirns Alpha-Wellen mit großer Amplitude aus – die gleiche Wellenlänge, wie sie auch meditierende Mönche bei bestimmten Übungen in dieser Hirnregion abgeben. Ich wollte wissen, ob diese Wellenlänge noch an anderer Stelle in der Natur vorkommt, und bat Lorne, mir dabei zu helfen, dies herauszufinden. Ich hatte ihm die Frage gestellt: »Gibt es etwas in der Natur, in einem Baum, einem Blatt, einem Tier, das in der Alpha-Frequenz schwingt?«

Eine Woche später tauchte er breit grinsend bei mir im Büro auf. »Alpha ist überall«, sagte er. Er zeigte mir Forschungen, die bereits im Jahr 1893 begonnen und ein Phänomen untersucht hatten, das heute als »Schumann-Resonanz« bezeichnet wird. Dabei handelt es sich um eine Reihe von Spitzen im extrem niederfrequenten Bereich des elektromagnetischen Felds der Erde. Alpha-Wellen bilden eine Resonanz in dem Raum zwischen der Erdkruste und einer Höhe von etwa 1,5 Kilometern, die durch Blitze und andere Aktivitäten in der Ionosphäre erzeugt wird.

Alpha-Wellen mit großer Amplitude sind überall. Die Schwingung meditierender oder betender Gehirne, die auch bei Männern und Frauen gemessen wird, welche sich bei Schmerz an den Händen halten, ist die Wellenlänge der Einheit allen Lebens. Der Hirnbereich, der es menschlichen Gehirnen ermöglicht, sich miteinander zu verbinden, und durch den wir Gemeinsamkeit mit unseren Mitmenschen empfinden, sorgt auch dafür, dass wir uns eins mit Gott, der Natur oder dem Universum fühlen. Die Alpha-Frequenz ist an allen diesen Formen einenden Bewusstseins, am Übergang vom Punkt zur Welle beteiligt – ob man sie mit Menschen, der Natur oder einer höheren Macht teilt. *Wenn wir erwachen, schwingen wir in der gleichen Frequenz wie die gesamte Natur auf Erden.* Wir verbinden uns erneut mit dem Leben.

Gary Weaver lehrte, das Universum sei bewusst und liebevoll. Er zeigte, wie wir im Einklang mit dieser Resonanz leben, durch Liebe und Zugehörigkeit Wandel herbeiführen und wiederentdecken können, welche Bedeutung wir füreinander haben.

Nach dem Trauergottesdienst erhoben sich 28 Männer, um den Sarg zu geleiten. Wir versammelten uns im Freien, umgeben von den braunen, gelben, orange- und rosafarbenen Bergen. Einer von Garys Söhnen und Sargträgern erzählte mir, wie er ihn gefunden hatte: »Als ich klein war, konnte ich nicht bei mir zu Hause sein. Dort wurde ich missbraucht und Opfer von Wutattacken. Ich fuhr den lieben langen Tag mit dem Rad herum, um nicht daheim sein zu müssen. Dabei hielt ich oft vor einem Haus, weil ich darin immer Menschen lachen hören konnte und immer Musik herausklang. Es war Garys Haus. Er spielte Mundharmonika, und ich stand mit meinem Rad einfach draußen, manchmal sogar eine ganze Stunde lang. Damals hätte ich mir nie träumen lassen, dass Gary mich einmal adoptieren würde.«

Gary hatte mir und unzähligen anderen Menschen gezeigt,

dass wir über ein inneres Instrument mit vielen Kanälen verfügen. Wir können die eigene willentliche innere Praxis wie eine Antenne einsetzen, um Zugang zu der bewussten und liebevollen Welt zu bekommen, die uns umgibt. Wir sind dann weniger depressiv, abhängig und angsterfüllt und stärker verbunden. Ein erwachtes Herz ist der Sitz unserer Einheit mit allem Leben.

Wenn wir uns im Leben ausschließlich im zielorientierten Bewusstsein befinden, sind Beziehungen meist »Transaktionen«. Wir betrachten andere unter dem Gesichtspunkt, inwiefern sie uns helfen oder schaden. Darüber hinaus sind unsere Entscheidungen meist einseitig und von Eigeninteresse motiviert. Ein erwachtes Herz eröffnet uns eine andere Möglichkeit: Entscheidungen zu treffen und nach Lösungen zu suchen, die sowohl dem Einzelnen als auch dem Gemeinwohl dienen.

Bob Chapman ist Chief Executive Officer (CEO) von Barry-Wehmiller, einem in St. Louis ansässigen internationalen Anbieter von Fertigungstechnik und -dienstleistungen. Er offenbart, wie sich sein Führungsstil weiterentwickelte und sein Erfolg zunahm, als er begann, seine Mitarbeiter mit einem erwachten Herzen zu führen.

Chapman absolvierte eine, wie er sagt, traditionelle betriebswirtschaftliche Ausbildung – einen Bachelor in Rechnungswesen von der Indiana University, einen Magister in Betriebswirtschaft von der University of Michigan und zwei Jahre bei PricewaterhouseCoopers, bevor er im Jahr 1969 bei Barry-Wehmiller anfing. In der ersten Hälfte seines Berufslebens tat er das, was er im Betriebswirtschaftsstudium gelernt hatte: Er benutzte andere, um selbst erfolgreich zu sein.

»Wenn ich einen Ingenieur oder eine Rezeptionistin brauchte, bezahlte ich jemanden dafür, dass er den Job machte. Vielleicht war ich sogar nett zu ihnen«, sagte Chapman. »Aber wenn ich sie nicht mehr brauchte, entließ ich sie wieder, um Kosten zu sparen und den Profit zu erhöhen. Denn nur das zählte.«

Eine Hochzeit in Aspen, Colorado, hatte erheblichen Anteil an seiner Veränderung. Er sah, wie sein Freund seine geliebte Tochter zum Altar führte.

»In diesem Augenblick wurde es mir klar«, sagte Chapman. »Ich erwachte und erkannte, dass die 12 000 Menschen, die überall auf der Welt für Barry-Wehmiller arbeiteten, und die ich ausschließlich unter dem Aspekt des geschäftlichen Erfolgs als Ingenieurinnen, Buchhalter, Monteurinnen, Maschinenführer und Disponentinnen betrachtet hatte, alle jemandes kostbare Kinder waren – genau wie das junge Paar, das an jenem Tag heiratete. Als Führungskraft hatte ich die Aufgabe, den Mitarbeiterinnen und Mitarbeitern von Barry-Wehmiller in der Zeit, in der sie sich in meiner Obhut befanden, dabei zu helfen, ihre Talente zu entdecken, zu entwickeln, zu teilen und Wertschätzung dafür zu erfahren.

Doch die überwältigende Mehrzahl der Menschen in den Vereinigen Staaten – es sind fast 90 Prozent – hat das Gefühl, in einem Unternehmen zu arbeiten, dem nichts an ihnen liegt.« Chapman sagte: »Wir erkannten, dass die Art und Weise, wie unsere Mitarbeiter in der Arbeit behandelt werden, tiefgreifende Auswirkungen darauf hat, in welcher Verfassung sie abends nach Hause kommen und wie sie ihre Ehepartner und Kinder behandeln.«

Sein Erwachen lässt sich in einfachen Worten zusammenfassen: »Ich möchte die Menschen erfüllt und in dem Wissen nach Hause schicken, wer sie sind und dass sie zählen.«

Heute versteht er seine Rolle ganz anders. Er führt Menschen nicht mehr so, dass er selbst dadurch erfolgreich wird. Stattdessen strebt er danach, menschlichen Wert in Harmonie mit wirtschaftlichem Wert zu erschaffen, und wird dabei von dieser Führungsvision geleitet: »Wir messen Erfolg daran, wie wir das Leben der Menschen berühren.«

Als sein Vater starb und er die Firma übernahm, war sie kurz vor dem Konkurs. Die Banken verlangten ihr Geld zurück, und er stand vor einer gewaltigen Herausforderung. Er ging zu seinem Finanzdirektor mit dem Plan, sich auf die Suche nach Übernahmen und neuen Produkten zu machen, um auf besseren Märkten eine bessere Zukunft aufzubauen. Dieser sagte zu ihm: »Gute Idee, Bob. Es gibt da nur ein Problem. Wir haben kein Geld.« Ungeachtet seines Mangels an finanziellen Mitteln oder Erfahrung fasste Chapman den Entschluss, dass er Möglichkeiten finden würde, das in Schwierigkeiten steckende Unternehmen breiter aufzustellen.

»Was kauft man, wenn man kein Geld hat?«, fragte er. »Die Firmen, die sonst niemand will. Die im Grunde verschenkt werden.«

Er kaufte ein paar Unternehmen, die auf dem Papier aussahen, als wären sie bankrott. Zwei Jahre später zog er einen enorm erfolgreichen Börsengang (IPO) auf dem Londoner Parkett durch, bei dem die Aktien 35-fach überzeichnet waren, und Anfang der Neunzigerjahre entstand an der betriebswirtschaftlichen Fakultät der Harvard University eine Fallstudie über diesen dramatischen Umschwung.

Oft bieten gerade die schwierigen Zeiten Gelegenheiten zum Wachstum. In der Finanzkrise von 2008, als Aufträge rar waren, wurde ein Auftragsüberhang in Höhe von 30 Millionen Dollar plötzlich auf Eis gelegt, und Chapman sah sich gezwungen, auf die traditionelle Praxis des Personalabbaus zurückzugreifen, um den erheblichen Einnahmerückgang auszugleichen.

»Kein CEO streicht gern Stellen und entlässt gern Personal. Aber es gehört zum Job, dass man versucht, die Gewinnerwartungen der Investoren zu erfüllen«, sagt Chapman. »Da wir wussten, dass ein umfangreicher Stellenabbau ganze Städte in Mitleidenschaft ziehen würde, fragten wir uns: ›Was würde eine liebevolle Familie tun, wenn ein Mitglied in der Klemme steckte?‹ Sie würden zusammenhelfen, und jeder würde ein paar Unannehmlichkeiten auf sich nehmen, damit nicht der ganze Schmerz an einem hängenblieb«. Chapman kürzte sein Jahresgehalt auf 10 000 Dollar, was seinem Anfangsgehalt nach dem Studium entsprach. Darüber hinaus bat er alle Beschäftigten, einen Monat unbezahlten Urlaub zu nehmen. Statt Kosten durch Entlassungen zu sparen, konnten alle ihren Job behalten, womit er die Kultur des Miteinanders, um die er sich bemühte, noch weiter untermauerte.

Dann geschah etwas völlig Unerwartetes. Weil die Mitarbeiter das Gefühl hatten, dass sie sicher waren und für sie gesorgt wurde, begannen sie spontan, sich umeinander zu kümmern. Manche nahmen eine oder zwei zusätzliche Wochen Urlaub, damit andere weiterarbeiten konnten.

»Wir verlangten nicht, dass sie selbstlos waren«, sagt Chapman. »Aber Fürsorglichkeit ist ansteckend.« Menschen waren bereit, auf ein Monatsgehalt zu verzichten, um Kollegen zu helfen. Das Unternehmen überlebte die außerordentliche wirtschaftliche Herausforderung. Ebenso wichtig war, dass Bobs Reaktion und die der Kollegen der Beweis für ihre Fürsorglichkeit war.

Eine auf einem liebevollen Miteinander basierende Unternehmenskultur muss nicht im Widerspruch zu finanziellem Gewinn stehen. Unter Chapmans Führung ist Barry-Wehmiller von einem 18-Millionen- zu einem internationalen 3-Milliarden-Dollar-Unternehmen mit über 115 Übernahmen angewachsen.

Im Jahr 2017 wurde Chapman vom Wirtschaftsmagazin *Inc.* als drittbester Geschäftsführer eines US-Unternehmens gewürdigt, und seit 1997 ist der Wert der Unternehmensanteile jedes Jahr um weit über zehn Prozent gestiegen.

Doch die äußeren Anzeichen des Erfolgs verblassen im Vergleich zu einem inneren Gefühl der Verbundenheit und des inhärenten Werts. Chapman erinnert sich daran, wie er in einer Phase, in der das Unternehmen dramatisch wuchs und die US-Geschäftswelt die Erfolgsgeschichte von Barry-Wehmiller pries, zu seinem Pastor sagte: »Wissen Sie, ich bin mir nicht sicher, ob ich überhaupt an Gott glaube.« Dieser sah ihn an und sagte, ohne zu zögern: »Die gute Nachricht ist, er glaubt an dich.«

Bob erwiderte lächelnd: »Ich dachte, ich sei zur Bestätigung Gottes da.« Stattdessen wurde er von dem Wissen um das Gefühl bedingungsloser Liebe und beeindruckender Verantwortung überwältigt, die er für die Menschen empfand, die zu führen sein Privileg ist.

Die bedingungslose Liebe, die in Chapman geweckt wurde, ist ein wichtiger Bestandteil der Spiritualität in verschiedenen internationalen Traditionen und Kulturen. Im Jahr 2016 erhielt ich großzügige private Fördermittel, um die universellen Dimensionen der Spiritualität zu erforschen. Mein Team begann (mithilfe der eleganten Übersetzung und des Datenerhebungsdesigns der Doktoranden Clayton McClintock und Elsa Lau), 5500 Teilnehmende in Indien, China und den Vereinigten Staaten zu untersuchen. Unsere Probanden repräsentierten die bevölkerungsreichsten religiösen Traditionen der Welt – Christentum, Islam, Hinduismus, Buddhismus – sowie die Kategorie der *nichtreligiösen, weltlichen* oder *nichtreligiösen, aber spirituellen* Menschen. Dabei entdeckten wir fünf grundlegende spirituelle Phänotypen oder Erscheinungsformen der Spiritualität:[46]

1. Selbstlosigkeit,
2. Liebe für den Nächsten wie für sich selbst,
3. ein Gefühl des Einsseins,
4. die Praxis heiliger Transzendenz sowie
5. die Befolgung eines Moralkodexes.

Die gesamte Menschheit kennt wunderbar lebendige und vielfältige Ausdrucksformen spirituellen Lebens, die in vielen Sprachen, Geschichten und Symbolen erzählt und in Zeremonien, Ritualen, Praktiken der Transzendenz sowie anderen heiligen Formen des Miteinanders erfahren werden. Diese bunte spirituelle Vielfalt entspringt den zwei Dritteln unserer Spiritualität, deren Lehren über Generationen weitergegeben und von der Umwelt erlernt werden. Unsere Studie berücksichtigte die Vielfalt des spirituellen Ausdrucks und vermittelte uns ein klareres Bild vom ererbten Drittel unserer gemeinsamen spirituellen Veranlagung. Die fünf grundlegenden spirituellen Phänotypen zeigten, dass die Ausprägung der Spiritualität zwar von verschiedenen Kulturen und Traditionen beeinflusst, der Sitz der spirituellen Wahrnehmung dagegen angeboren ist. Letztlich können wir spirituelle Erfahrungen auf einer tiefen Ebene teilen und empfinden, aus dem »Wissen des Herzens« und quer über die sogenannten Glaubensgrenzen hinweg, weil wir alle das grundlegend gleiche spirituelle Gehirn besitzen.

Unsere Forschung hatte bereits gezeigt, dass die Spiritualität tief in unserem Wesen, in unserem Gehirn, in uns selbst verwurzelt ist. Wir verfügten nun über eine anschaulichere Art und Weise zu definieren, was es heißt, spirituell zu sein. Die Patienten von Unit 6 beim improvisierten Jom Kippur-Gottesdienst, die jungen Menschen in New Haven, die Momente der Transzendenz in der Natur oder im Gebet erlebten, die jungen Männer in Covenant House, die mit ihrem höheren Selbst Kontakt aufnahmen, Iliana nach dem Tod ihres Vaters, Kathleen während der Neuorientierung nach ihrer Scheidung – sie alle machten sich grundlegende angeborene Aspekte des spirituellen Bewusstseins zunutze.

Nachdem wir die fünf grundlegenden spirituellen Phänotypen identifiziert hatten, fragte ich mich, ob wir die Spiritualität genauer im Gehirn verorten konnten. Ließen sich die einzelnen Phänotypen bestimmten neuronalen Korrelaten zuordnen? Konnten wir angesichts der allgemeinen strukturellen Vorteile eines erwachten Gehirns feststellen, welcher der fünf spirituellen Phänotypen am besten vor dem Dünnerwerden der Hirnrinde und vor Depressionen schützte?

Wir nahmen die Arbeit mit Myrna Weissman an ihren wunderbaren Längsschnittdaten wieder auf. Dieses Mal sahen wir uns über siebzig Erwachsene zwischen 22 und 63 Jahren an – die zweite und dritte Generation der Nachkommen der depressiven und nichtdepressiven Frauen der Originalkohorte. Im dreißigsten Jahr der Studie hatte Myrnas Team noch einmal MRT-Scans der rechten und linken Gehirnhälfte angefertigt, sodass wir den Zusammenhang zwischen Hirnstruktur, persönlicher Spiritualität und depressiven Symptomen über die Jahre hinweg untersuchen konnten. Anhand von Fragen, die den einzelnen spirituellen Phänotypen zugeordnet waren, wiesen wir jedem Teilnehmer für jeden der fünf Phänotypen einen Wert zu und untersuchten den Zusammenhang zwischen der Dicke der Hirnrinde in den spirituellen Regionen des Gehirns, den Depressionssymptomen und -diagnosen sowie den einzelnen Phänotyp-Werten.[47]

Dabei machten wir eine wichtige Entdeckung. Studienteilnehmer, bei denen sowohl das Depressionsrisiko als auch die ersten beiden Phänotypen Selbstlosigkeit und Nächstenliebe verhältnismäßig stark ausgeprägt waren (wobei der Phänotyp des Einsseins ebenfalls vorhanden war, aber mit einem schwankenden statistischen Signal), hatten eine dickere Hirnrinde – man könnte auch sagen: einen strukturellen Schutz vor Depressionen. Diese neuronale Schutzwirkung zeigte sich *weder* bei Menschen mit geringem Depressionsrisiko *noch* in Verbindung mit den anderen spirituellen Phänotypen.

Genauer gesagt zeigte sich ein Zusammenhang zwischen Selbstlosigkeit, Nächstenliebe und der Dicke der Hirnrinde im gesamten spirituellen Netzwerk des Gehirns einschließlich der bindungsrelevanten Regionen. Dies legt die starke Schutzwirkung einer *Beziehungsspiritualität* nahe – einer persönlichen Spiritualität, bei der sowohl unsere Verpflichtung gegenüber anderen Menschen als auch unser Bewusstsein für eine transzendente oder höhere Macht im Vordergrund stehen – und dass *die Liebe zu Gott mit der Liebe zu den Menschen verbunden ist.* Unsere Erkenntnis berührte die Grundlage aller Glaubenstraditionen: dass eine heilige, transzendente Liebe durch den Dienst am Nächsten entbrennt. Das, was wir im MRT sahen, ließ darauf schließen, dass die Beziehungsspiritualität eine neuroanatomische Grundlage hatte. Hier könnte sich das Fundament der menschlichen Möglichkeiten befinden, wo sich die säkularen Humanisten und die Evangelikalen in der höchsten Bedeutung und dem Dienst an der Welt begegnen.

Wir stellten fest, dass Menschen mit hohem Depressionsrisiko, die auch bei Selbstlosigkeit und Nächstenliebe hohe Werte erzielten, im Verhältnis weniger depressionsgefährdet waren. Diese Erkenntnis deutet an, dass beziehungsspirituelle Maßnahmen mit den Schwerpunkten Selbstlosigkeit und Liebe Menschen mit hohem Depressionsrisiko helfen und einen Weg zur Resilienz bieten könnten. Zudem fanden wir heraus, dass Selbstlosigkeit und Nächstenliebe Menschen mit hohem Depressionsrisiko vor *künftigen* depressiven Symptomen schützen. Solche mit hohen Werten bei Selbstlosigkeit und Nächstenliebe sind Jahre später nicht so sehr depressiv wie weniger selbstlose Zeitgenossen. Wenn sie früher schon einmal depressiv waren, ist dieser Effekt sogar noch ausgeprägter. Falls Sie Prozac zur Behandlung von Depressionen nehmen und das Medikament absetzen, kann die Depression innerhalb weniger Wochen zurückkehren. Unsere Studie deutet jedoch an, dass eine tagtäglich gelebte Selbstlosigkeit heilende Wirkung haben könnte.

Warum beugt die Selbstlosigkeit – der praktische, gelebte Dienst am Nächsten – der Abwärtsspirale wiederkehrender Depressionen bei Menschen mit einer lebenslangen Veranlagung dazu vor? Vielleicht, weil sie die Leute aus der Isolation befreit und dafür sorgt, dass sie wieder Kontakt finden, wovon sowohl der Helfende als auch derjenige profitiert, der die Hilfe annimmt. Vielleicht, weil es ein Gefühl von Sinnhaftigkeit erzeugt und einer tiefen Berufung und Teilhabe Ausdruck verleiht. Möglicherweise aber auch, weil wir dadurch zu uns selbst zurückfinden – zu unserer optimalen Funktionsfähigkeit und einer korrekten Wahrnehmung der Natur des Lebens. Wir lassen die Enge eines zersplitterten Eigeninteresses, der Isolation und des Konkurrenzdenkens hinter uns und öffnen unsere Herzen für die Welt, wie sie ist.

Und die Welt blüht mit uns auf. Wenn wir selbst »optimal funktionieren«, ist das auch für unsere Mitmenschen und die Erde gut. Die gleiche Lebensweise, die ein gesundes vernetztes Gehirn erschafft, erzeugt auch den Zustand größter Vernetzung zwischen den Menschen und allem Leben. Ein erwachtes Gehirn ermöglicht es uns, unsere Verbundenheit mit anderen und der Erde zu erkennen – und leitet uns zu einem Leben an, ja, es verlangt sogar ein Leben von uns, das diese Verbundenheit fördert. Die Selbstlosigkeit ist im Grunde eine Verkörperung unseres Bewusstseins von Einheit und Liebe. Unser Bewusstsein und unsere Lebensweise verbinden sich und verstärken einander. Dabei ist die Selbstlosigkeit der Kanal und zugleich das Ziel unseres Erwachens; ein gelebter Ausdruck unserer Bedeutung füreinander.

Die vielleicht größte Offenbarung des erwachten Gehirns ist, *dass es in unserer Natur liegt, die Welt besser zu machen.* Was gut für alle ist, ist auch das Beste für jeden Einzelnen von uns.

Wenn wir selbstlos sind, aktivieren wir neuronale Funktionen, die für unser persönliches Wohlbefinden und unsere gesunde Entwicklung – sowie für das Wohlbefinden und die gesunde Entwicklung aller Menschen – unentbehrlich sind. Es ist ein Gewinn für alle, wenn wir unser Herz für andere und alles Leben öffnen.

Tim Shriver ist der Vorsitzende des Dachverbands Special Olympics International und gehört zur berühmten amerikanischen Familie der Kennedys. Er erzählt, wie ihm ein erwachtes Herz dabei half, ein Gefühl der Zerrissenheit in eine Wahrnehmung der Einheit zu verwandeln, und wie ihn die spirituelle Wahrnehmung des Einsseins nun bei seiner Arbeit und in seinem Engagement beeinflusst.

Das Gefühl der Zweiteilung und der Zerrissenheit begann schon früh in seinem Leben, als die Erfahrung von Spiel, Harmonie und Miteinander von der »entsetzlichen, lebenslangen, unüberwindbaren Trauer und dem Verlust« infolge der Attentate auf seine Onkel John und Robert Kennedy zerstört wurde.

Er wusste nicht, wie er sowohl die Verluste als auch den Frieden nebeneinander stehen lassen konnte. Dieses Gefühl der Zerrissenheit hielt weiter an, als er sich für eine pädagogische Karriere im Bereich der innerstädtischen Schulen entschied. Viele der Kinder, mit denen er arbeitete, waren tief verletzt, litten und trauerten.

»Ich war fasziniert«, sagte er, »weil ich den Eindruck gewann, dass wir so viel gemeinsam hatten. Ich sah aus wie ein reicher weißer Junge mit einem Studienabschluss, Geld und Privilegien und all den Dingen, die ich – oberflächlich betrachtet – natürlich auch hatte. Aber emotional ging es mir wie diesen Kindern, die nachts durch die Straßen liefen, nicht in die Schule gehen wollten, sich keinen Reim auf die Welt machen und nicht verstehen konnten, warum überhaupt irgendetwas eine Rolle spielen sollte.«

Aber er wusste nicht, wie er ihnen – oder sich selbst – helfen sollte, das Gefühl von Bedeutungslosigkeit zu heilen. »Ich sagte nur immer wieder, dass sie nicht auf ihre innere Stimme hören sollten«, erzählt Shriver. »Ich sagte: ›Macht eure Hausaufgaben, hängt euch mehr rein, strengt euch mehr an, schreibt bessere Noten. Ich kann euch helfen, ein Haus mit Doppelgarage am Stadtrand zu bekommen. Und macht eure Hausaufgaben, Teufel noch mal.‹ Und sie sagten immer wieder: ›Das ist gelogen. Das bringt mir nicht das, was ich mir wünsche. Nicht mal annähernd.‹ Und sie hatten recht. Für sie war es eine Lüge – genau wie für alle anderen auch.«

Mit 25 Jahren brach eine Beziehung auseinander, und er war todunglücklich. Außerdem suchte er eine neue Bleibe in New Haven, weil seine bisherigen Mitbewohner das Jura- und Architekturstudium abgeschlossen und nach New York und Boston gezogen waren. Da bot der Pfarrer von Saint Martin de Porres an, ihm ein Zimmer im Pfarrhaus zu vermieten.

Shriver besuchte Veranstaltungen der Pfarrgemeinde, half beim Bedienen und beim Aufräumen. Eines Abends erzählte ihm ein Gemeindemitglied von einem Buch über das Gebet der Sammlung und von der Vorstellung des inneren Einsseins in jedem von uns.

»Der Gedanke, ein bereits vorhandenes Einssein zu entdecken, zu berühren und sich dafür zu öffnen, war mir völlig fremd«, sagte Shriver.

Aber er war neugierig. Eines Abends setzte er sich allein in die Kapelle, in der nur die Altarbeleuchtung brannte, schloss die Augen und versuchte, in dem Raum still und gegenwärtig zu sein. Nach einer gefühlten Ewigkeit, bei der es sich aber wohl nur um drei oder vier Minuten handelte, öffnete er die Augen. Sofort wurde seine Aufmerksamkeit von dem raumhohen Wandgemälde hinter dem Altar gefesselt. Es zeigte den heiligen Martin, einen farbigen Bettelmönch, der im Kloster nicht gut behandelt worden war. Auf dem Wandgemälde sieht man, wie er draußen die Armen mit Essensresten aus dem Kloster speist. Eindrücke strömten auf Shriver ein.

»Zunächst war dieser Heilige nur ein Mann. Er war nur er selbst; er tat nichts Großes oder Großartiges, vollbrachte keine dieser Taten, die ich immer vollbringen zu müssen geglaubt hatte. Es war furchtbar traurig, und ich empfand Mitleid wegen der Demütigung und der Ablehnung, die er erfuhr, aber es war auch enorm befreiend. Ein paar hundert Jahre nach seinem Tod ist er ein Heiliger. Und weshalb? Nicht wegen seiner Verdienste. Er musste nichts Außergewöhnliches leisten. Er musste lediglich sein Herz öffnen und die Arbeit der Liebe und der Gerechtigkeit tun, die ihm aufgetragen wurde, und wenn sie noch so einfach war. Wenn er Krümel und Reste zu geben hatte, gab er Krümel und Reste. Und es war genug.«

In diesem Augenblick empfand er eine bislang unbekannte Freiheit – eine Freiheit, von der er nicht gewusst hatte, dass man danach suchen konnte. Es war ein Gefühl des Einsseins, das Gefühl, in dieser kleinen Kirche in seiner eigenen Gegenwart sicher zu sein, und das Gefühl, dass sich ein neuer Weg aufgetan hatte. Da war ein neuer Weg, den er beschreiten konnte. Eine neue Art zu lehren, sich für andere einzusetzen, ein ganzer Mensch zu sein. Der Wunsch, für sich oder seine Schülerinnen und Schüler Erfolg und Anerkennung zu erringen, wich einem neuen Ziel: Er wollte sich der Gaben jedes seiner Schützlinge gegenwärtig sein und sich darauf konzentrieren, in jedem Kind das Empfinden für die eigene Güte und das eigene Licht zu entfesseln.

In den darauffolgenden Jahren gelangte Shriver zu der Überzeugung, dass die Veränderung in seinem Herzen und die Verlagerung seines Schwerpunkts auch allen anderen Pädagogen und Kindern helfen konnte. Zusammen mit Kolleginnen und Kollegen unterstützte er die Gründung der Bewegung für sozial-emotionales Lernen in der Schule – ein Versuch, Lehrer und Kinder darin zu schulen, sich ihrer selbst besser bewusst zu sein, Einfühlungsvermögen zu entwickeln, sich in positiver Entscheidungsfindung zu üben und auf der Basis der allgemeinen Menschenwürde ein Gefühl von Macht und Handlungsfähigkeit zu entwickeln. Später führte ihn sein Weg dahin, sich als Vorsitzender des Dachverbands Special Olympics International zu engagieren und sich für die Überwindung eines Phänomens einzusetzen, welches er als »Othering« bezeichnet – dass die meisten von uns in dem Bemühen, sich sicher und zugehörig zu fühlen, unbewusst andere beschämen, beschuldigen, zum Sündenbock machen und stigmatisieren.

Er sagt, die beständigste Dimension seines spirituellen Bewusstseins sei die Erkenntnis, wie oft er das immer noch falsch mache – wie oft es ihm misslinge, sich von ganzem Herzen für das Einssein zu entscheiden. Im Jahr 2020 reiste er nach Deutschland, wo er sich mit Angela Merkel traf und im Sportausschuss des Deutschen Bundestags sprach. Nach einem Tag voller Termine und Presseerklärungen ging er mit einem Dutzend Kolleginnen und Kollegen zum Abendessen. Sie waren in einem lauten Restaurant um einen Tisch versammelt. Gegenüber von Shriver saß ein deutscher Teilnehmer der Special Olympics, neben ihm ein Professor.

»Er beschäftigte sich mit Thomas von Aquin«, sagt Shriver. »Ich unterhielt mich angeregt mit ihm über Aristoteles und Thomas von Aquin, und wir führten diese wissenschaftliche, akademische Unterhaltung.«

Der Sportler Philippe schwieg während des Essens. Shriver versuchte ein paarmal, ihn ins Gespräch einzubeziehen, aber Philippe lächelte nur.

Am Ende der Mahlzeit stand Shriver auf, um einen Toast auszubringen. Während er allen für ihr Kommen dankte, fiel ihm auf, dass Philippe schweigend dasaß, und er fragte ihn, ob er etwas sagen wolle.

»Er sah mich nur an. Da ich nicht wusste, wie viel Englisch er verstand, forderte ich ihn noch einmal auf, ein paar Worte zu sagen. Ich sprach so langsam und deutlich, wie ich konnte. Er schaute sich um, lächelte alle an. Dann sagte er in gebrochenem Englisch: »Ich möchte allen großes, großes, großes Dankeschön sagen. Groß, groß.« Mir kamen die Tränen. Es war mir so peinlich. Es kam nicht auf die Worte an. Ich hatte eine Stunde lang über irgendeine dämliche wissenschaftliche Theorie geredet, die nur insofern wichtig war, als ich mich wichtiger oder wertvoller oder würdiger fühlte, weil ich über dämliche Theorien reden konnte. Und da war Philippe und verkörperte das, was wirklich wichtig ist: dass man sanft und gegenwärtig und verletzlich und überwältigend liebevoll zu allen ist. Ich hatte gerade so gar nicht verstanden, worum es ging.«

Shriver sagt, seine Arbeit fordere ihn auf, ständig zu prüfen, ob er ein Heuchler sei.

»Glaube ich wirklich, dass dieser geistig behinderte Mensch, der mit mir am Tisch sitzt, ein wunderbares Kind Gottes und allen anderen Formen des Lebens ebenbürtig ist, die jemals existierten? Oder tappe ich fast unmerklich in die Denkfalle, dass reiche oder kluge oder schöne oder kompetente Menschen besser seien?«

Wir stehen alle vor der gleichen Herausforderung: Wir können Menschen als »anders« sehen. Oder wir können das Ganze sehen.

Shriver sagt, Amerika befände sich in der spirituellen Krise; das Land sei in ein »Othering« von zersetzenden und epidemischen Ausmaßen verfallen. Er fordert einen radikalen gesellschaftlichen Wandel, der einer tief empfundenen Erfahrung der Liebe und Zugehörigkeit entspringt, einem erwachten Bewusstsein dafür, welche Bedeutung wir füreinander haben, einem Hunger nach Gerechtigkeit, der in der transformierenden Kraft von Ganzheit und Würde wurzelt.

»Die binären Formen des Wissens erdrücken die spirituellen Formen des Wissens«, sagt er. »Toxische Urteile sind so allgegenwärtig, dass wir sie fast nicht bemerken.«

Wir denken in Kategorien der Dualität und der Teilung. Republikaner/Demokrat. Nationalist/Einwanderer. Weißer/Schwarzer. Schwuler/Hetero. Wir können sogar in den Bemühungen, unsere Individualität und Unterschiede zu würdigen und zu feiern, engstirnig und zersplittert sein.

»Am Ende leben wir in Blasen, die nur einen sehr engen Ausschnitt an Sprache und Erfahrung abbilden und nur allzu oft in individualistisches Eigeninteresse abgleiten«, sagt Shriver. »Sie sprechen mit Menschen, die Sie kennen, die Sie mögen und die so denken wie Sie; mit anderen sprechen Sie nicht. Dieses Streben nach Sicherheit und Zugehörigkeit ist eher ein Rezept für Einsamkeit und für eine Angst, die sich nur zu oft gegen das richtet, was irgendwie anders ist. Je kleiner die Blasen, in denen wir leben, umso größer werden leider diese Angst und der Hass auf andere, was die Arbeit für Gerechtigkeit und Frieden so gut wie unmöglich macht.«

Es versteht sich von selbst, dass für den Geist nichts unmöglich ist! Heilung kommt, wenn wir aufhören, andere auszugrenzen – wenn wir eine Sprache und eine Möglichkeit des Zusammenlebens finden, die es uns erlaubt, unsere Trennung zu überwinden und unseren gemeinsamen Hunger nach Sinn, Wertschätzung, Verbundenheit und Hoffnung anzunehmen. Dies ist der Weg zu Gerechtigkeit und Respekt, woran es heute so sehr fehlt – eine grundsätzliche Bereitschaft, die trennenden Grenzen zu überwinden, sich der Verachtung zu verweigern und die Würde anderer anzuerkennen. Dann hat Gerechtigkeit eine Chance.

Das bedeutet, dass wir uns unsere Trauer eingestehen – und in unserer Kultur gibt es sehr viel uneingestandene Trauer. Shriver sagt: »Wir müssen imstande sein, Solidarität miteinander zu empfinden, wenn unsere Herzen brechen und wir von Traurigkeit übermannt werden, die Dunkelheit am Horizont und die heraufziehende Einsamkeit spüren, weil wir verlieren, was wir lieben, was wir nicht halten können, was uns für immer genommen wird. Wir müssen einen Weg finden, unserer Wahrheit Ausdruck zu verleihen und den Schmerz loszulassen, und in diesem Loslassen die Quelle, die Kraft und die Hoffnung finden, die uns am Leben halten. Wir müssen in die Tiefen der eigenen Seele blicken, uns diesem Schmerz mit all seinem Schrecken und in all seiner Schwierigkeit stellen und wissen, dass irgendwie, irgendwo, auf einer tiefen Ebene alles gut wird.«

Das bedeutet, wir müssen lernen, anders miteinander zu reden und den gemeinsamen Diskurs mit spirituellen Fragen zu füllen: »Was inspiriert dich dazu, an etwas zu glauben, das größer ist als du selbst?«, »Was ist die größte Hoffnung, die du im Herzen trägst und die daraus hervorquillt?«, »Welche Teilhabe siehst du für dich in einer Zukunft, die erst noch erdacht werden muss?« … Wir dürfen auch nicht vergessen, dass wir noch nicht eins sind, solange nur ein einziger Mensch ausgeschlossen ist.

Shriver sagt: »Darin verbirgt sich die Gelegenheit, nicht nur zu helfen, sondern zu heilen. Sich von Unbehagen nicht überwältigen zu lassen. Einem Kurs zu folgen, bei dem wir aufmerksam der Weisheit an den Rändern lauschen und uns gleichzeitig gemeinsam auf die Suche nach Gerechtigkeit begeben können, ohne weitere Trennungen zu erzeugen.«

Ein erwachtes Herz kann uns zu einer Welt mit weniger sozialer Trennung und Ausgrenzung führen – und es kann unsere Beziehung zu unserem Planeten heilen.

Als Leah und Isaiah noch klein waren und ich gerade mit Lila schwanger war, engagierten Phil und ich eines Nachmittags einen Babysitter und machten uns auf den Weg in den Ort, um im Diner etwas zu essen. Es war ein kalter, karger Februar: Die Bäume waren kahl, der Schnee zu schwarzen Haufen am Straßenrand zusammengeschoben. Wir waren ungefähr eineinhalb Kilometer von daheim entfernt, als ich an einer tückischen Kreuzung drei junge Rehe in ihrem ersten Winter sah, die mit starrem Blick dicht zusammengedrängt dastanden. Ihre Mutter war nicht in Sicht. Ich spürte sofort eine Verbindung zu ihnen und sorgte mich um sie – drei verirrte Kinder. Beunruhigt, dass sie nicht wussten, was sie fressen sollten, oder dass einfach nicht genügend Futter an den Ästen hing, sandte ich ihnen eine von Herzen kommende Botschaft. Ich teilte ihnen in Gedanken mit: »Ich werde euch zu fressen geben.« Mein zielgerichtetes Gehirn konterte sofort und rügte: »Wie sollen sie dich denn finden?« Aber am nächsten Tag waren alle da und tauchten genau in dem Moment in meiner Einfahrt auf, als ich in die Kälte hinaustrat. Sie starrten mir geradewegs ins Gesicht. Wir waren über das Feld des erwachten Herzens in Kontakt getreten. Ich vermute stark, ein EEG hätte diese Verbindung entweder bei ihnen oder bei mir als Alpha-Wellen registriert.

Dr. Ilias Kamitsis von der University of Melbourne untersuchte die positiven Zusammenhänge zwischen dem Kontakt und der Verbindung zur Natur und der psychischen Gesundheit sowie einer größeren berichteten Spiritualität.[48] Dabei entdeckte er, dass das spirituelle Bewusstsein *das Bindeglied* zwischen der psychischen Gesundheit und unserer Erfahrung der Natur ist. Ein erwachtes Gehirn erweitert unsere Möglichkeiten, mit der Natur in Verbindung zu treten, und erhöht den Nutzen, den wir aus dieser Verbindung ziehen.

Mary Evelyn Tucker ist Professorin für Weltreligionen und Ökologie in Yale. Sie sagt, wir erlebten gerade einen Moment des Durchbruchs in der menschlichen Entwicklung. Die Wissenschaft zeigt, dass wir lebendige und uns weiterentwickelnde Geschöpfe im Kontext eines lebendigen, sich weiterentwickelnden Planeten und Universums sind.[49] Der Bereich der Biosemiotik etwa untersucht, wie Wälder denken und kommunizieren. Ob wir nun Fluss- oder Waldsysteme, einzelne Zellen oder die Geburt des Kosmos betrachten, wir sehen stets ein auf Beziehungen, Gegenseitigkeit und Vernetzung beruhendes Bild der Welt und aller Lebewesen. Indigene Völker wissen seit Jahrtausenden um diese gegenseitige Abhängigkeit. Das Bewusstsein für unseren Platz im Universum gebietet es uns nun, unsere Flüsse, Wälder, Sumpfgebiete, Küsten und Flächen mit stark verminderter Bodenqualität in ihren Originalzustand zurückzuversetzen, ungezügelten Materialismus zu überwinden und aufzuhören, unsere Ressourcen auszubeuten. Es verleiht uns auch die Hoffnung, die Ehrfurcht, das Staunen und die Schönheit, die wir für die bevorstehende Arbeit brauchen – das Gefühl, Teil von etwas zu sein, das sehr viel größer ist als wir selbst, für unseren Platz in und unseren Beitrag zu einer gewaltigen, sich immer weiter entwickelnden und entfaltenden Geschichte, die vierzehn Milliarden Jahre alt ist.

Steven Clark Rockefeller ist ein Rockefeller der vierten Generation, das älteste lebende männliche Mitglied der Familie und ein Paradebeispiel dafür, wie ein erwachtes Herz und ein ethisches Führungsmodell zu konkretem Handeln verschmelzen können, das die Welt besser macht. Sein Großvater John D. Rockefeller jr., der einen großen Einfluss auf Steven hatte, wurde von einem liberalen christlichen Glauben geleitet und verschrieb sich einem Leben als Philanthrop, um den Familiennamen vom Image des »Räuberbarons« reinzuwaschen, das seinem Vater und Gründer der Standard Oil Company anhaftete. Die Auffassung seines Großvaters, wie eine Familie mit großem Reichtum umzugehen habe, beruhte auf einer anspruchsvollen ethischen Richtlinie, die in seinem Credo klar zum Ausdruck kam: »Ich glaube, dass jedes Recht eine Verantwortung, jede Gelegenheit eine Aufgabe und jeder Besitz eine Verpflichtung auferlegt.«

Der Naturschutz war ein großes philanthropisches Anliegen von John D. Rockefeller jr., und er spielte eine führende Rolle bei der Entstehung von fünf US-Nationalparks einschließlich des Arcadia-Nationalparks im US-Bundesland Maine und des Grand-Teton-Nationalparks in Wyoming, wo Steven in seiner Kindheit die Sommerferien verbrachte.

»Meine Erfahrungen in der Natur berührten mich zutiefst«, sagt er, »und weckten in mir das Gefühl, dass alle Dinge von Heiligkeit erfüllt sind.«

Die Teton Range hinterließ einen besonders starken Eindruck bei ihm. Steven besuchte die Region erstmals im Jahr 1946 mit zwölf Jahren. Zwei Jahre später hatte er seinen ersten Ferienjob beim Vorarbeiter auf der Ranch seines Großvaters in den Tetons. Mit sechzehn war er dort als Cowboy tätig. Mit achtzehn arbeitete er in den Ferien beim Nationalparkdienst in einem vier Mann starken Trupp von Waldarbeitern an der Pflege des Wegenetzes und lebte auf 2500 bis 3000 Metern Höhe in einem Zelt in den Bergen.

»Es war eine Freude, am Leben und von der zauberhaften Schönheit der majestätischen Berge mit ihren Schneefeldern, Gletscherseen, Wildblumenwiesen, rauschenden Bächen und tiefen Wäldern mit Elchen, Bären und anderen wilden Tieren umgeben zu sein«, bemerkte Steven. Diese Erfahrungen sind ihm über die Jahre in lebendiger Erinnerung geblieben, und das Engagement seines Großvaters und seines Onkels Laurance Rockefeller für den Erhalt von Orten großer natürlicher Schönheit und ihrer biologischen Vielfalt inspirierte ihn dazu, in der Umweltbewegung aktiv zu werden.

Der enorme Einsatz seines Vaters Nelson Rockefeller im Bereich der internationalen Politik und ihre ausgedehnten gemeinsamen Reisen wurden zu einem weiteren Berührungspunkt des erwachten Bewusstseins. Er erinnert sich besonders an eine zweimonatige Reise durch vierzehn afrikanische Länder. Er hatte gerade sein erstes Jahr am College hinter sich, und sein Vater dachte damals langsam ernsthaft darüber nach, für das Amt des US-Präsidenten zu kandidieren. Ihre Reise begann an der Westküste in Liberia, führte hinunter nach Südafrika und endete oben in Kenia und Ägypten. »Es war das Jahr 1957, und die Kolonialzeit näherte sich ihrem Ende. In ganz Afrika strebten die Menschen nach Unabhängigkeit, und viele bereiteten sich aktiv darauf vor. In Südafrika herrschte noch Apartheid, und die sozialen Spannungen und die Angst waren greifbar«, erinnert sich Steven. »Bei unserer Ankunft in Kairo waren die Briten im Begriff, den Suezkanal unter ihre Kontrolle zu bringen, und überall in der Stadt waren bewaffnete Soldaten in Alarmbereitschaft.«

Die Reisen mit seiner Familie in Afrika, Asien, Europa und Lateinamerika schärften Stevens Bewusstsein für die internationale Gemeinschaft, ihre große kulturelle Vielfalt und dafür, dass jeder von uns Teil der großen menschlichen Familie ist. »Diese Reisen legten den Grundstein für mein wachsendes Bewusstsein dafür, dass die Welt – der Planet – ein lebendiges und miteinander vernetztes Ganzes ist«, sagt er.

In den Sechzigerjahren absolvierte Steven ein Studium am Union Theological Seminary sowie an der Columbia University und vertiefte sein Verständnis für christliche Theologie, Ethik, Geschichte der Philosophie und der Weltreligionen. Fasziniert von den Werken der Mystiker, und weil er sich zu Beginn seiner pädagogischen Karriere in den Siebzigerjahren eingehender mit der spirituellen Dimension der Erfahrung auseinandersetzen wollte, stürzte er sich auch in ein Training in buddhistischer Zen-Meditation. Das erste der vier Gelübde, die Zen-Praktizierende ablegen, bewegte und inspirierte ihn ganz besonders: »Die Zahl der Wesen ist unendlich; ich gelobe, sie alle zu erlösen.«

»Dieses Gelübde«, erklärt Steven, »ist Ausdruck der gegenseitigen Verbundenheit und der mitfühlenden Identifikation mit allem Leben, die den Kern des spirituellen Ideals eines Bodhisattwa im Zen-Buddhismus bilden. In der Zen-Praxis geht es nicht darum, dass man als ein von allen anderen unabhängiges Individuum nur nach der eigenen Rettung oder Erlösung strebt. Es geht darum, zu erwachen und die tiefere Wahrheit zu erkennen, dass wir eine menschliche Familie und eine irdische Gemeinschaft mit einem gemeinsamen Schicksal sind und darin und dadurch Sinn und Erfüllung finden, dass wir unsere Herzen öffnen, liebevolle Beziehungen nähren und jeder nach seinen Möglichkeiten einen Beitrag zum großen Ganzen leistet, in dem wir alle miteinander verbunden sind. Zen lehrt, man sollte nicht um seiner selbst willen nach Erleuchtung streben, sondern um anderen besser helfen zu können und ihnen nicht zu schaden.«

Was Steven am Zen-Buddhismus reizte, war zum Teil das, was er als Junge in der Natur erfahren hatte: das tiefe Gefühl, mit einer größeren lebendigen Welt verbunden zu sein, und die intuitive Ahnung, dass alle Dinge von einem unbeschreiblichen Einssein durchdrungen sind, das ihnen zugrunde liegt.

Diese drei Einheitserfahrungen – durch die Natur, die internationalen Reisen und die kontemplative Spiritualität – verbanden sich mit dem Gefühl von Verantwortung, das Steven von seinem Großvater gelernt hatte, was ihn in den Neunzigerjahren dazu motivierte, sich der Erd-Charta-Initiative anzuschließen.[50] Dies mündete in einen zehn Jahre langen internationalen Dialog über einen ethischen Rahmen für den Aufbau einer gerechten, nachhaltigen und friedlichen globalen Gemeinschaft. Zudem kam er dem Ansinnen der Erd-Charta-Kommission unter der Leitung von Maurice Strong und Michail Gorbatschow nach, den Vorsitz des Redaktionsausschusses zu übernehmen. Zusammen mit dem Erd-Charta-Redaktionsausschuss und der Erd-Charta-

Kommission sowie mit Unterstützung des Erd-Charta-Sekretariats gelang es Steven, die gemeinsamen Werte und Ziele herauszuarbeiten, die den grundverschiedenen Visionen der mehreren hundert Organisationen und mehreren tausend Einzelpersonen zugrunde lagen, die am Beratungs- und Konzeptionsprozess beteiligt waren. Die Erd-Charta trat im Jahr 2000 in Kraft, und bislang haben sich über siebentausend Organisationen in aller Welt, unter anderem die Unesco, die Internationale Union zur Bewahrung der Natur (IUCN) sowie zahlreiche Regierungen angeschlossen. Ökologische Integrität und nachhaltige Entwicklung sind zentrale Themen der Charta, und diese Ziele sind nicht von der Beseitigung der Armut, einer gerechten Wirtschaftsentwicklung sowie dem Respekt vor Menschenrechten, Demokratie und Frieden zu trennen.

Während Steven an der Erd-Charta arbeitete, unterrichtete er gleichzeitig am Middlebury College. Er gab unter anderem einige Seminare, die sich mit Umweltethik und der Lage der Welt beschäftigten. Das, was die Studierenden über den Klimawandel, den Verlust von Biodiversität, wirtschaftliche Ungleichheit und andere Negativtrends erfuhren, konnte sie mutlos und depressiv machen.

Dann stützte er sich auf das, was er bei seiner Arbeit an der Erd-Charta erlebt und gelernt hatte, und sagte zu ihnen: »Ihr habt die Wahl. Überall auf der Welt gibt es Frauen und Männer mit Visionen, die in dem Bemühen um eine bessere Welt wunderbare Arbeit leisten und tatsächlich etwas bewirken. Ihr könnt hier sitzen, euch hilflos fühlen und von den schlechten Nachrichten überwältigt sein. Oder ihr geht raus und schließt euch diesen mutigen Menschen an.«

Er erinnerte sie daran, dass wir nicht wissen, wie sich die Zukunft entfalten wird. Unwahrscheinliche Dinge geschehen: Die

Sowjetunion ist zusammengebrochen, ohne dass ein einziger Schuss abgefeuert wurde. Die Apartheid in Südafrika wurde ohne eine blutige Revolution beendet.

»Niemand hatte diese Entwicklungen vorhergesehen«, sagt Steven. »Furchtbare Ereignisse können geschehen, und wenn wir Verzweiflung und Apathie erliegen, wird es auch bestimmt so kommen. Doch wenn wir uns den außerordentlichen Frauen und Männern an der Spitze kreativer Bewegungen für einen positiven Wandel anschließen, haben wir allen Grund zur Hoffnung.«

Unsere individuelle Gesundheit und unser Erfolg hängen davon ab, dass wir uns für das Erwachen entscheiden – genau wie die Gesundheit und der Erfolg unserer Schulen, unserer Arbeitswelt, unserer Regierungen und des Planeten. Wenn wir uns mit erwachtem Herzen in unseren Beziehungen, unserer Arbeit, unseren Gemeinschaften und für die Umwelt engagieren, steht unser Handeln in Bezug zu einer größeren Wirklichkeit. Eine Praxis der Transzendenz führt uns zu einem erwachten Bewusstsein. Ein moralischer Kodex ist die Schnittstelle, an der wir unsere Fähigkeiten spiritueller Wahrnehmung mit einem Leben des Dienens und des Helfens verbinden und Entscheidungen treffen, aus denen ersichtlich wird, dass uns Führung und Liebe zuteilwerden, dass wir zusammengehören und in der Familie des Lebens miteinander verbunden sind.

Vor zwanzig Jahren wies mir Kenneth Kendlers Zwillingsstudie den Weg zu ersten eigenen Forschungen zum erwachten Gehirn. Es war eine für die damalige Zeit erstaunliche Untersuchung, zeigte sie doch, dass die menschliche Fähigkeit zur Spiritualität angeboren ist. Zwillingsstudien vermitteln ein umfassendes Bild unserer genetischen Struktur. Sie können uns verraten, welcher Teil unserer Identität im Laufe unserer Entwicklung anerzogen wird und welcher angeboren ist – also in unseren Genen liegt. Wenn wir weitere strukturelle Forschungen auf dem Gebiet der Genotypisierung hinzunehmen, können wir innerhalb des genetisch bedingten Anteils allmählich *einzelne Gene* ausmachen, die dazu beitragen, wer wir sind und wie wir uns entwickeln. Weitere Forschungen werden nach und nach den Einfluss der Epigenetik beleuchten – wie die Gene zusammenwirken und wie sie sich zu einer Sinfonie verbinden. Fürs Erste hilft die Genforschung dabei, einzelne Instrumente dieses »Zusammenklangs« zu identifizieren.

Unser Team an der Columbia University begann, sich mögliche genetische Korrelate der Depression und der Spiritualität anzusehen.[51] Wir entdeckten vier einzelne Gene, die infrage kamen und mit den Neurotransmittern der Hirnsysteme von Depression und Spiritualität zusammenhängen, und untersuchten sie bei den Kindern und Enkelkindern von Personen, die entweder ein großes oder ein geringes Depressionsrisiko hatten. Dabei fanden wir heraus, dass Dopamin, Serotonin, einer ihrer Transporter – der vesikuläre Monoamintransporter 1 (VMAT1) – und Oxytocin positiv mit einer großen Bedeutung von Spiritualität und Religion assoziiert sind. Die Gene für die Neurotransmitter der Bindung, Transzendenz, Vitalität und eines tiefen Gefühls des Friedens und des Wohlbefindens *gehören allesamt zum System des erwachten Gehirns* und sind unmittelbar mit einer persönlichen Spiritualität verbunden. Interessant ist, dass diese Gene *sowohl* mit der persönlichen Spiritualität *als auch* mit Depression korrelieren, allerdings in einem gegenläufigen dominant-rezessiven Verhältnis. Dies deutet einmal mehr darauf hin, dass Depression und Spiritualität einige gemeinsame physiologische Grundlagen besitzen, dass eine gemeinsame neuronale Grundlage für Spiritualität einerseits und Depression andererseits existiert.

Jeder Mensch verfügt über die neuronalen Voraussetzungen für ein erwachtes Bewusstsein. Wofür sprechen dominante und rezessive Gene? Nur dafür: So, wie manche Menschen Farben bunter sehen, weil ihre Augen über mehr Stäbchen und Zapfen verfügen, nehmen manche Menschen auch die Schattierungen des erwachten Bewusstseins besser wahr. Wir sollten dies nicht zu einem weiteren Bereich machen, in dem wir uns in eine Rangfolge einordnen oder mit anderen vergleichen. Jeder von uns hat alles, was für ein Erwachen des Bewusstseins nötig ist, einen Zugang zu einer großen Bandbreite persönlicher Entwicklung und Abenteuer, ein gemeinsames Portal in eine geeintere und liebevollere Welt. Wir besitzen grundlegende neuronale und genetische Gemeinsamkeiten, *und* aufgrund unserer ureigenen lebendigen Konstellation der Wahrnehmung erlebt jeder das erwachte Leben auf eine einzigartige Weise.

Unsere Arbeit zu einzelnen infrage kommenden Genen zeigt Kendlers bahnbrechende Zwillingsstudie zum allgemeinen erblichen Anteil der Spiritualität in hoher Auflösung. Kendler stellte fest, dass unsere Spiritualität zu einem Drittel von unseren Genen beeinflusst wird. Das heißt, sie wird zu zwei Dritteln durch die Art und Weise gelenkt, wie wir diese natürliche Anlage fördern. Spirituelles Erwachen hängt also weniger von unserer relativen biologischen Ausstattung als vielmehr davon ab, *dass wir unser Innenleben bewusst nutzen.* Die Biologie ist einer der Faktoren, die zu unserer Fähigkeit beitragen, aber sie entscheidet nicht allein über unser Schicksal. Jeder von uns hat die Wahl, wie er mit der Welt in Kontakt treten möchte. Dies kann dafür sorgen, dass wir großen Respekt vor und Mitgefühl für uns und alle anderen entwickeln, weil wir in einer gemeinsamen spirituellen Landschaft existieren. *Jeder von uns befindet sich auf dem Weg des Erwachens, steht immer wieder vor neuen Herausforderungen, vor zuschlagenden und aufgehenden Türen und bewegt sich unaufhörlich weiter auf das Erwachen zu!*

Wir sind in der Lage, ein erfolgreiches, kreatives, verbundenes und erfüllendes Leben zu führen. Gemeinsam können wir eine erwachte Gesellschaft erschaffen, in der Schulen Verantwortung übernehmen und die Gelegenheit nutzen, den spirituellen Kern der Kinder zu fördern. In der arbeiten zu gehen nicht nur bedeutet, dass wir eine Aufgabe erledigen und ein Gehalt bekommen, sondern dass es uns auch die Gelegenheit gibt, uns unserer Berufung anzunähern, unseren Beitrag zu vergrößern und unsere Fürsorge für andere zu stärken. In der sich Führungskräfte aus ihren Sesseln erheben, herumlaufen und die Menschen fragen, denen sie dienen: »Was passiert gerade in deiner Welt? Wie geht es deiner Seele heute?« In der Gerechtigkeit unter Berücksichtigung der gegenseitigen Verbundenheit und Liebe praktiziert wird. In der scheinbar unversöhnliche Menschen einen gemeinsamen Nenner finden können. In der wir alle anderen Lebewesen und Systeme als Teile eines allumfassenden, in sich verbundenen Lebensnetzes verstehen. In der uns alle Bereiche unseres Lebens und unserer Kultur dazu auffordern, unser erwachtes Gehirn so zu nutzen, dass wir uns der größeren Wirklichkeit bewusst werden, die uns anderenfalls entgeht, und wir diese Information und Inspiration in Entscheidungen verwandeln, die dem Wohl aller dienen.

SCHLUSSBETRACHTUNG

Isaiah und die Gänse

Es war ein Nachmittag im April. Isaiah, Leah und Lila waren gerade von der Schule nach Hause gekommen, saßen am Küchentisch, malten mit Filzstiften und aßen eine Kleinigkeit. Isaiah – blond, kräftig und stark – malte Menschen mit Köpfen in leuchtendem Sonnengelb. Lila hatte kinnlanges Haar mit Pony und trug wie üblich ein Kleid mit Action-Shorts. Leah – künstlerisch, sanft und konzentriert – lächelte leise, als sie unsere Familie zeichnete: Isaiah erschien auf dem Blatt als ihr zweieiiger Zwilling, Lila als eine deutlich kleinere Ausgabe ihrer selbst, ihr Gesicht von Sommersprossen übersät. Auf einmal sah Isaiah aus dem Fenster und rief: »O nein!«

Ich schaute auf die Stelle, auf die er zeigte, wo die schaumgekrönten Wellen der späten Schneeschmelze noch immer bis an den Rand des Flusses heranreichten. Eine Gruppe junger Gänse wollte den Fluss durchqueren und kämpfte gegen die Wellen an. Sie schienen Schwierigkeiten zu haben, sich im aufgewühlten Wasser zurechtzufinden. Isaiah eilte zur Hintertür und machte nur kurz halt, um seine Stiefel anzuziehen, ehe er hinauslief und rief: »Kommt her, Gänschen! Kommt zu mir!« Er lief bis ans Wasser, wedelte mit den Armen und versuchte, sie mit Rufen auf sich aufmerksam zu machen.

Er stand direkt am glitschigen Uferrand, wo ich mit meinen drei Kindern im Wasser geschwommen war, seit sie Babys waren, aufgereiht wie die Enten. Wo wir Isaiah erzählt hatten, wie er zu uns gekommen war. »Mami hat für Isaiah gebetet«, hatten wir gesagt. »Papa hat für Isaiah gebetet. Opa hat für Isaiah gebetet. Oma hat für Isaiah gebetet. Und dann haben wir einen Zug und ein Flugzeug und ein Auto genommen und sind einen Hügel hinaufgelaufen, und da war Isaiah.« An dieser Stelle warfen wir ihn in die Luft. »Wir hatten Isaiah gefunden!«, riefen wir dann. »Wir hatten Isaiah gefunden!« Er quietschte vor Vergnügen. Als er etwas älter war, zeigten wir flussaufwärts auf die sanften Wellen und sagten: »Dieser Fluss hat dich zu uns gebracht, Isaiah. Du bist unser kleiner Mose.« Er sprach mit den Fröschen und Enten, zog die Zehen durch den Schlamm am Ufer und wiederholte halb singend: »Ich bin euer kleiner Mose, ja, ich bin euer kleiner Mose.« Er zweifelte nie daran, dass er geliebt wurde, dass er an diesen Fluss gehörte, dass er zu uns gehörte.

Bis ich unlängst mit ihm und seinem ebenfalls acht Jahre alten besten Freund vom Fußballtraining nach Hause fuhr. Sie saßen auf dem Rücksitz und flüsterten. »Mama, Mama«, sagte Isaiah plötzlich. »Jake sagt, dass ich kein Jude bin, dass ich nicht Miller heiße und dass du nicht meine Mutter bist.«

Ich hatte einen Kloß im Hals. »Aber Isaiah«, sagte ich, »weißt du es denn nicht mehr?«

»Ach!«, rief er und sagte dann wieder zu Jake: »Ich bin ihr kleiner Mose.«

Sie steckten die Köpfe zusammen und flüsterten aufgeregt miteinander.

»Mama?«, fragte Isaiah noch einmal. Dieses Mal lag echte Angst in seiner Stimme. »Mama, was ist mit der Frau, die mich weggegeben hat?«

Ich atmete tief ein und beschwor die Worte, um ihm von den Briefen zu erzählen, die sie angeblich nach seiner Geburt im Krankenhaus zurückgelassen hatte, und betete, ich möge die richtigen Worte finden, um ihren Entschluss zu erklären. Es war der wohl längste Atemzug, den ich je genommen hatte. Ich atmete aus, um noch ein wenig Zeit zu gewinnen, bis ich den Mund aufmachen und etwas sagen musste. Aber noch bevor ich ansetzen konnte, sprach Isaiah: »Ach, ich weiß schon. Gott hat ihr ins Ohr geflüstert, dass ihr wegen mir weint.«

Innerhalb eines Atemzugs wechselte er vom zielgerichteten Bewusstsein und dem Gefühl, allein und verlassen zu sein, in das erwachte Bewusstsein, dass er geliebt wird, dass die Welt voller Liebe ist.

Nun beobachtete ich ihn am Flussufer. Ich hatte ein wenig Angst, er könne den Halt verlieren, und war jederzeit bereit, wie der Blitz hinauszulaufen und ihn aus dem Wasser zu fischen. Er rief noch immer nach den jungen Gänsen. Auf einmal geschah etwas Bemerkenswertes. Sie begannen auf ihn zuzuschwimmen. Er rief in ermutigendem Ton: »Kommt her, Gänschen«, und wedelte mit den Armen. Sie fürchteten sich nicht vor ihm. Er begann, am Ufer entlangzulaufen, und sie folgten ihm im Wasser, während er sie an eine ruhige, flache Stelle führte, an der sie den Fluss gefahrlos überqueren konnten. Dort wartete er, bis alle Tiere am anderen Ufer angekommen waren. Als er sich umdrehte, um ins Haus zurückzukehren, erhellte ein strahlendes Lächeln sein Gesicht.

Er hatte die Gänse mit erwachter Aufmerksamkeit, erwachter Verbundenheit und erwachtem Herzen gesehen. Während die Kinder malend am Tisch saßen, hatte ich wie gebannt auf meinen Computerbildschirm gestarrt, meine Aufmerksamkeit im Top-down-Modus konzentriert. Isaiah bemerkte, dass die Gänse in Schwierigkeiten steckten, aber ich bekam nicht das Geringste davon mit. Ich stand unter Zeitdruck und arbeitete fieberhaft, um so viel wie möglich zu schaffen, bevor die Kinder wieder Abwechslung bräuchten. Doch Isaiah bemerkte die Gänse nicht nur, er stellte auch eine Verbindung zwischen ihnen und ihrer misslichen Lage und sich selbst her. Er sah sie nicht als völlig eigenständig, sondern als Wesen, deren Erfahrung etwas mit ihm zu tun hatte.

Jeder von uns wird mit der Gabe des Bewusstseins geboren. Wird dieses erwachte Bewusstsein in unserer Kindheit und Jugend gefördert, bleiben wir im Dialog mit dem Leben. Wir profitieren von kreativer Führung, Liebe und der Umarmung durch das Leben. Die Wahrscheinlichkeit einer chronischen Dysthymie, des weit verbreiteten Leidens der Verbindungslosigkeit, ist geringer, wenn ein natürlich erwachtes Kind in diesem erwachten Zustand bleibt. Der Anblick meines Sohnes erinnerte mich stark an die zwanzig Jahre zurückliegende epidemiologische Arbeit. Wenn wir erwachen, verringert sich die Wahrscheinlichkeit einer depressiven Episode um 80 Prozent. Dies ist der Weg, der uns und unsere Kinder zu einem inspirierten Leben führt: Wir müssen die uns angeborene Art zu leben würdigen und bewahren.

Wenn wir mit einem erwachten Gehirn leben, wenn zielgerichtetes und erwachtes Bewusstsein im Gleichgewicht sind, nutzen wir die Gesamtheit dessen, wer wir sind und wie unsere Wahrnehmung programmiert ist. Ein erwachtes Gehirn ist die Grundlage des menschlichen Wissens und der menschlichen Geschichte. Der Ruf nach erwachtem Bewusstsein hallt quer durch unsere vielfältigen religiösen, kulturellen und ethischen Traditionen, durch die internationale Kunst und Musik, durch humanitären Dienst und Altruismus. Das erwachte Gehirn ist der Sitz unserer Wahrnehmung des Transzendenten und Immanenten. Es ist der innere Übergang vom Punkt zur Welle und bringt uns das Gefühl, von einer Präsenz geleitet zu werden, sowie das Heilige im Alltag deutlich zu Bewusstsein. Es lässt sich mit einer großen Bandbreite von Maßnahmen, Reflexionen und Übungen fördern, mit einer Reihe von Symbolen und Sprachen zum Ausdruck bringen. Wenn wir dieses umfassendere Gewahrsein in unsere Familien, Gemeinschaften, Schulen und Regierungen hineintragen, erschaffen wir eine ethischere und nachhaltigere Welt – und sehen einen größeren Sinn in unserem Leben. Wir bringen viel mehr für uns, andere und alle Lebewesen zuwege.

Die Suche nach meiner Familie und nach einer neuen Wissenschaft der Spiritualität lehrte mich, dass wir jeden Augenblick neu entscheiden können, wie wir uns und die Welt sehen. Wir können in unserem Leben Zielen und Belohnungen nachjagen, vertieft in unsere Sorgen und unser Bedauern. Wir können aber auch erwachen und erkennen, aus welchem Stoff die Welt tatsächlich gemacht ist. Sie ist wie ein Bilderteppich, der sich ständig weiterentwickelt und den wir sowohl betrachten als auch mit erschaffen, in dem jeder Faden zählt und kein Faden allein ist. Wir können in Isolation leben; wir können aber auch erwachen und uns der Kommunikation zwischen allen Lebewesen, des gemeinsamen Wissens und einer tief empfundenen Ausrichtung auf die Quelle des Bewusstseins gewahr werden.

Als Isaiah ins Haus kam, waren seine Wangen von der Kälte gerötet. Er grinste mich an und fragte: »Hast du das gesehen, Mama?« Er umarmte mich schnell und glücklich, dann flitzte er zum Tisch zurück und setzte sich wieder zu seinen Schwestern. Ich hörte sie zusammen kichern und sah, wie sie aus dem Fenster schauten und die Gänsejungen beobachteten, die am Ufer gegenüber durchs Gras watschelten und fleißig nach Nahrung suchten.

Ich dachte an die Patientinnen und Patienten von Unit 6, wo meine Suche begonnen hatte, und an die vielen Menschen, denen ich in den über zwanzig Jahren seit unserem improvisierten

Jom Kippur-Gottesdienst in der kleinen Küche begegnet war: von Iliana bis hin zu Gary Weaver, von ängstlichen Teenagern bis hin zu trauernden Eltern, von ausgegrenzten Jugendlichen bis hin zu Menschen, die den sozialen Wandel vorantreiben – und an alle, die dadurch Heilung erfahren hatten, dass sie die Welt so sahen, wie es unserer natürlichen Anlage entspricht. Ein erwachtes Gehirn und eine davon erhellte Wirklichkeit sind keineswegs wenigen Glücklichen vorbehalten. Sie sind das Geburtsrecht aller Menschen.

Dank

Dieses Buch ist das Werk eines ganzen Teams. Mein innigster Dank gilt dem großartigen Mark Warren, der wunderbaren Chayenne Skeete und ihren außergewöhnlichen Kolleginnen und Kollegen bei Random House, denn sie tragen die von diesen Forschungen aufgedeckten Wahrheiten in die Mitte unserer Gesellschaft hinein. In dieser Zeit dringender Notwendigkeit bekommen wir unter eurer kühnen Regie und Führung die Gelegenheit, uns mit den Leserinnen und Lesern zu einer Bewegung des Wandels zu verbinden. Ihr macht die Kultur dieser Zeit.

Dieses Buch war von Anfang an eine dynamische künstlerische Zusammenarbeit. Dank des in höchstem Maße erwachten Teams der Idea Architects hatte ich die besten Mitschöpfer der Welt. Vision, Werte und künstlerische Fähigkeiten der Idea Architects erlauben es uns, den wissenschaftlichen Weg zu beschreiben, während Wissenschaft gemacht wird, und parallel dazu von meiner inneren Suche und der meiner Mitforschenden, Aktivisten und Führungspersönlichkeiten aus den Bereichen der Wirtschaft und des öffentlichen Lebens zu berichten.

Doug Abrams, mit Ihrem seltenen Talent und Ihrem großen Herzen dienen Sie dem höchsten Zweck. Sie begegnen jedem Moment mit innovativem Blick und allerhöchsten Werten – ob bei einer kreativen Sitzung am Whiteboard, bei einer Auktion, bei der Führung Ihres außergewöhnlich gut zusammengestellten, hochgebildeten und aufrichtig geliebten Teams der Idea Architects oder auch bei unserer erzählerischen Erkundung während des Spaziergangs unter kalifornischen Redwood-Bäumen. Gemeinsam mit der wunderbar begabten Lara Love Hardin verwandeln Sie die in der akademischen Welt gefangenen Ideen und Entdeckungen in Chancen kulturellen Wandels.

Esmé Schwall Weigand, meine Mitautorin, du bist im wahrsten Sinne eine Künstlerin. Deine Texte funktionieren auf mehreren epistemologischen Ebenen; mit deinem Stil erreichst du Kopf und Herz gleichermaßen. Ich bin unendlich dankbar für deine Liebe zu diesen Forschungen, für den Respekt und die Feinfühligkeit, mit der du meine Geschichte und die der anderen Mitwirkenden aufgezeichnet hast, und für deine uneingeschränkte Wertschätzung gegenüber der übergeordneten Vision. Mit deiner völligen Vertiefung in die Materie bist du das schriftstellerische Äquivalent zu einem Schauspieler, der sich ganz in seine Rolle hineinversetzt: Du hast mich zweimal zu Hause besucht, im Saugatuck River geplantscht, dir Vorlesungen an der Columbia University angehört, mit meinen Kindern und meinen Eltern zu Abend gegessen und bist sogar zur »Lost Plaza« gefahren.

Rachel Neumann, mit Ihren Redigierkünsten könnten Sie aus einem Öltanker ein Schnellboot machen – so brillant sind Sie darin, das Rückgrat im stämmigen Körper der Entwürfe zu erkennen. Dank Ihrer herausragenden Kenntnisse der Verlagsbranche können wir die Kultur direkt ansprechen. Ty Love, Sie sind enorm kompetent, sich stets Ihrer Mission bewusst und befinden sich mit Ihrer Arbeit an vorderster Front des kulturellen Wandels. Eric Rayman, Sie sind ein eleganter Anwalt für Verlagsrecht mit scharfem Blick.

Durch diese wissenschaftliche Reise zieht sich eine über zwanzigjährige Zusammenarbeit mit meinen Studentinnen und

Studenten. Die Arbeit mit meinen derzeitigen und meinen ehemaligen Studentinnen und Studenten schimmert auf den Seiten mit den Quellenangaben durch. Viele von euch werden in den gelisteten Artikeln namentlich als Mitautorinnen und -autoren wichtiger Forschungsarbeiten genannt, die aus weit über hundert Artikeln und Kapiteln ausgewählt wurden, die wir in unserem Institut gemeinsam entwickelt haben. Jeder Einzelne von euch war als Mitautor, Mitdenker, Mitstatistiker und Mitreisender unverzichtbar. Ich danke euch für eure Liebe zur Wahrheit, eure Adleraugen und euren professionellen Mut, als wir uns gemeinsam aufmachten, dieses unbekannte wissenschaftliche Terrain zu erforschen.

Meine Mentoren, ihr habt meine Forschung mit klarem, scharfem Blick und ebenso liebevollen Herzen energisch unterstützt, lange bevor sie einen Platz in der Mitte unseres Fachbereichs und der Gesellschaft fand. Ich bin euch – Martin Seligman, Myrna Weissman, Carol Dweck, Mahzarin Banaji, David Shaffer, Tom James, Steven Rockefeller, Frank Peabody sowie der bereits verstorbenen Susan Nolen-Hoeksema – unendlich dankbar. Mein aufrichtiger Dank für unsere zwanzigjährige Zusammenarbeit gilt dem Weissman-Team der medizinischen Fakultät der Columbia University mit Myrna, Priya, Connie, Marc, Steven, Adi, Phil, Jurgen, James, Karl und den geliebten, inzwischen verstorbenen Kollegen Craig und Virginia. Dem Team der Yale University mit Marc, Rajita, Iris und Patrick danke ich für vier hervorragende gemeinsame Arbeitsjahre.

Ein erwachtes Bewusstsein weist den Weg zu inspirierter Führung, wie die persönlichen Geschichten einiger großer Führungspersönlichkeiten der Vereinigten Staaten zeigen: Steven Rockefeller, Tim Shriver, Bob Chapman, Tom Solhjem, Walter Fluker und Mary Evelyn Tucker. Mit der Kraft eurer Außenwirkung bringt ihr unsere Gesellschaft vorwärts. Danke, dass ihr uns so großzügig an eurer Suche nach innerem Bewusstsein und eurem Weg zu einer Arbeit habt teilhaben lassen, die Leben rettet; dafür, dass ihr die strahlende Fackel emporhaltet, um unseren Weg zu erleuchten.

Meine tiefinnigste Dankbarkeit und Wertschätzung gelten Colleen und Gary Weaver, der inzwischen verstorben ist, einem unendlichen Quell der Liebe: Ihr habt das Leben so vieler Menschen und zweifellos auch das meine besser gemacht. Ihr liebt uns alle, ob wir es verdienen oder nicht, einfach deshalb, weil wir – wie ihr sagen würdet – »G-es geliebte Kinder« sind.

Wir danken unseren Leserinnen und Lesern: Wir haben dieses Buch für euch geschrieben. Wir werden zusammengeführt, um Teil einer Welle der Veränderung zu sein. Danke, dass ihr einander auf erwachte Weise dient, dass ihr offen seid, zu lernen und zu wachsen, und dass ihr euch liebevoll um alle Lebewesen auf diesem Planeten kümmert und sie unterstützt.

Meine geliebten Kinder: Leah, Lila und Isaiah. Ihr stoßt die Tür zu einem inspirierten Familienleben immer wieder von Neuem auf. Ihr lebt jeden Tag in einem transzendenten und immanenten erwachten Bewusstsein. Weil es euch gibt und ihr vor Liebe, Freude, fließender Lebendigkeit und Kreativität übersprudelt, macht ihr die Welt unserer Familie unendlich größer. Ihr nutzt euer erwachtes Bewusstsein, um zu geben.

Mama, Papa und Mark – wir hatten einen erstklassigen Start und haben nun einen ebenso wundervollen gemeinsamen Lauf. Ihr seid ein wahrer Segen.

Philip, ohne dich hätte ich diesen Weg nicht geschafft.

Anmerkungen

EINFÜHRUNG Alles, wa s wahr ist, lässt sich zeigen

1 Substance Abuse and Mental Health Services Administration: »Key substance use and mental health indicators in the United States: Results from the 2017 National Survey on Drug Use and Health«, in: *HHS Publication* No. SMA 18-5068, NSDUH Series H-53, 2018, URL: https://www.samhsa.gov/data.

2 Harvard Medical School, 2007. National Comorbidity Survey (NCS), 21. August 2017, URL: https://www.hcp.med.harvard.edu/ncs/publications.php, Tabelle 2: »12-month prevalence DSM-IV/WMH-CIDI disorders by sex and cohort«. Harvard Medical School, 2007. National Comorbidity Survey (NCS), 21. August 2017, URL: https://www.hcp.med.harvard.edu/ncs/index.php, Tabelle 1: »Lifetime prevalence DSM-IV/WMH-CIDI disorders by sex and cohort«. Kessler, R. C., Chiu, W. T., Demler, O., Merikangas, K. R., und Walters, E. E: »Prevalence, severity, and comorbidity of 12-month DSM-IV disorders in the National Comorbidity Survey Replication«, in: *Arch Gen Psychiatry* 62(6), Juni 2005, S. 617–627, PMID: 15939839.

3 World Health Organization: »Depression«, 30. Januar 2020, URL: https://www.who.int/news-room/fact-sheets/detail/depression.

4 GBD 2017 Disease and Injury Incidence and Prevalence Collaborators: »Global, regional, and national incidence, prevalence, and years lived with disability for 354 diseases and injuries for 195 countries and territories, 1990–2017: A systematic analysis for the Global Burden of Disease Study 2017«, in: *The Lancet*, 2018, URL: https://www.who.int/news-room/fact-sheets/detail/depression. Wang, P. S., et al.: »Use of mental health services for anxiety, mood, and substance disorders in 17 countries in the WHO world mental health surveys«, in: *The Lancet* 370(9590), 2007, S. 841–850, URL: https://www.who.int/news-room/fact-sheets/detail/depression.

5 National Institute of Mental Health: »Major Depression«, Februar 2019, URL: https://www.nimh.nih.gov/health/statistics/major-depression.shtml.

6 CDC Wonder, Centers for Disease Control and Prevention: »Underlying

Cause of Death, 1999–2019«, URL: https://wonder.cdc.gov/controller/saved/D76/D91F023.

7 Liu, C. H., Stevens, C., Wong, S. H., et al.: »The prevalence and predictors of mental health diagnoses and suicide among U.S. college students: Implications for addressing disparities in service use«, in: *Depression and Anxiety* 36(1), 2019, S. 8–17.

8 Ionescu, D. F., Rosenbaum, J. F., und Alpert, J. E.: »Pharmacological approaches to the challenge of treatment-resistant depression«, in: *Dialogues in Clinical Neuroscience* 17(2), 2015, S. 111–126. Kato, M., Hori, H., Inoue, T., et al.: »Discontinuation of antidepressants after remission with antidepressant medication in major depressive disorder: A systematic review and meta-analysis«, in: *Molecular Psychiatry*, 2020, URL: https://doi.org/10.1038/s41380-020-0843-0. Culpepper, L., Muskin, P. und Stahl, S.: »Major depressive disorder: Understanding the significance of residual symptoms and balancing efficacy with tolerability«, in: *American Journal of Medicine* 128(9A), 2015, S1–S15.

9 Miller, L., Bansal, R., Wickramaratne, P., et al.: »Neuroanatomical correlates of religiosity and spirituality: A study in adults at high and low familial risk for depression«, in: *JAMA Psychiatry* 71(2), 2014, S. 128–135.

KAPITEL 2 Die leere Küche

10 Miller, L.: »Yom Kippur on a Psychiatric In-Patient Unit. Case reports of spiritual issues and interventions in psychotherapy«, in: Richards, P. Scott, und Bergin, Allen E.: *A Spiritual Strategy for Counseling and Psychotherapy*. Washington, D. C.: APA Press 1997, S. 275–280.

KAPITEL 3 Sterne am dunklen Himmel

11 Miller, L., Warner, V., Wickramaratne, P., und Weissman, M.: »Religiosity and depression: Ten-year follow-up of depressed mothers and offspring«, in: *Journal of the American Academy of Child and Adolescent Psychiatry*, 36(10), 1997, S. 1416–1425.

KAPITEL 4 Zwei Seiten einer Medaille

12 Kendler, K. S., Gardner, C. O., und Prescott, C. A.: »Religion, psychopathology, and substance use and abuse: A multimeasure, genetic-epidemiologic study«, in: *American Journal of Psychiatry* 154(3), 1997, S. 322–329.

13 Miller, L., Davies, M., und Greenwald, S.: »Religiosity and substance use and

abuse among adolescents in the national comorbidity survey«, in: *Journal of the American Academy of Child and Adolescent Psychiatry* 39(9), 2000, S. 1190–1197.

KAPITEL 5 **Jemand, der über mich wacht**

14 Kendler, K. S., Gardner, C. O., und Prescott, C. A.: »Clarifying the relationship between religiosity and psychiatric illness: The impact of covariates and the specificity of buffering effects«, in: *Twin Research* 2, 1999, S. 137–144. Piedmont, R.: »Strategies for using the five-factor model of personality in religious research«, in: *Journal of Psychology and Theology* 27(4), 1999, S. 338–350.

KAPITEL 7 **Wenn Innen und Außen zur Deckung gelangen**

15 Cho, L., Miller, L. J., Hrastar, M. G., und Sutton, N.: »Synchronicity awareness intervention: An open trial«, in: *Teachers College Record* 111(12), 2009, S. 2786–2799.

16 Berman, M. G., Jonides, J., und Kapland, S.: »The cognitive benefits of interacting with nature«, in: *Psychological Science* 19(12), 2008, S. 1207–1212.

KAPITEL 9 **Das Schloss und die Welle**

17 Nolen-Hoeksema, S., Wisco, B. E., und Lyubomirsky, S.: »Rethinking rumination«, in: *Association for Psychological Science* 3(5), 2008, S. 400–424. Lyubomirsky, S., Layous, K., Chancellor, J., und Nelson, S. K.: »Thinking about rumination: The scholarly contributions and intellectual legacy of Susan Nolen-Hoeksema«, in: *Annual Review of Clinical Psychology* 11, 2015, S. 1–22.

18 Miller, L.: *Spiritual Awareness Psychotherapy* (DVD). American Psychological Association Psychotherapy Video Series, 2005.

19 Freedman, R., Lewis, D. A., Michels, R., et al.: »The initial field trials of DSM-5: New blooms and old thorns«, in: *American Journal of Psychiatry* 170(1), 2013, S. 1–5.

20 Pratt, L. A., Brody, D. J., und Gu, Q.: »Antidepressant use in persons aged 12 and over: United States, 2005–2008«, in: National Center for Health Statistics Data Brief, No. 76, 2011.

21 Takayanagi, Y., Spira, A. P., Bienvenu, O. J., et al.: »Antidepressant use and lifetime history of mental disorders in a community sample: Results from the Baltimore epidemiologic catchment area study«, in: *Journal of Clinical*

Psychiatry 76(1), 2015, S. 40–44. Mark, T. L., Levit, K. R., und Buck, J. A.: »Data points: Psychotropic drug prescriptions by medical specialty«, in: *Psychiatric Services* 60(9), 2009, URL: https://doi.org/10.1176/ps.2009.60.9.1167.

22 Boukhris, T., Sheehy, O., Mottron, L., und Bérard, A.: »Antidepressant use during pregnancy and the risk of autism spectrum disorder in children«, in: *JAMA Pediatrics* 170(2), 2016, S. 117–124, URL: https://jamanetwork.com/journals/jamapediatrics/fullarticle/2476187. Lugo-Candelas, C., Cha, J., Hong, S., et al.: »Associations between brain structure and connectivity in infants and exposure to Selective Serotonin Reuptake Inhibitors during pregnancy«, in: *JAMA Pediatrics* 172(6), 2018, S. 525–533.

23 Sharma, T., Guski, L. S., Freund, N., und Gøtzsche, P. C.: »Suicidality and aggression during antidepressant treatment: Systematic review and meta-analyses based on clinical study reports«, in: *BMJ* 352, 2016, i65. Fornaro, M., Anastasia, A., Valchera, A., et al.: »The FDA ›black box‹ warning on antidepressant suicide risk in young adults: More harm than benefits?«, in: *Frontiers in Psychiatry*, 2019, URL: https://doi.org/10.3389/fpsyt.2019.00294.

KAPITEL 10 **Ein völlig anderes Leben**

24 Barkin, S. H., Miller, L., und Luthar, S. S.: »Filling the void: Spiritual development among adolescents of the affluent«, in: *Journal of Religion and Health* 54(3), 2015, S. 844–861, URL: https://doi.org/10.1007/s10943-015-0048-z. Luthar, S.: »The culture of affluence: Psychological costs of material wealth«, in: *Child Development* 74(6), 2003, S. 1581–1593. Rabin, Roni Caryn: »Study Links Depression to Thinning of Brain's Cortex«, in: *New York Times*, 24. März 2009.

25 Miller, L., Wickramaratne, P., Gameroff, M. J., et al.: »Religiosity and major depression in adults at high risk: A ten-year prospective study«, in: *American Journal of Psychiatry* 169(1), 2012, S. 89–94, URL: https://doi.org/10.1176/appi.ajp.2011.10121823.

KAPITEL 11 **Auf Spiritualität programmiert**

26 Peterson, B. S., und Weissman, M. M.: »A brain-based endophenotype for major depressive disorder«, in: *Annual Review of Medicine* 62, 2011, S. 461–474, URL: https://doi.org/10.1146/annurev-med-010510-095632. Dubin, M. J., Weissman, M. M., Xu, D., et al.: »Identification of a circuit-based endophenotype for familial depression«, in: *Psychiatry Research: Neuroimaging* 201(3), 2012, S. 175–181, URL: https://doi.org/10.1016/j.pscychresns.2011.11.007.

Rabin, R. C.: »Study Links Depression to Thinning of Brain's Cortex«, in: *New York Times*, 24. März 2009.

27 Miller, L., Bansal, R., Wickramaratne, P., et al.: »Neuroanatomical correlates of religiosity and spirituality: A study in adults at high and low familial risk for depression«, in: *JAMA Psychiatry* 71(2), 2014, S. 128–135.

28 Tenke, C. E., Kayser, J., Miller, L., et al.: »Neuronal generators of posterior EEG alpha reflect individual differences in prioritizing personal spirituality«, in: *Biological Psychology* 94, 2013, S. 426–432. Tenke, C. E., Kayser, J., Svob, C., et al.: »Association of posterior EEG alpha with prioritization of religion or spirituality: A replication and extension at 20-year follow-up«, in: *Biological Psychology* 124, 2017, S. 79–86.

KAPITEL 12 **Zwei Arten von Bewusstsein**

29 Miller, L., Balodis, I. M., McClintock, C. H., et al.: »Neural correlates of personalized spiritual experiences«, in: *Cerebral Cortex* 29(6), 2018, S. 2331–2338.

30 Miller, L.: »Spiritual awakening and depression in adolescents: A unified pathway or ›two sides of the same coin‹«, in: *Bulletin of the Menninger Clinic* 77(4), 2013, S. 332–348. Barton, Y. A., Barkin, S. H., und Miller, L.: »Deconstructing depression: A latent profile analysis of potential depressive subtypes in emerging adults«, in: *Spirituality in Clinical Practice* 4(1), 2017, S. 1–21.

31 McClintock, C. H., et al.: »Spiritual experiences are related to engagement of a ventral frontotemporal functional brain network: Implications for prevention and treatment of behavioral and substance addictions«, in: *Journal of Behavioral Addictions* 8(4), 2019, S. 678–691.

KAPITEL 13 **Integration ist der Schlüssel**

32 Xu, J., McClintock, C. H., Balodis, I. M., Miller, L., und Potenza, M. N.: »Openness to changing religious views is related to radial diffusivity in the genu of the corpus callosum in an initial study of healthy young adults«, in: *Frontiers in Psychology* 9(330), 2018, S. 1–8.

33 Bora, E., Harrison, B. J., Davey, C. G., et al.: »Meta-analysis of volumetric abnormalities in cortico-striatal-pallidal-thalamic circuits in major depressive disorder«, in: *Psychological Medicine* 42, 2012, S. 671–681. Chen, G., Hu, X., Li, L., et al.: »Disorganization of white matter architecture in major depressive disorder: A meta-analysis of diffusion tensor imaging with

tract-based spatial statistics«, in: *Scientific Reports* 6(21825), 2016. Choi, K. S., Holtzheimer, P. E., Franco, A. R., et al.: »Reconciling variable findings of white matter integrity in major depressive disorder«, in: *Neuropsychopharmacology* 39, 2014, S. 1332–1339. Jiang, X., Shen, Y., Yao, J., et al.: »Connectome analysis of functional and structural hemispheric brain networks in major depressive disorder«, in: *Translational Psychiatry* 9, 2019, S. 136. Liao, Y., Huang, X., Wu, Q., et al.: »Is depression a disconnection syndrome? Meta-analysis of diffusion tensor imaging studies in patients with MDD«, in: *Journal of Psychiatry and Neuroscience* 38, 2013, S. 49–56. Peters, S. K., Dunlop, K., und Downar, J.: »Cortico-striatal-thalamic loop circuits of the salience network: A central pathway in psychiatric disease and treatment«, in: *Frontiers in Systems Neuroscience* 10, 2016, S. 104. Schilbach, L., Müller, V. I., Hoffstaedter, f., et al.: »Meta-analytically informed network analysis of resting state fMRI reveals hyperconnectivity in an introspective socio-affective network in depression«, in: *PLOS ONE*, 2014, URL: https://doi.org/10.1371/journal.pone.0094973. Cisler, J. M., James, G. A., Tripathi, S., et al.: »Differential functional connectivity within an emotion regulation neural network among individuals resilient and susceptible to the depressogenic effects of early life stress«, in: *Psychological Medicine* 43(3), 2012, S. 507–518. Lu, Q., Li, H., Luo, G., et al.: »Impaired prefrontal-amygdala effective connectivity is responsible for the dysfunction of emotion processing in major depressive disorder: A dynamic causal modeling study on MEG«, in: *Neuroscience Letters* 523(2), 2013, S. 125–130. McCabe, C., und Mishor, Z.: »Antidepressant medications reduce subcortical-cortical resting-state functional connectivity in healthy volunteers«, in: *Neuroimage* 57(4), 2011, S. 1317–1323.

34 Antinori, A., Carter, O. L., und Smillie, L. D.: »Seeing it both ways: Openness to experience and binocular rivalry suppression«, in: *Journal of Research in Personality* 68, 2017, S. 15–22.

35 Tsai, J., et al.: »Post-traumatic growth among veterans in the USA: Results from the National Health and Resilience in Veterans Study«, in: *Psychological Medicine* 45, 2014, S. 165–179.

KAPITEL 14 **Erwachte Aufmerksamkeit**

36 Zeidan, f., Baumgartner, J. N. und Coghill, R. C.: »The neural mechanisms of mindfulness-based pain relief: A functional magnetic resonance imaging-based review and primer«, in: *Pain Reports* 4(4), 2019, doi: 10.1097/PR9.0000000000000759. Zeidan, f., Martucci, K. T., Kraft, R. A., et al.:

»Neural correlates of mindfulness meditation-related anxiety relief«, in: *Social Cognitive and Affective Neuroscience* 9(6), 2014, S. 751–759, URL: https://doi.org/10.1093/scan/nst041. Brambilla, C. A. und Serretti, A.: »Functional neural correlates of mindfulness meditation in comparison with psychotherapy, pharmacotherapy and placebo effect: Is there a link?«, in: *Acta Neuropsychiatrica* 22, 2010, S. 104–117. Creswell, J. D., Way, B., Eisenberger, N. I. und Leiberman, M. D.: »Neural correlates of dispositional mindfulness during affect labeling«, in: *Psychosomatic Medicine* 69, 2007, S. 560–565.

37 Janes, A. C., Datko, M., Roy, A., et al.: »Quitting starts in the brain: A randomized controlled trial of app-based mindfulness shows decreases in neural responses to smoking cues that predict reductions in smoking«, in: *Neuropsychopharmacology* 44, 2019, S. 1631–1638. Kober, H., Brewer, J. A., Height, K. L., und Sinha, R.: »Neural stress reactivity relates to smoking outcomes and differentiates between mindfulness and cognitive-behavioral treatments«, in: *NeuroImage* 151, 2017, S. 4–13.

38 Bratman, G. N., Hamilton, J. P., Hahn, K. S., et al.: »Nature experience reduces rumination and subgenual prefrontal cortex activation«, in: *Proceedings of the National Academy of Sciences* 112(28), 2015, S. 8567–8572. Bratman, G. N., Daily, G. C., Levy, B. J., und Gross, J. J.: »The benefits of nature experience: Improved affect and cognition«, in: *Landscape and Urban Planning* 138, 2015, S. 41–50.

39 McClintock, C. H., et al.: »How spirituality may mitigate against stress and related mental disorders: A review and preliminary neurobiological evidence«, in: *Current Behavioral Neuroscience Reports* 6, 2019, S. 253–262.

KAPITEL 15 **Erwachte Verbundenheit**

40 Grinberg-Zylberbaum, J.: »The orbitals of consciousness: a neurosyntergic approach to the discrete levels of conscious experience«, Central Intelligence Agency, 1982, URL: https://www.cia.gov/library/readingroom/docs/CIA-RDP96-00792R000700130001-6.pdf. Grinberg-Zylberbaum, J.: »The transformation of neuronal activity into conscious experience: The syntergic theory«, in: *Journal of Social and Biological Structures* 4(3), 1981, S. 201–210.

41 Newberg, Andrew: *Neurotheology: How Science Can Enlighten Us About Spirituality*. New York: Columbia University Press 2018, Kapitel 11. Newberg, Andrew: *Principles of Neurotheology*. New York: Routledge (Taylor & Francis) 2016.

42 Fabbri-Destro, M., und Rizzolatti, G.: »Mirror neurons and mirror systems in monkeys and humans«, in: *Physiology* (American Physiology Society) 23(3), 2008, S. 171–179, URL: https://doi.org/10.1152/physiol.00004.2008. Rizzolatti, G., Fabbri-Destro, M., und Cattaneo, L.: »Mirror neurons and their clinical relevance«, in: *Nature Clinical Practice* 5(10), 2009, S. 24–34.

43 Goldstein, P., Weissman-Fogel, I., Dumas, G., und Shamay-Tsoory, S. G.: »Brain-to-brain coupling during handholding is associated with pain reduction«, in: *Proceedings of the National Academy of Sciences of the United States of America* 115(11), 2018, E2528–E2537.

44 Schwartz, S., und Dossey, L.: »Nonlocality, Intention, and Observer Effects in Healing Studies: Laying a Foundation for the Future.«, in: Miller, L. (Hrsg.): *Oxford University Press Handbook* (Kapitel 34). New York: Oxford University Press 2012. Achterberg, Jeanne. *Die heilende Kraft der Imagination: Heilung durch Gedankenkraft; Grundlagen und Methoden einer neuen Medizin*. Bern, München, Wien: Scherz 1987.

45 Mastropieri, B., Schussel, L., Forbes, D., und Miller, L.: »Inner resources for survival: Integrating interpersonal psychotherapy with spiritual visualization with homeless youth«, in: *Journal of Religion and Health* 54(3), 2015, S. 903–921. Schussel, L., und Miller, L.: »Best self visualization method with high-risk youth«, in: *Journal of Clinical Psychology* 69(8), 2013, S. 1–10.

KAPITEL 16 **Erwachtes Herz**

46 McClintock, C. H., Lau, E., und Miller, L.: »Phenotypic dimensions of spirituality: Implications for mental health in China, India, and the United States«, in: *Frontiers in Psychology* 7(1600), 2016, S. 1–16. McClintock, C. H., et al.: »Multidimensional understanding of religiosity/spirituality: Relationship to major depression and familial risk«, in: *Psychological Medicine* 1–10, 2018, URL: https://doi.org/10.1017/s0033291718003276.

47 Miller, L., Wickramaratne, P., Hao, X., et al.: »Altruism and ›love of neighbor‹ offer neuroanatomical protection against depression«, in: *Psychiatry Research Neuroimaging* 315, 2021, URL: https://pubmed.ncbi.nlm.nih.gov/34265626/.

48 Kamitsis, I., und Francis, J. P.: »Spirituality mediates the relationship between engagement with nature and psychological wellbeing«, in: *Journal of Environmental Psychology* 36, 2013, S. 136–143.

49 Swimme, B., und Tucker, M. E.: *Journey of the Universe*. New Haven, CT: Yale University Press 2011.

50 Die Erd-Charta-Internetseite: https://earthcharter.org (dt.: https://erdcharta.de).

51 Anderson, M. R., Miller, L., Wickramaratne, P., et al.: »Genetic correlates of spirituality/religion and depression: A study in offspring and grandchildren at high and low familial risk for depression«, in: *Spirituality in Clinical Practice* 4(1), 2017, S. 43–63.

Register

C

D

H

I

J

K

L

M

N

O

P

Q

R

S

T

U

Z